기본소득

BASIC INCOME

기본소득

일과 삶의 새로운 패러다임

가이 스탠딩 지음 ㅣ 안효상 옮김

창비

한국은 제대로 된 기본소득을 도입하는 일을 이끌 수 있는 나라 가운데 하나다. 그렇게 된다면 전세계 많은 지역이 아주 빨리 따라 할 것이다. 캐나다·핀란드·미국 등 산업화된 부유한 나라부터 인도·나미비아 등 개발도상국까지 여러 나라에서 파일럿이 성공적으로 실시되었다.

인도에서는 두차례 연속 실시된 파일럿을 평가한 후 재무부 장관이 의회에 예산안과 함께 관련 보고서를 제출했다. 이에 따르면 인도에서 적은 금액의 기본소득을 감당할 수 있고 실행할 수 있다고 한다. 문제는 정치적인 것이었다. 그러나 한국은 제도적으로 훨씬 더 발전한 나라이며, 보편주의적 사회보장의 전통이 있고, 제대로 된 기본소득을 도입할 경제적 수단이 있다.

문재인(文在寅) 대통령은 사회 지출에서 보편주의 원칙을 지지하는 용기를 보여주었다. 한국의 어두운 시기가 끝난 이후 전면에 등장한 정치가들이 새로운 사회 협약을 만들어낼 기회를 가질 수 있을 것이다. 이 새로운 사회 협약에서 새로운 분배 체제의 닻인 기본소득을 향해 나아가는 일은 한국 프레카리아트의 문제를 해결하는 것으로 이해될 수 있다. 이 정치가들이 이 책에서 다룬 표준적인 비판 때문에 이 일을 단념해서는 안 된다.

한국은 전세계의 중위 소득과 비교할 때 가장 높은 수준이 될 최저임금 인상으로 나아가고 있다. 2020년까지 '시급 1만원'으로 늘린다는 것이다. 인정할 만한 일이다. 그러나 정책입안자들이 주의할 점이 있다. 최저임금 인상은 고용에 어느정도 제약효과를 낳을 수 있고, 노인 빈곤 및 늘어나는 프레카리아트의 필요를 포함해서 불평등과 경제적 불안전이라는 심각한 문제를 해결하지 못한다. 더 높은 법정 최저임금이 높은 수준의 개인 부채와 가계 부채를 줄일 것이라 볼 수 없다. 최저임금을 보완하는 다른 정책이 필요할 것이다.

이 글을 쓰는 지금 한가지 중요한 생각이 들었다. 이 특별한 서문에서 매력적인 가능성을 하나 제기하겠다. 북한과 새로운 관계회복의 시기에 들어선 지금, 한국 대통령이 북한 내 작은 공동체를 위한 보편적 기본소득의 재원을 마련해준다는 선의의 제안을 북한 정부에 하는 것이다. 이 공동체는 북한 정부가 선별할 것이다. 5000명의 남성·여성·아동으로 이뤄진 공동체일 수 있으며, 모두가 해당 공동체 평균 소득의 절반에 해당하는 기본소득을 받게 될 것이다. 한국으로서는 이 비용이 적은 금액일 것이다. 선의의 제스처는 상징적이면서도 의미가 있을 것이다.

상상할 수 없는 일이라고? 이 서문을 쓰기 1년 전에는 한국 대통령이 북한 지도자와 건설적인 대화를 하리라고 상상할 수 없었다.

셰익스피어가 말했듯이 "인간사에는 기회를 잘 타면 성공에 도달할 수 있는 때가 있다".

아직은 '그림의 떡'인 이런 생각과 달리, 기본소득한국네트워크(BIKN)의 활발한 활동을 인정할 수 있어 반갑다. 2016년 기본소득한국네트워크는, 기본소득지구네트워크(BIEN)가 1986년에 만들어진 이래 가장 성공적인 'BIEN 대회' 가운데 하나를 개최했다. 이후 기본소득한국네트워크는 기본소득 실험 설계에 관한 학술대회를 열었다.

이 책을 번역한 안효상, 그리고 최광은, 최영준, 이승윤을 포함해서 한국의 동료와 친구 들이 이룬 뛰어난 활동을 인정하고 감사하는 것으로 이 서문을 맺고 싶다. 이들은 내게 많은 것을 가르쳐주었고, 나의 한국 방문을 언제나 기억할 만하고 즐거운 일로 만들어주었다. 이제 진보주의자들이 용감하게 21세기의 좋은 사회를 만들 때다.

가이 스탠딩

차례

진화는 가능한 것의 노예가 아니라
불가능한 것의 대변자로부터 그 창조적 힘을 가져온다.

― 바버라 우튼

적어도 토머스 모어(Thomas More)의 『유토피아』(*Utopia*)가 나
온 1516년 이래 많은 사상가들이 기본소득이라는 아이디어, 즉 사회
의 모든 사람이 권리로서 일정한 금액의 소득을 받는다는 생각을 가
지고 불장난을 벌였다. 누군가는 이 아이디어가 뻔뻔하다고 여겨 움
츠러들었다. 누군가는 환상이자 문명에 대한 위협 — 일어날 법하지
는 않지만 — 이라며 이 아이디어를 비웃었다. 누군가는 '형제여, 꿈
을 꾸라'라고 하며 마음 깊은 곳에 넣어두었다. 누군가는 점차 열정
이 식어갔다. 감정과 반응의 폭은 인상적이리만치 넓었다.

그러나 1980년대에 비로소 이를 둘러싼 논쟁을 촉진하는 국제 네
트워크가 만들어졌다. 1986년 9월 서유럽에서 온 몇몇 경제학자·
철학자와 사회과학자 들이 벨기에 루뱅라뇌브(Louvain-la-Neuve)
에서 만나, 기본소득유럽네트워크(BIEN, Basic Income European
Network)가 공식적으로 설립됐다. 이는 상징적인 일이었다. 공적으
로 기본소득 재원을 마련하는 사회에 대한 최초의 전망을 담고 있는

『유토피아』가 처음 출판된 곳이 루뱅(플라망어로는 뢰번Leuven)이 었다. 나는 창립 멤버 가운데 한 사람이었고, BIEN이라는 이름을 지었다. 약자인 BIEN은 프랑스어로 '좋다'라는 뜻이며, 우리가 기본소득이 가져올 것이라 믿는 '웰빙'을 암시한다.

점차 유럽 바깥 사람들이 합류하면서 이름을 바꿀 필요가 있었다. 2004년 BIEN의 E가 '유럽'(European)에서 '지구'(Earth)로 바뀌었다. 그러나 최근까지도 기본소득이 권리로서 모든 사람에게 지급되어야 한다는 아이디어는 주류 논평가·학자·정치가 들에게 별다른 관심을 받지 못했다. 존경할 만한 예외가 있다면 프랑스의 전 총리인 미셸 로까르(Michel Rocard), 노벨평화상 수상자인 데즈먼드 투투(Desmond M. Tutu) 주교다. 둘 다 BIEN 대회에서 연설한 바 있다. 그리고 나서 전지구적 경제를 위협한 2007~2008년 금융붕괴가 일어났고, 이후 기본소득에 대한 엄청난 관심의 물결이 일었다.

그러나 무풍의 시절에도 BIEN 활동을 통해 이 아이디어를 살려놓고 연구와 집필을 통해 사고를 만들어내며 정책의 간극을 메운 사람들에게 감사의 말을 전해야겠다. 시작부터 우리는 젠더(gender) 평등, 인종 평등, 자유·민주 사회라는 관점의 범위 안에서 모든 정치적 색깔이 표현될 수 있도록 했다.

실제로 자유지상주의적 접근법을 취하는 사람들과 좀더 평등주의적 접근법을 취하는 사람들 사이에, 기본소득을 '독립적' 정책으로 보는 사람과 진보적 정치전략의 일부로 보는 사람들 사이에 긴장은 늘 있었다. 그러나 이 '관용적인 조직' 접근법이 BIEN의 성공에 핵심이었고, '기본소득이 때를 만난 아이디어'라며 확신을 가진 채 말할 수 있도록 BIEN이 지식의 기초를 세웠다.

정치적 요청

기본소득에 대한 커져가는 관심은 현재의 경제정책과 사회정책이, 지탱할 수 없는 불평등과 불의를 낳는다는 인식을 부분적으로 반영한다. 20세기 소득분배 체제는 지구화가 휩쓸면서, '신자유주의' 경제가 작용하면서, 기술혁명으로 노동시장의 전환적 성격이 강해지면서 깨졌다. 그 결과 나타난 한가지가 '프레카리아트' (precariat)*의 성장인데, 프레카리아트는 불안정하고 불안전한 노동, 직무 정체성의 결여, 실질 임금의 감소와 불안정화, 수당의 상실과 만성적인 채무 등에 직면한 수백만의 사람들을 일컫는다.

'자본'과 '노동'에 들어가는 국민소득의 몫은 대체로 안정적이었지만, 이런 과거의 합의가 지나가버렸다. 우리는 2차 도금시대 (Gilded Age)에 사는데, 점점 더 많은 소득이 물리적·금융적·'지적' 재산의 수익으로 번성하는 소수의 '지대 수취자'(rentiers)에게 가고 있다. 이는 도덕적이지도, 경제적으로 정당하지도 않다. 또한 불공평이 늘어남에 따라 분노도 커지고 있다. 불안·아노미·소외·분노가 혼합되어 '퍼펙트 스톰'을 일으키며, 1차 도금시대 직후를 연상시키

---

* 불안정하다는 의미의 'precarious'와 무산자계급을 말하는 'proletariat'의 합성어로, 불확실하고 불안정한 고용·노동 조건에 놓인 사람들을 가리킨다. (이하 본문의 각주는 옮긴이의 것이다.)

는 어젠다에 대한 지지를 이끌어내기 위해 포퓰리스트 정치가들이 공포를 이용할 수 있게 되었다.

새로운 소득분배 체제가 구성될 수 없다면, 혹은 적어도 확고한 출발점이 없다면 브렉시트(Brexit)와 2016년 도널드 트럼프(Donald J. Trump)의 승리를 뒷받침한 극우화는 점점 강해질 뿐이다. 체제를 떠받치는 좀더 평등하고 해방적인 지지대로서 기본소득이라는 정치적 요구가 생겼다고 주장하는 바, 이것이 이 책을 쓴 한가지 이유다.

이 책에 관하여

이 책의 목적은 연령, 젠더, 결혼 유무, 업무상 지위·경력 등과 상관없이 권리로서, 현금(이나 이에 해당하는 것)으로 모두에게 지급되는 기본소득의 도입에 대한 찬반론을 독자에게 안내하는 것이다. 이 책은 30년 동안 많은 사람들이 수행한 연구·주장·사회운동 등을 바탕으로 하며, 특히 BIEN의 성장, 2016년 7월 서울 대회까지 열여섯차례 열린 BIEN 대회, 거기에 제출된 수백편의 논문에 기대고 있다. 관심있는 독자들이 좀더 세밀한 논의로 이어갈 수 있도록 가능한 만큼 참고문헌과 자료를 제공하려 했다.

무엇보다 이 책의 목적은 여러 쟁점을 소개하고 성찰적으로 안내하는 것이다. 이제부터 기본소득이 무엇을 의미하는지를 검토하고 기본소득을 정당화하는 주요한 세가지 관점(정의·자유·보장) 및 경제적 근거도 논의하려 한다. 또한 기본소득에 대한 여러 반박, 특히 감당가능성(affordability)과 노동공급에 미치는 영향에 관한 입장을 다루며, 기본소득을 실행할 때 직면할 실천적이고 정치적인 문제를 살펴볼 것이다.

이 책이 잘난 체하는 이들로부터 종종 '일반 독자'라 불리는 사람들뿐 아니라 정치가와 정책입안자 들에게 쓰임이 있길 바란다. '모두에게 기본소득을 주자'라는 단순한 주장은 사실 이 말 자체보다 훨씬 복잡하다. 그러나 심사숙고 없이 강한 견해를 이룰 때가 많다. 따라서 독자들이 가급적 열린 마음으로 이 책에 접근했으면 한다.

나는 BIEN의 창립 멤버이자 현재 명예공동의장으로서 기본소득을 확고히 지지한다. '악마에게 멋진 가락을 주기' 위해 노력했으며(어쨌든 그런 척하자!), 독자들은 이를 알아서 판단할 수 있을 것이다. 그 목적은 소귀에 경 읽기가 아니라 냉정한 대화를 촉진하는 것이며, 마땅히 그래야 한다. 대화를 행동으로 밀고 가는 일은 정치적 장에 있는 사람들에게 달려 있다.

기본소득을 지지할 의향이 있는 정치가들이 크게 목소리를 내고 노력하게끔 용기를 북돋울 방법이 있을까? 저명한 정치가들이 개인적으로는 기본소득을 지지하고 있다는 이야기를 지겹도록 들어왔지만 어떻게 해야 이들이 '커밍아웃'할는지는 모르겠다. 2016년의 사건들*을 통해 강조되는 이 책의 주장이 기본소득을 지지하는 정치가들의 집단적 기개를 강화하는 데 도움이 되리라 여기고 싶다.

---

* 스위스의 기본소득 국민투표와 핀란드의 기본소득 실험 소식을 가리킨다(11장 참고).

1

기본소득
: 의미와 역사적 기원

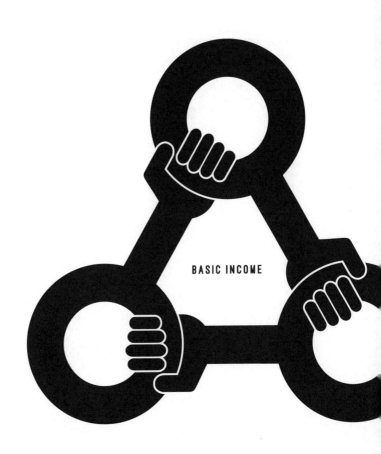

BASIC INCOME

누구인들 밖으로 나갈 적에
문(門)을 통하지 않고 나갈 수 있겠는가.
— 공자

기본소득을 정의하는 데서 출발해야겠다. 기본소득에는 수많은 변종이 있고, 이에 대해서는 적절한 때에 논의하겠지만, 기본소득이 란 개인에게 무조건 정기적으로 (예를 들면 매달) 지급되는 적당한 금액의 돈이라 정의할 수 있다. 모두에게 지급되기 때문에 종종 보편적 기본소득(UBI, universal basic income)이라 불린다.

언뜻 보기에 이렇듯 간단하지만 이 정의에는 분석이 필요하다.

핵심

'기본'이란 무엇인가

'기본'(basic)이라는 말은 큰 혼란을 불러일으킨다. 적어도 이것 은 어떤 사람이 자신이 살아가는 사회의 **극단적인 상황**에서 생존할 수 있도록 하는 금액을 의미한다. 그보다 많을 수도 있다. 그러나 본래 의도는 완전한 경제 보장이나 풍요가 아니라 기본적인 경제 보장을 제공하는 것이다. 완전한 보장은 실현 가능하지도 않고 바람직하지도 않다.

기본적인 경제 보장을 구성하는 게 무엇인지 정하기는 어렵지만 직관적으로 이해하기는 쉬울 것이다. 충분한 먹을거리와 살 곳을 얻을 수 있다는 것, 배움의 기회와 의료에 접근할 기회라는 측면에서 볼 때, 기본적인 보장은 분명 '좋은 사회'라면 동등하게 또 가능한 한 확실히 제공해야 하는 무엇이다. 대개 기본소득 옹호자들은 기본소득이 '권리'로서 제공되어야 한다고 믿는데, 이는 기본소득이 마음대로 철회될 수 없다는 뜻이다.

혹자는 기본소득이 '사회 참여'를 보장할 정도로 충분해야 한다고 주장한다. 이는 정의(定意)상 불필요하면서도 너무 모호해 보인다. 그러나 모든 사람이 동등한 지위의 시민으로서 사회에 참여할 수 있을 만큼 충분한 자원을 가져야 한다고 말한 점에서 훌륭한 바람이다. 여기서 알렉시 드 또끄빌(Alexis de Tocqueville)의 말을 떠올릴 수 있다. 분별있는 실용적 입장에서는 기본소득의 수준이 이런 방향으로 나아가기에 충분해야 한다는 것이다.

그렇다면 기본소득의 수준은 어느 정도여야 하는가? 일부 옹호자들은 유지할 수 있는 한 가장 높은 금액으로, 가능한 한 '빈곤선(생활에 필요한 최소소득 수준) 이상'의 수준에 가까이 가야 한다고 생각한다. 이는 3장에서 이야기할 자유지상주의적 견해인데, 종종 여기에는 기본소득이 모든 국가수당과 복지서비스를 대체할 수 있다는 주장이 따라온다.

나를 포함한 다른 사람들은 기본소득이 낮은 수준에서 출발해, 점차 이 목적을 위해 조성된 기금의 규모 및 국민소득의 수준과 변화에 따라 커질 수 있다고 생각한다. 그러나 어느 수준으로 정해지든 기본소득은 복지국가를 해체하고자 계획된 수단일 필요가 없으며, 그런 수단이어서도 안 된다.

'보편'이란 무엇인가

이상적인 세계에서는 모든 인간이 평등하게 기본소득을 보장받기를 원할 수 있다. 여기서 '보편'이란 기본소득이 해당 사회·지역·국가 등에 상시 거주하는 모든 사람에게 주어진다는 의미다. 엄격히 말하면 기본소득이 '시민소득'—종종 기본소득을 이렇게 지칭하기도 한다—은 아닐 터인데, 그 경우 비거주 시민은 자격이 없을 것이기 때문이다. 반대로 유입 이민자는 기본소득을 받을 자격을 얻기 위해 정해진 기간 동안 합법적 거주자(혹은 영주권을 취득한 외국인)여야 한다는 요구를 받을 수 있다. 이는 민주주의 방식으로 결정될 정치문제다.

'개별적으로 지급된다'는 것은 무엇인가

기본소득은 결혼 여부, 가족, 가구 등과 무관하게 각 개인에게 지급될 것이다. 따라서 특정 가구 구성의 유형을 선호하거나 차별하지 않을 것이다. 그리고 '가족 상태'(family status)에 따라 지급되는 수당과 달리, 소득이 가구 내에서 자동적으로 분배되리라 가정하지 않을 것이다. 평등한 분배일 때도 마찬가지인데, 실제로는 종종 평등한 분배가 일어나지도 않는다.

또한 기본소득은 **균일하게**, 즉 상황과 무관하게 모든 성인에게 평등하게 지급되어야 한다. 가족에 기반을 둔 몇몇 현행 국가수당은 가족 내의 규모의 경제를 가정해 실제로 큰 가구의 구성원들에게 더 적은 금액을 준다. 기본소득은 그런 가정을 하지 않으므로, 의도하지 않은 차별을 피한다.

대부분의(다 그런 것은 아니다) 기본소득 지지자들은 아동에게 더 적은 금액을 지급하자는 입장이다. 대개 아동의 기본소득은 어머니 혹은 어머니의 대리자에게 지급되어야 한다고 명시한다. 그리고 많은 경우 연금생활자, 쇠약한 노인, 장애인 등에게는 추가 금액을 지급할 것을 제안한다. 이들은 생활비가 더 많이 필요하며 추가소득을 벌 가능성이 상대적으로 낮기 때문이다. 따라서 '평등'은 기본적인 생활수준의 평등으로 해석할 수 있다.

'무조건적'이란 무엇인가

기본소득이 국가에 의해 **무조건적으로** 지급되어야 한다는 중요한 주장에는 세가지 조건이 따른다. 첫째, **소득조건**, 즉 자산조사가 없어야 한다. 자신의 소득이 정해진 금액 이하임을, 또 이것이 자신의 '잘못'이나 '책임'이 아님을 증명할 필요가 없어야 한다. 그러한 심사는 보통 생각하는 것보다 훨씬 더 자의적이며 불평등하다.

둘째, **지출조건**이 없어야 한다. 기본소득은 수급자가 언제, 어디에, 어떻게 돈을 쓸지에 대한 방향 제시나 제약 없이 지급될 것이다. 이런 점에서 기본소득은 현물수당·바우처(voucher) 등과 구별된다.

이런 것들은 특정 물품에만 쓸 수 있으며, 본질적으로 가부장주의적 성격을 띤다. 기본소득을 바탕으로 사람들은 어디에 우선 소비할지 결정할 수 있다.

셋째, 사람들이 특정 방식으로 행위하거나 행위하지 않을 것을 요구하는 행위조건이 없어야 한다. 즉 기본소득을 받을 자격을 얻으려면 직업을 가져야 한다거나 그 직업이 특정 유형이어야 한다거나, 혹은 이를 위해 애써야 한다는 등 행위조건이 없어야 한다. 대체로 이는 기본소득을 옹호하거나 비판하는 쪽 모두 기본소득이 '무조건적'으로 지급된다고 말할 때 의미하는 바다.

'규칙적'이란 무엇인가

기본소득은 규칙적인 간격으로 지급될 것이다. 보통은 매달 지급되지만 주기가 이보다 짧거나 길 수도 있다. 중요한 것은 매달 지급되는 금액이 거의 같으며, 서류를 작성하거나 줄 서는 일 없이 자동 지급된다는 점이다. 예측가능성은 기본적인 경제 보장의 핵심적 부분이다. 여느 국가수당과 달리 기본소득은 미리 보장되며 미리 알 수 있다.

또한 기본소득은 **철회되지 않는** 것이어야 한다. 다시 말해서 기본소득은 권리여야 하며, 자유권 같은 다른 기본권과 마찬가지로 법률 절차에 의하지 않고서는 박탈당하지 않는다. (기본소득 옹호자 가운데 일부는 수감자에게 지급을 유예할 것을 제안한다. 하지만 기본소득을 수감 중 필요한 경비를 지급하는 데 사용하거나, 수감자의 다른 가족 구성원에게 지급하거나, 심지어 수감자 석방 후 사회

재통합의 용이를 위해 저축하는 등 다른 선택지가 있을 수 있다.) 이와 더불어 기본소득은 **상환에 이용될 수 없어야**(non-repayable) 한다. 기본소득을 압류해 미지급 부채를 상환할 수 없음을 말하고자 종종 '담보가 될 수 없는'(non-foreclosable)이라는 표현을 쓰기도 한다. 기본소득은 기본소득 보장에 대한 경제적 권리여야 한다.

주의

따라서 비가 오나 눈이 오나 지급되는 안정적이고 예측 가능한 기본소득은 **최소소득보장**(minimum income guarantee)과 다르다. 최소소득보장은 소득이 낮으면 일정 수준이 될 때까지 보충해주는 것이며, 대개 복잡한 자산조사를 요구한다. 기본소득은 **음의 소득세**(negative income tax) 혹은 **세금공제**와도 다르다. 음의 소득세나 세금공제는 소득이 올라가면 중단된다.

그럼에도 이런 변종들은 기본소득과 같은 계열로 언급되곤 하며, 모든 사람이 어느정도 기본소득을 보장받아야 한다는 생각을 공유한다. 이 책에서는 '기본소득'이라는 용어를 이 장의 앞부분에서 내린 정의에 부합하는 제도로 한정하지만, 독자는 논평자들이 여러 다른 접근법을 '기본소득'이라는 이름과 자주 혼동한다는 점을 알아야 (그리고 조심해야) 한다. 가끔 악의적으로 그럴 때도 있겠지만, 논평자 스스로 무엇을 말하는지 모른다는 것을 보여주는 징표일 때가 더 많다.

기본소득 대 기본자본급여

기본소득(정기적으로 지급되는 적당한 금액)과 기본자본급여 (basic capital grant, 한번에 지급되는 더 많은 금액)를 구별하는 것이 중요하다. 기본자본급여는 '출발선이 동등한 자본주의'를 만드는 게 목표라고 한다. 이는 시장이 추동하는 불평등을 인정하는 셈이다. 반면 기본소득은 '기저선의 소득을 유지하는 자본주의'를 목표로 한다.[1]

기본자본급여 옹호자들은 모든 사람이 특정 연령, 예컨대 21세가 되었을 때 한번에 지급받는 것을 보통 예상한다. 현대의 주요한 기본자본급여 지지자인 브루스 애커만(Bruce Ackerman)과 앤 앨스톳(Anne Alstott)은 이를 '사회적 지분 급여'(stakeholder grant)라 불렀다.[2] 나는 다른 데서 이를 '성년급여'(COAG, coming-of-age grant)라 부른 바 있다.[3]

영국의 신노동당 정부가 도입한 '베이비본드'(baby bond)라는 변종을 보자. 아기가 태어났을 때 부모는 250파운드 정도의 바우처를 받는데, 이는 신탁기금에 투자되었다가 아이가 18세가 되면 지급된다. 이 제도는 최초 수급자가 성년이 되기 전인 2010~15년의 연립정부에 의해 폐기된 탓에, 제도의 효과를 채 평가할 수 없었다.

일회성 자본급여에 대한 주된 비판은 '의지의 박약함' 효과에 관한 것이다. 특히 18세 혹은 21세에 일시불로 큰 금액을 받는 사람 가운데 누군가는 위험한 투자를 하거나 돈을 낭비해 결국 아무것도 안 남을 수 있다. 시기의 문제도 있다. 한 연령대의 사람들이 투자가치가 높아졌을 때 급여를 받게 되면, 다른 연령대의 사람들은 기회가 부족하거나 더 아슬아슬할 수 있다. 전문가의 조언(혹은 정부가 임명한 조언자의 '넛지'nudge*)이 누군가에게는 나쁜 결과를, 다른 시기의 또다른 누군가에게는 좋은 결과를 줄 수도 있다. 실제로 자본 급여는 너무 많은 것을 우연에 맡기는 식이다.

이유야 어떻든 계속 곤경에 빠지는 사람들이 있다면 이들에 대한 도움을 뿌리치기란 어려운 일이다. 그러나 이는 도덕적 해이로 이어질 수도 있다. 돈을 잃어도 재정지원이 또 있을 것이라고 한다면 분별없는 결정을 하는 수급자도 있을 터이기 때문이다. 반면, 정기적인 기본소득으로 지급받는 적당한 금액은 과도한 리스크를 감수하지 않아도 되고, 이전에 돈을 제대로 다루지 못했다 하더라도 시간이 지나며 학습할 수 있게 해주는 이점이 있다.

기본소득의 뿌리

국가가 모든 시민에게 기본소득을 주어야 한다는 아이디어를 누가 처음 고안했는지를 둘러싸고 몇몇 후보가 경합을 벌이고 있다. 토머스 모어 경은 1516년 라틴어로 출간된 '유토피아'(Utopia, '아무

---

* 본래는 '팔꿈치로 슬쩍 찌르다' '주의를 환기하다'라는 뜻으로, 강압하지 않고 부드럽게 개입해 사람들이 더 좋은 선택을 하도록 유도하는 방법을 뜻한다. 행동경제학자 리처드 세일러(Richard H. Thaler)와 법률가 캐스 선스타인(Cass R. Sunstein)의 공저서 『넛지』(2008)를 통해 잘 알려졌다.

데도 없는 곳'이라는 뜻) 섬에 관한 픽션을 통해 기본소득이 있는 사회를 최초로 그려낸 인물로 널리 인정받는다.

그러나 페리클레스(Pericles)와 에피알테스(Ephialtes)까지 거슬러 올라가는 주장이 있다. 이들은 기원전 461년 고대 아테네 '평민'의 지도자로서 승리를 거두었다. 배심원 역할을 하는 시민에게 수당을 지급하는 민주주의적 개혁을 주도한 것은 실제로 에피알테스였다. 얼마 후 그는 암살당했고(정적에 의해 암살당했다고 한다) 그의 부사령관인 페리클레스가 이를 인계받았다. 따라서 이상적인 전조는 아니라 할지라도 에피알테스를 기본소득의 진정한 창시자 혹은 최소한 '시민소득' 변종의 창시자라고 말할 수 있겠다.

고대 그리스 민주주의의 핵심은 시민이 폴리스(polis)에, 즉 도시의 정치생활에 참여하기로 되어 있었다는 것이다. 페리클레스는 일종의 기본소득급여를 도입해서, 오늘날 프레카리아트에 해당하는 평민의 시간에 대해 보상함으로써 이들이 정치에 참여할 수 있게 하려 했다. 지급은 실제로 참여하느냐에 달린 조건부가 아니었지만, 실제 참여는 도덕적 의무로 간주되었다. 이렇듯 기본소득 덕분에 용이해진 계몽적인 숙의민주주의 체제는, 안타깝게도 기원전 411년 과두제 쿠데타에 의해 전복되었다. 이로써 기본소득으로 가는 길은 오랫동안 봉쇄되었다.

중세에 이르러 1217년 「마그나카르타」(Magna Carta)*와 함께 발

---

* 1215년 잉글랜드의 존(John) 왕이 동의한 문서로, 교회와 제후 들의 권리를 보호하는 내용이다. 얼마 후 존 왕은 이 문서를 무효라고 선언했지만 1216년 새로 즉위한 헨리 3세(Henry III)가 수정판을 반포했고, 다음해인 1217년 「삼림헌장」

표된 「삼림헌장」(Charter of the Forest)에서 기본소득의 뿌리를 찾아볼 수 있다. (1215년 6월의 최초 자유헌장이 「마그나카르타」로 간주되긴 하나, 몇몇 부분이 「삼림헌장」으로 옮겨지고 다듬어져 축약본이 발표되기 전까지 '마그나카르타'라는 이름이 사용되지는 않았다.) 「삼림헌장」은 평민 남성(the common man)이 생존권, 그리고 에스토바르(estovar)라 불리는 공유재 내의 생존 수단에 대한 권리를 주장한 것이다. 13세기에는 모든 교회가 한해에 네번 회중에게 「삼림헌장」을 낭독해주어야 했다. 개정된 「마그나카르타」에서 주목할 부분은 과부에게 '공유재의 합당한 에스토바르'에 대한 권리를 부여했다는 것이다. 모든 과부는 음식, 땔감, 주거 재료 등을 공유재에서 가져올 수 있는 형태로 기본소득에 대한 권리를 가졌다.

그럼에도 기본소득이 있는 사회가 어떠할지를 처음 그려낸 사람은 토머스 모어였다. 그는 현대적인 정당화[4]와 마찬가지로 참신한 정당화를 통해, 절도를 줄이는 데에 당시 일상화된 처벌인 교수형보다 기본소득이 더 나은 방식이라고 보았다. 그가 만들어낸 한 등장인물은 이렇게 말한다.

도둑질이 음식을 얻는 유일한 방법이라면 지구상의 어떤 처벌로도 도둑질은 멎어들지 않을 것이다. (⋯) 이 끔찍한 처벌 대신 모든 사람에게 어느정도 생활수단을 주는 것, 그래서 도둑으로 시

과 함께 다시 반포되었다. 이후 이 문서는 국민의 권리를 옹호하는 전거로 이용되면서 '민주주의의 시발점'이라는 지위를 얻었다.

작해 시체로 끝나는 끔찍한 필연성 아래에 누구도 있지 않게 하는 것이 훨씬 더 간단한 일이다.

10년 뒤 에스빠냐 출신의 플랑드르 학자이자 토머스 모어의 친구인 요하네스 비베스(Johannes Vives)는 브뤼헤 시장에게 모든 시 거주자의 최소 생존을 보장하는 상세한 계획을 제출했다. 뒤이어 이프르(Ieper)시에서는 이 아이디어를 간단히 실험했다. 이런 이유로 비베스를 기본소득 비슷한 것을 최초로 주장한 인물로 보기도 한다. 그러나 비베스의 모델에서 부조(음식)는 빈민만을 겨냥한 것이었다. 비베스는 빈민에게 부조의 대가로 노동을 시키는 '워크페어'(workfare)의 지지자이기도 했다. 그러나 모어나 비베스 등의 아이디어는 교회나 부자의 자의적 자선에 의존하지 않고, 공적으로 재원을 마련해 제공하는 빈민구제라는 생각을 정당화하는 토대가 되었다.

토머스 모어 이후 수세기 동안 몇몇 사상가들이 그의 발자국을 따라갔다. 예를 들어 몽떼스끼외(Montesquieu)는 1748년 프랑스에서 발간된 『법의 정신』(De l'esprit des lois)에서 "국가가 모든 시민에게 확실한 생존, 즉 음식, 적절한 의복, 건강을 해치지 않는 생활방식 등을 주어야 한다"고 주장했다. 당대의 계몽사상가인 꽁도르세 후작(Marquis de Condorcet)은 후일 유사한 것을 주장했다. 1794년 그의 목숨을 앗아간 기요띤은 이어지지 않는 길을 상징했다.*

---

* 이 문장은 저자의 착각으로 보인다. 프랑스혁명기 지롱드파와 가까웠던 꽁도르

그러나 초기 단계에서 가장 영향력있는 옹호자는 위대한 공화주의자이자 『인간의 권리』(*The Rights of Man*)의 저자인 토머스 페인(Thomas Paine)일 것이다. 그의 핵심적인 주장은 미국의 집집마다 한부씩 있다고 할 정도로 널리 보급되어 미국 독립전쟁을 자극한 팸플릿 『상식』(*Common Sense*, 1776)이 아니라, 1795년에 쓴 중요한 글인 「토지 정의」(Agrarian Justice)에 들어 있다.[5] 여기서 그는 노령층을 위한 기본소득과 '성년' 자본급여라 할 만한 것을 제안했는데, 둘 다 시대를 감안하면 매우 혁신적인 제안이었다.

페인과 동시대인이자 잉글랜드의 급진주의자였던 토머스 스펜스(Thomas Spence)도 기본소득을 자연권으로서, 정의의 문제로서 지지했다. 그는 교구 기금에 지급되는 지대에서 나오는 수익금을 분기별로 모든 거주민에게 동등하게 분배하는 일종의 '사회배당'(social dividend)을 상상했다.

19세기에는 몇몇 저자들이 여러 종류의 기본소득을 구상했다. 유럽대륙에서는 프랑스·네덜란드·벨기에 사상가들이 눈에 띄는데, 특히 사회주의자인 샤를 푸리에(Charles Fourier), 조제프 샤를리에(Joseph Charlier), 프랑수아 위에(François Huet) 등이 있다. 1853년 위에는 상속세와 증여세로 재원을 마련해 모든 성인 청년에게 무조건적으로 넘겨주자고 주장했다. 그러나 이들은 공산주의의 열정과 사회민주주의의 온정주의가 분출하면서 주변화되고 말았다.

세 후작은 자꼬뱅파가 권력을 장악한 이후 도피생활을 하다가 1794년 3월 27일 체포되어 투옥되었고, 이틀 뒤 감옥에서 숨진 채 발견되었다. 독약으로 자살했다는 설과 독살당했다는 설이 있다.

대서양 건너편에서는 헨리 조지(Henry George)가 크게 기여했다. 저서인 『진보와 빈곤』(*Progress and Poverty*, 1879)이 수백만부 팔렸고, 그 영향력은 광범위하며 지속적이었다. 영향력있는 또다른 출판물로 에드워드 벨라미(Edward Bellamy)의 『뒤를 돌아보며!』(*Looking Backward!*, 1888)가 있다. 이 책은 모든 시민에게 동등한 소득을 주는 2000년의 미국을 상세히 그리고 있다.

영국에서는 부분적으로 벨라미의 책에 대한 반응으로 쓴, 윌리엄 모리스(William Morris)의 급진 미래주의 소설 『어디에도 없는 곳에서 온 뉴스』(*News from Nowhere*, 1890)가 1956년 잉글랜드의 협동조합 공예 기반 사회를 묘사하고 있다. 이 진지한 소설은 그 자체로 위대한 문학으로 간주되지만, 모리스는 국가로부터 기본소득을 지급받는 사람들이 사장을 위한 노동(labour)이 아니라 창조적 행위로서 일(work)을 추구하는 사회를 그리며 특별한 무언가를 포착하고 있다. 그것은 20세기 초반 사회주의자와 공산주의자의 재미없는 '노동주의' 속에서 상실될 일에 대한 전망이었다. 이 노동주의 가운데 소득과 복지 혜택을 일자리에 의존하게 됐다.

1차대전 이후 버트런드 러셀(Bertrand Russell), 메이블 밀너(Mabel Milner)와 데니스 밀너(Dennis Milner) 부부, 버트럼 피카드(Bertram Pickard), 콜(G. D. H. Cole), 그리고 헨리 조지의 제자들의 저술을 통해 기본소득 지지의 가히 **두번째 물결**이 일었다.[6] 발터 판 트리어(Walter van Trier)는 밀너 부부를 실천적 정책으로서 기본소득(이들은 '국가 보너스'라고 불렀다)의 선구자로 보는, 설득력있는 박사학위논문을 썼다.[7] 얼마 후 1920년대에 저술활동을 한 영국의 엔지니어 더글러스(Clifford H. Douglas)가 등장했다. 그는 '사회 신용' 운동의 창시자였으며, 경제적 산출과 노동자의 소득 및 구매력의 격차가 벌어지는 데 대해 과학기술적 관점에서 영감을 받은 첫 번째 기본소득 옹호자였다. 21세기에 그와 뜻을 같이하는 한무리의 사상가들이 나타난다.

러셀은 일반적 원칙으로서 기본소득의 목표를 다음과 같이 명확하게 말했다.

> 우리가 지지하는 계획은 본질적으로 이렇다. 일을 하든 안 하든 간에 사람은 누구나 적지만 생필품을 구하기에는 충분한 소득을 일정액 보장받아야 하며, 이보다 더 큰 소득은 생산된 재화의 총량이 허락하는 한도 안에서 공동체가 유용하다고 인정하는 일에 종사하는 이들에게 돌아가야 한다. (…) 학업을 마친 뒤 누구도 일을 하도록 **강요받아서는** 안 되며, 일을 하지 않기로 선택한 사람은 최저생계비와 철저한 자유를 보장받아야 한다.[8]

러셀의 선언은, 매우 격렬했던 사회적 맥락, 즉 유럽의 산업노동자 계급을 대량으로 학살한 1914~18년 1차대전 이후 경제적 곤궁의 시기에 나온 비슷비슷한 많은 주장 가운데 하나였다. 그러나 1920년의 연례 당대회에서 기본소득과 국가 보너스 사상을 논의한 노동당은 그다음 해 공식적으로 이를 거부했다. 다른 형태의 사회를 추진할 기회를 잃은 셈이었다.

이후 미국에서 몇몇 사람들이 외롭게 목소리를 냈는데, 가장 눈에 띄는 인물이 상원의원인 휴이 롱(Huey Long)이었다. 영국에서는 여러 관련 제안이 복지국가 형성을 둘러싼 논쟁의 주변부에서 등장했다. 그중 가장 유명한 것이 1943년 제임스 미드(James Meade)와 줄리엣 라이스윌리엄스(Juliet Rhys-Williams)의 초기 저작이다. 줄리엣 라이스윌리엄스의 제안은 아들인 브랜던(Brandon Rhys-Williams)이 보수당 의원이 된 이후 더 진전된 모습을 띠게 된다. 그러나 복지국가에 대한 '노동주의적' 관점이 우세해지면서 소득이나 복지 혜택을 지불노동의 수행과 연결시켰고, 기본소득의 길은 다시금 채택되지 않았다.

프랑크푸르트학파의 심리학자인 에리히 프롬(Erich Fromm)은 1955년에 출판된 유명한 책 『건전한 사회』(*The Sane Society*)와 이후의 논문인 「보장된 소득의 심리학적 측면들」(The Psychological Aspects of the Guaranteed Income)에서 '보편적 최저생활 보장'을 주장했다. 그러나 당시 노동주의적 복지국가가 부상하고 있었고 프롬을 비롯한 여러 목소리는 주목받지 못했다.

세번째 물결이 1960년대 미국에서 주로 등장했는데, 당시는 '구조적'이고 '기술적(技術的)'인 실업에 대한 우려가 커진 때였다. 이는 1972년 리처드 닉슨(Richard Nixon) 대통령이 제안한, 음의 소득세 형태로 된 가족지원계획(Family Assistance Plan)과 연관되었다. 닉슨은 '보장된 연간소득'이라는 용어를 사용하지 않으려 했기 때문에, 그가 기본소득의 대의로 돌아섰다고 보는 것은 과장일 것이다. 그는 '노동빈민'에 대한 지원이 필요하다고 보았는데, 이때 노동빈민은 저임금 일자리에 있는 사람을 말하며, 수많은 형태의 부불노동

(不拂勞動)은 무시하는 것이다.

그럼에도 이 조치는 기본소득으로 향하는 진전이었다. 이 제안은 하원에서 통과되었고 여론조사에서 압도적인 지지를 받았지만, 상원에서는 거부되었다. 아이러니한 점은 민주당이 이 개혁안을 무산시켰다는 사실인데, 일부는 제안된 금액이 충분치 않다는 그럴듯한 이유를 댔다. 다시금 기본소득으로 가는 길이 가로막혔다. 그 대신 세금공제의 시대가 등장했다.

1968년에 놀랍게도 150개 대학에서 1200명의 경제학자가 음의 소득세를 지지하는 청원에 서명했다. 그리고 오랫동안 잊혔지만, 1967년 마틴 루서 킹(Martin Luther King)이 암살되기 얼마 전 다음과 같이 썼다.

이제 나는 가장 단순한 접근법이 가장 효과적이리라고 확신한다. 빈곤을 해결하는 길은 현재 널리 논의되고 있는 방도를 통해 빈곤을 직접 없애는 것이다. 그것은 바로 보장된 소득이다. (…) 전통적 일자리가 없는 사람들을 위해, 사회적 선의를 고양하는 새로운 형태의 노동이 고안되어야 할 것이다. (…) 경제적 보장이 광범위하게 확보되면 수많은 긍정의 심리학적 변화가 나올 것이다. 자신의 삶에 대한 결정권을 스스로 행사할 때, 소득이 안정적이고 분명하다는 것을 확신할 때, 자기계발을 추구할 수단이 있다는 것을 알 때 개인의 존엄이 꽃필 것이다.[9]

이 시기에 다른 옹호자들도 매우 많았다. 비록 대부분은 자산조사에 기초한 보장된 최소소득을 지지했지만 말이다. 여기에는 제임스 미드, 프리드리히 하이에크(Friedrich Hayek), 밀턴 프리드먼(Milton Friedman), 얀 틴베르헌(Jan Tinbergen), 제임스 토빈(James Tobin), 폴 새뮤얼슨(Paul Samuelson), 군나르 뮈르달(Gunnar Myrdal) 등 노벨경제학상 수상자 여럿이 포함된다. 갤브레이스(John K. Galbraith) 같은 저명한 경제학자와 사회학자 들도 지지했는데, 사회학자 가운데는 뉴욕주 상원의원이었던 대니얼 모이니헌(Daniel P. Moynihan)이 가장 유명하다. 그는 민주당원이었지만 닉슨이 제안한 가족지원계획에 강한 영향을 미쳤다.[10]

네번째 물결은 1986년 기본소득유럽(현재는 '지구')네트워크(BIEN)의 창립과 함께 조용히 시작되었다고 할 수 있다. 이 흐름은 꾸준히 지지자들을 모은 뒤, 2007~2008년의 금융붕괴를 거치며 실질적 추진력이 생겼다. 그뒤로 광범위한 경제학자와 비평가 들이 다양한 기본소득의 지지자로 등장했는데, 이는 종종 기술적 실업, 점증하는 불평등, 높은 실업 등에 대한 우려와 연관되어 있다.

네번째 물결에 포함되는 지지자들은 다음과 같다. 노벨상 수상자로는 제임스 뷰캐넌(James Buchanan), 허버트 사이먼(Herbert Simon), 앵거스 디턴(Angus Deaton), 크리스토퍼 피사리데스(Christopher Pissarides), 조지프 스티글리츠(Joseph Stiglitz)가 있으며, 그밖의 학자로는 토니 애트킨슨(Tony Atkinson), 로버트 스키델스키(Robert Skidelsky), 빌 클린턴(Bill Clinton) 정부의 노동부 장관이었던 로버트 라이시(Robert Reich), 또 저명한 경제 칼럼니스트인 샘 브리턴(Sam Brittan)과 마틴 울프(Martin Wolf), BIEN 운동의 주요 인물인 독일 사회학자 클라우스 오페(Claus Offe)와 벨기에 철학자인 필리프 판 파레이스(Philippe van Parijs)가 있다.

최근 들어 실리콘밸리의 영재들과 벤처 자본가들이 이 아이디어를 받아들였고, 나중에 살펴보겠지만 일부는 여기에 돈을 대고 있다. 집카(Zipcar)의 공동창업자인 로빈 체이스(Robin Chase), 스타트업 인큐베이터인 Y컴비네이터(Y Combinator)의 샘 올트먼(Sam Altman), 유명한 벤처 자본가인 앨버트 웽어(Albert Wenger), 페이스북 공동창업자인 크리스 휴즈(Chris Hughes), 솔라시티·테슬라·스페이스X의 창업자인 일론 머스크(Elon Musk), 세일즈포스의 CEO인 마크 베니오프(Marc Benioff), 이베이의 창업자인 피에르 오미디아(Pierre Omidyar), 구글의 모기업인 알파벳의 회장인 에릭 슈미트(Eric Schmidt) 등이 여기에 포함된다.

혹자는 이런 부류의 사람들이 기본소득을 지지하기 때문에 기본소득은 틀렸다는 식의 조잡한 추론에 기대어 기본소득에 반대한다. 지금 단계에서 말할 수 있는 것은 광범위한 지지, 즉 정치적 스펙트럼을 가로지르고, 기업 경영진에서 노동조합 지도자와 사회활동가에까지 이르며, 사회과학의 모든 분과학문을 가로지르는 광범위한 지지가 과거 그 어느 때보다 강건한 운동을 약속하고 있다는 점이다.

기본소득 옹호자들이 형성한 네번의 물결을 돌아볼 때 첫번째 물결은 서로 연결점 없이, 산업자본주의의 파괴적 등장에 대한 대응으로서 등장했으며, 프롤레타리아적인 '노동'의 진전에 맞서 '일'의 가치와 공동체를 보존하기 위해 사회를 조정하는 방식을 상상한 것이었다고 할 수 있다. 두번째 물결의 추동력은 근본적으로 사회정의

이며, 1차대전의 과오와 노동자계급의 대거 희생을 바로잡아야 한다는 필요에서 나온 것이다. 그러나 이는 사회민주주의자·공산주의자와 페이비언 사회주의자 등이 주장한 보편적 노동주의라는 거대한 수레바퀴에 깔려 분쇄되었다.

세번째 물결은 기술적 실업에 대한 우려를 반영했으며, 이 우려가 사라지면서 물러갔다. 네번째 물결은 로봇공학·자동화·인공지능의 발전에 따른 노동의 대체에 대한 우려뿐만 아니라, 엄청난 불안전과 커져가는 불평등에 바탕을 두고 추동되었다. 현재 공적 토론에 기본소득이 깊이 들어와 있는 것으로 보이는데, 좌파 쪽에서는 노동주의의 시효가 만료되었다는 인식이, 우파 쪽에서는 만성적 불안전과 불평등으로 점차 시장경제가 불안정해져 유지할 수 없게 된다는 인식이 이에 한몫했다.

이름에 들어 있는 것은?

수세기 동안 이 핵심 아이디어에 수많은 이름이 붙었지만, 여러 대안적 이름에는 고유한 함의가 있다.

기본소득. 이 이름은 단순하고 친근하다는 장점이 있다. 이 이름은 흔히 자산조사 제도를 가리키는 용어인 '최소소득'과 다르다. 최소소득의 경우 국가는 빈민이 스스로 가난하며, 어떤 점에서 '자격'이 되는지 입증할 수 있을 때 약간의 소득을 보장한다. 기본소득은 '보장된 연간소득'과 다른데, 후자는 일종의 음의 소득세 형태로서, 자산조사를 바탕으로 한 소득 보장을 가리키는 것으로 보이며 캐나다와 미국의 논쟁에서 두드러지게 등장했다. 또한 기본소득은, 사용자가 일자리에 있는 사람에게 지불하게 돼 있고 보통 시간당으로 표현되는 법정 액수인 '최저임금'과도 다르다.

기본소득급여(BIG, basic income grant). 이것은 남아프리카공화국에서 기본소득을 가리키는 대중적인 방식이다. 한편 USBIG은 미국 기본소득보장네트워크(US Basic Income Guarantee Network)를 나타낸다.

보편적 기본소득(UBI, universal basic income). 북아메리카와 유럽에서 널리 사용되는 이 용어는 기본소득이 가족 상황이나 재정 상황과 상관없이 모든 개인에게 동등하게 지급될 것이라는 생각을 담고 있다.

무조건적 기본소득(unconditional basic income). 일부 운동가들은 기본소득을 받는 데 지출·소득·행위 등에 대한 자격조건이 없음을 분명히 하고자 '무조건적'이라는 단어를 붙였다. 그러나 어떤 조건도 없다는 말은 사실이 아니다. 가장 분명하게는 자격을 얻기 위해 그 사람이 기본소득 제도가 실시되는 공동체나 국가의 (합법적) 거주자여야 한다는 점이 있다. 따라서 '무조건적'이라는 말이 명료함보다는 혼란을 줄 수 있다.

시민소득(citizen's income) 혹은 **시민권 소득**(citizenship income). 아마 세번째로 가장 널리 사용될 시민소득이라는 이름은 어떤 나라의 모든 시민이 기본소득을 받을 자격이 있으며, 시민만이 자격이 있다는 것을 의미한다. 이는 이중으로 문제적이다. 거의 모든 기본소득 구상은 해외거주 시민을 배제하고 있으며, 대부분의 구상은 시민권이 없더라도 장기 합법거주자를 포함하고 있다. 따라서 이 용어는 기본소득이라는 관념을 시민의 권리로 보긴 하지만 문자 그대로의 의미에서 정확하지 않다. 최근 유행하는 변형태는 시민 기본소득(citizen's basic income)이다.

참여소득/급여(participation income/grant). 나중에 더 상세히 논의할 이 개념은 주로 이 개념을 오랫동안 옹호해온 토니 애트킨슨과 관련이 있다. 이 개념은, 정기적으로 개인에게 현금 지급되는 보편적인 형태가 될 것이기에 기본소득과 몇몇 특징을 공유하지만, 그 대가로 수급자가 어떤 경제활동을 해야 한다는 조건을 부과한다. 행위의 조건을 정한다는 점에서 이 개념은 기본소득의 정의와 중요하게 다르다.

사회배당(social dividend) 혹은 모두를 위한 배당(dividends-for-all). 내가 가장 선호하는 '사회배당'이라는 용어는 존중할 만한 계보가 있으며, 기본소득의 핵심 정당성을 포착하고 있다. 즉 이는 사회의 투자와 부의 축적에 대한 보상이다(2장 참고).

국가 보너스(state bonus). 밀너 부부와 피카드가 사용한 이 용어는 20세기 초에 인기가 있었다. 국가에서 나오는 사회적 지불이라는 아이디어를 담고 있어서 어느정도 호소력이 있다.

데모그란트(demogrant). 1960년대 말에 미국에서 유명해진 이 용어는 민주당 상원의원인 조지 맥거번(George McGovern)이 대통령 선거운동 기간에 잠시 채택했다가 나중에 폐기했다. '민주주의'(democracy)와 '급여'(grant)가 연결되어 있음을 보여주는 이 이름은 여전히 매력적이다.

프리덤그란트(freedom grant). 넬슨 만델라(Nelson Mandela)가 아파르트헤이트 이후 남아프리카공화국 최초의 대통령이 된 뒤에, 내가 이 나라에서 기본소득급여(BIG)를 지지하고자 제안한 이름이었다.[11] 안타깝게도 국제통화기금(IMF)과 당시 남아프리카공화국 재무부 장관이 기본소득급여를 반대했다. 그후 불평등과 만성적 불안정이 지속되고 확대되었다.

안정화 급여(stabilization grant). 내가 제안했던 또다른 용어로, 기본소득의 한 형태 혹은 기본소득의 구성 부분을 말한다. 이는 경기 변동에 따라 가변적인데, 침체기에는 소비를 자극하기 위해 올라가고 호황기에는 내려간다. 이 아이디어에 관해 5장에서 더 이야기할 것이다.

사회적 지분 급여(stakeholder grant). 이것은 자본급여라는 아이디어에 다른 이름을 붙인 것으로, 성년에 도달할 때 개인에게 한번 큰 몫을 주는 것이다. 자본급여와 소득급여의 근본적 차이는 앞서 언급한 의지의 박약함이라는 요인이다. 그러나 자본급여는 지급이 보편적이고 무조건적이며, 개별적이고, 철회되지 않는다는 원칙을 기본소득과 공유한다.

이 핵심 아이디어를 가리키는 용어가 이렇게 많지만 내가 선호하는 두가지는 '기본소득'과 '사회배당'이다. 각각은 서로가 결여한 부분을 갖고 있다는 이점이 있다. 이에 대해서는 이어지는 장들에서 분명히 드러내야 할 것이다.

더 이야기하기에 앞서, 다시 한번 기본소득을 도입하는 일이 일부 논평자들의 주장과 달리, 기존 다른 국가수당의 전부나 일부를 자동적으로 혹은 필수적으로 폐지해야 한다는 의미는 아님을 강조하는 게 중요하다.[12] 기본소득은 다른 국가수당을 대체하든 그렇지 않든 간에 오히려 새로운 분배체제의 바람직한 기반으로 보아야 한다. 기본소득은 '복지'의 다른 이름이 아니다. 기본소득은 소득이다.

2

기본소득과 사회정의

BASIC INCOME

분배를 통해 과도함을 없애야 하며,
각각은 충분한 몫을 갖게 된다.
— 셰익스피어 『리어왕』

기본소득을 윤리적으로 혹은 철학적으로 어떻게 정당화할 수 있는가? 본질상 기본소득은 사회의 부가 사회적 혹은 집단적 성격이 있음을 반영하는 사회정의의 도구라는 것이 근본적인 주장이다. 내 견해로는 경제적 권리로서 기본소득을 안착시키는 데 가장 중요한 근거가 사회정의다. 물론 다른 두가지 근거, 즉 자유와 경제적 보장도 있지만 말이다.

안타깝게도 기본소득에 대한 대부분의 공적 논의는 기본소득이 현존 정책의 대안적 사회보장이라는 점에 초점을 맞춰왔고, 이른바 '결과론적' 측면, 즉 노동과 일에 이러저러한 효과가 있다는 점을 강조해왔다. 진정으로 정당화할 수 있는 방법은 따로 있다. 사회정의에서 출발해보자.

사회적 유산: 토머스 페인과 사회배당

　사회정의의 관점은 사회의 부가 집단적 성격을 띤다는 직관적으로 합리적인 주장과 연결된다. 오늘날 우리의 소득과 부는 우리 스스로 일구었다기보다도 훨씬 더 과거 세대의 노력과 성취에서 기인한 것이다. 토머스 페인이 1795년 겨울에 집필해 1796년 프랑스 집정관 정부에 보낸「토지 정의」가운데 자주 인용되는 대목을 살펴보자.

　경작되지 않은 자연상태에서 대지는 인류의 공동재산(common property)이었으며, 계속 그래왔을 것이라는 점은 논쟁의 여지가 없는 입장이다. (…) 대지 자체가 아니라 개량된 가치만이 개인적 소유이다. 그러므로 경작된 토지의 모든 소유자는 그가 보유한 토지에 대한 기초지대(ground-rent) ― 이런 생각을 표현하는 더 나은 용어를 나는 알지 못한다 ―를 공동체에 빚지고 있는 것이다. 그리고 이 계획에서 제안하는 기금은 바로 이 기초지대에서 나온다.[1]

　이런 추론에서 비롯한 페인의 계획은 그가 글을 쓰며 머물던 프랑스와 미국의 사회적·정치적 격동을 염두에 둘 때 아주 명료하고 급진적이다. 그의 제안은 다음과 같다.

　국가기금(National Fund)을 만들어, 토지 소유체제의 도입 때문에 상실한 자연적 상속권에 대한 부분적 보상으로 21세가 된 누구에게나 15파운드스털링을 지급한다. 그리고 50세 이상의 모든 사람에게 남은 일생에 걸쳐 매년 10파운드를 지급한다.[2]

또한 페인은 '장님과 절름발이'도 노인과 같은 근거로 정기적인 지급을 받아야 한다고 권고했다. 노인이나 '장님과 절름발이'가 아닌 다른 사람들에게는 정기적 기본소득이 아닌 자본급여라 할 만한 것을 제안했다는 이유로 그를 비난할 수는 없을 것이다. 당시 행정 구조로 볼 때 전자는 비현실적이었을 것이다. 나아가 그는 보편주의에 대한 자신의 주장을 분명히 하고 있다.

보상(payment)은 부유하든 가난하든 모든 사람에게 주어져야 한다고 제안한다. (…) 불공평한 차이를 막기 위해 이렇게 하는 것이 가장 좋다. 또한 이는 자연적 상속권을 대신하는 것이기에 마땅히 그렇게 해야 옳다. 보상은 모든 사람에게 속하는 권리로서, 누군가가 모으거나 상속받은 재산보다 위에 있기 때문이다. 보상을 받지 않기로 한 사람들은 그 보상을 공동기금에 넣을 수 있다.[3]

여기서 기본소득에 대한 '사회배당' 접근법의 핵심을 볼 수 있다. 페인이 몇 페이지 뒤에서 강조하는 것으로, 오늘날 모든 정치가와 논평가가 귀 기울일 만한 부분이다. "내가 주장하는 것은 자선이 아니라 권리이며, 박애가 아니라 정의다. (…) 누군가가 풍요로워진다고 해서 다른 누구도 비참해지지 않는다면, 그 누군가가 얼마나 풍요로운지에 대해 신경 쓰지 않는다."[4]

따라서 기본소득을 우리의 선조가 만들고 유지한 사회의 집단적 부에서 지급되는 사회배당이자, 모두에게 속하는 공유재와 자연자원에 대한 공유된 보상으로 인식할 수 있다. 이런 추론은 기본소득을 빈곤 자체에 대한 대응이 아닌 사회정의로서 지지하며, 이에 따라 기본소득은 19세기와 20세기에 사회보험 제도로 나타나는, 직접적 기여를 바탕으로 자격을 부여하는 체제와 대비된다.

자유지상주의 논쟁

사회정의에 관한 현대의 철학문헌은 '우파' 자유지상주의와 '좌파' 자유지상주의 사이의 논쟁이 장악하고 있다. 양쪽 다 모든 개인에게 자기소유권(self-ownership)이 있거나 있어야 하며, 따라서 자발적 행동이 아니고서는 타인에 대한 서비스의 의무가 없다는 주장에 근거한다. 그러나 두 분파는 자연, '자연자원'과 '재산'에 대한 태도가 다르다.

우파의 관점은 누구도 자연과 자연자원, 특히 토지를 소유하고 있지 않기 때문에, 사회 다른 구성원의 사전 동의나 다른 구성원에 대한 지불 없이 자연·자연자원·토지에 대해 처음으로 권리를 주장한 사람이 이를 사적으로 전유할 수 있다는 전제에서 출발한다. 좌파 자유지상주의의 관점은 자연상태의 자연은 모두가 소유하는 '공유재'이며, 사적 전유는 공공이 민주적 경로로 합의하고 보상받는 경우에만 정당화될 수 있다는 것이다.

헨리 조지의 유산

헨리 조지는 19세기 말 미국 무대에 돌연 등장한 이래 영향력을 떨쳐온 인물이다. 그의 가장 유명한 책인 『진보와 빈곤』은 1879년 출판된 직후 300만부 넘게 팔렸으며, 그가 뉴욕의 선거운동 기간에 뇌졸중으로 사망한 이후 장례식에는 10만명 이상의 사람들이 운집했다.[5]

헨리 조지는 토지가 모든 사람의 공동유산이며, 모든 사람은 거기서 나오는 지대소득을 공유해야 한다고 주장했다. 그는 모든 개인 토지에 토지임대료를 부과하고 잉여를 공중에게 직접 분배할 것을 제안하면서, 이 '단일세'(single tax)가 노동 및 생산에 부과되는 세금을 포함한 다른 모든 세금을 대체할 수 있다고 주장했다. 그후 많은 사람들이 토지세로 지급하는 기본소득을 주장할 때 그의 추론을 이용했다. 헨리 조지는 토지의 집단 소유에 관해 좌파 자유지상주의적 견해를 지녔지만 그의 접근법은 특히 우파 자유지상주의자들이 좋아했는데, 개인 소득세나 소비세가 아니라 토지세에 근거한 점이 자유에 대한 이들의 생각과 일치했기 때문이다.

헨리 조지는 토지 소유뿐만 아니라 다른 자연자원이나, 그가 부당하다고 여겨 반대한 특허권 같은 '지적 재산'의 소유에서도 막대한 부가 나온다는 점을 인식했다. 이렇게 다른 자원에서 나오는 지대소득은 최근 수십년 사이에 폭증했다.[6] 7장에서 이야기하겠지만 헨리 조지의 주장을 확장해 모든 형태의 지대에 세금을 부과하는 것은 기본소득의 재원을 마련하는 데 도움이 될 것이다.

미들스브러 이야기

사회정의라는 근거는 잉글랜드 북동부에 있는 쇠락한 산업도시인 미들스브러(Middlesbrough)의 예로 잘 알 수 있다.[7] 1820년대 별다른 특징이 없던 시골 마을 미들스브러와 주변지역인 티사이드(Teesside)는 그 근처에서 철광석이 발견된 지 10년 만에 산업혁명의 허브이자 대영제국의 허브가 되었다. 이곳은 잉글랜드 최초의 철제 작업장이 들어선 곳이고, 나중에는 철강·화학 산업으로 확대되었다. 샌프란시스코에 있는 금문교가 미들스브러의 강철로 만들어졌다. 시드니의 하버브리지나 인도의 철도망 대부분도 그랬다. 이 도시의 어느 문에는 다음 같은 문구가 새겨져 있다. "철에서 태어나, 강철로 만들어지다."

그러나 오늘날 미들스브러의 옛 시청은 황무지와 잡초로 둘러싸인 언덕에 버려져 있다. 버려진 집들, 한때 창문이 있던 콘크리트 블록이 황폐해진 주택가에 어지럽게 널려 있다. 이곳을 트레이시 실드릭(Tracy Shildrick) 팀에서 조사했다.[8] 14만명가량의 사람들이 이 도시에 여전히 살고 있었는데, 많은 경우 이사를 한다든지 자신의 뿌리를 포기하길 주저했다. 이들은 역사의 잔인함을 겪어내고 있다.

오늘날 잉글랜드에서 좀더 부유한 지역에 사는 사람들이 지닌 부의 많은 부분은 19세기와 20세기에 티사이드 지역의 노동자들이 만들어낸 것이었다. 왜 지금의 부유한 사람들이 이 나라의 부와 힘을 처음 일궈낸 이들의 후손보다 훨씬 더 안락하고 안정적으로 살아야 하는가?

미들스브러나 다른 산업사회의 비슷한 지역을 생각하다 보면 페인의 주장이 떠오른다. 다른 사람들이 누리고 있는 부를 생산한 공동체들은 그뒤 오히려 탈산업화와 빈곤화를 겪는 반면, 이들의 생산적 노력에서 이득을 본 사람들은 종종 상속받은 부와 특권을 갖고 계속 번성한다. 따라서 기본소득은 우리의 집단적 유산의 일부를 덜 특권적인 공동체로 이전하는 매개라 볼 수 있다. 철강노동자와 그 후손이 창출해 물려준 부를 공유하는 것은 세대 간 사회정의의 문제다.

사회배당을 기본소득의 근거로 주장하는 데 대한 일반적인 반대 사유는, 개인은 사회적으로 상속받은 부를 공유할 권리가 없다는 것이다. 왜냐하면 그 개인들이 '그럴 만한' 일을 아무것도 하지 않았기 때문이라는 것이다. 같은 논리라면 사적인 상속도 폐지해야 한다. 사적인 상속을 허용한다면 사회적 상속의 원칙도 허용해야 한다.

지대 추구형 경제

우리가 상속받은 부에는 토지나 물리적 자산만 있는 게 아니라, 금융자산 및 '지적 재산'을 포함하는 무형자산도 있다. 무형자산도 자연적 혹은 인위적 희소성에서 나오는 경제 지대를 산출하며, 회사나 개인은 단지 이를 소유하고 있다는 이유로 소득을 얻을 수 있다. 지적 재산의 경우 국가는 특허권·저작권·브랜드 등에서 막대한 지대소득을 낳는 규제와 법률을 만든다.

1813년 토머스 제퍼슨(Thomas Jefferson)은 아이디어를 자연적 공공재(natural public goods)라 일컬었는데, 어떤 아이디어를 누군가에게 전달하는 것은 이 아이디어를 처음 생각한 사람에게서 그 아이디어를 박탈하는 게 아니기 때문이다. 그는 특허가 "사회에 이득이 되기보다는 곤혹스러움"이 된다고 덧붙였다. 그러나 현대 국가는 극소수에게 독점 소득을 올릴 수 있는 권한을 20년간 부여하고, 저작권이 90년까지 지속될 수 있게 하는 식으로 특허권 보호를 강화했다.[9] 이 지대소득은 주로 세금감면이라는 형태로 사회적 환원의 의무가 없는 대규모 정부 보조금에 의해 증대된다.

특허를 받은 수많은 발명은 공적 보조금을 받은 연구에서 나온다. 그렇다면 특정 개인이나 기업이 모든 소득을 받을 까닭이 있을까? 기본소득은 사회 전체에 걸쳐 그 이득을 공유하는 수단이 될 것이다. 결국에는 사회가 소득을 만들어주는 셈이다. 그리고 일반 국민은 지적 재산권이 초래할 수도 있는 리스크의 대부분을 감수한다. 부유한 개인이나 기업이 사회의 관대함으로 말미암아 얻은 소득에 부과되는 세금을 회피하기 위해 소득을 해외로 손쉽게 보낼 수 있는 전지구적 경제체제인 현대에는 상황이 더욱 불공평해지고 있다.

이런 맥락에서 비정상적인 부를 가진 채 여기서 누적적 소득을 올리는 마이크로소프트의 빌 게이츠(Bill Gates)를 생각해보자. 그는 오랫동안 세계 최고 부자로 꼽혀왔는데, 2016년 말 기준으로 800억 달러 이상을 보유했다. 그가 기술적으로 기여한 바는 다른 사람들의 발명과 아이디어에 기대고 있지만, 그 자신의 기여뿐 아니라 다른 사람의 발명에서 나온 소득의 대부분을 가져갔다. 이제 그 소득은, 1995년 세계무역기구(WTO)가 전지구적으로 강화한 특허권 및 저작권 규정 덕분에 마이크로소프트와 기타 생산물에서 장기간 누리고 있는 독점을 바탕으로 한다. 따라서 그는 개인적 노력보다는 국가적·국제적 규제 덕분에 재산을 얻고 있다. 그의 소득은 '능력'이나 '근면'이 아니라, 특정 방식으로 소득을 얻는 것을 특권화한 인위적인 규칙에 주로 근거하고 있다.

대체로 개인의 부는 개인의 능력보다는 행운, 법률과 규제, 상속이나 적절한 운에 따른 것이다. 범죄로 얻은 재산을 제외한다면, 많은 사람들은 모두에게 속한 공유재의 상업적 약탈, 그리고 공공서비스·편의시설의 상업화와 사영화에서 나오는 지대소득을 통해 부자가 되었다. 이 점에서 지대소득에 세금을 부과해 모두에게 사회배당, 즉 사회적으로 창출된 부의 몫을 주는 것이 정당화된다.

필리프 판 파레이스는 다른 종류의 불로소득을 이야기했다. 그는 일자리를 갖는 것 자체가 실업률이 높은 경제 내에서 특권이며, 이는 모두를 위한 기본소득 재원을 마련하기 위해 걷는 '고용지대'(세금)를 정당화한다고 주장한다.[10] 이 주장은 지나친 일반화로 보이는데, 왜냐하면 대부분은 아니더라도 많은 일자리가 결코 특권이 아니기 때문이다. 그러나 특정 일자리와 직업, 특히 제한적 일자리와 직업은 지대소득을 낸다고 말할 수 있으며, 이는 정의의 추론에 덧붙일 수 있는 부분이다.

이른바 '지적 재산'을 포함해 자산 소유에서 나오는 지대소득을 나누는 일은 기본소득에 대한 좌파 자유지상주의적 정당화라고 볼수 있으며, 이는 다시 사회배당으로 지급된다.[11] 모두에게 적당한 몫은 사회적으로 정당하다고 말할 수 있다.

사회정의를 위한 정책 원칙

사회정책을 판단하는 한가지 방법은 존 롤스(John Rawls)가 영향력있는 저술인 『정의론』(Theory of Justice)에서 밝힌 사회정의의 원칙과 연관된다.[12] 그가 말하는 '차등 원칙'에서는 해당 정책이 가장 불리한 사람들의 지위를 개선할 때에만 정의가 기능하는 것으로 본다. 나는 이런 경향을 '보장(security)차등 원칙'이라고 부른 바 있다. 이에 따르면 어떤 사회정책이나 제도적 변화는 사회에서 가장 불안전한 사람들의 보장을 개선할 때에만 사회적으로 정당하게 간주되어야 한다.

'보장'의 일반적 의미는 4장에서 이야기할 것이다. 다만 보장차등 원칙을 받아들일 때 기본소득은 확실히 이를 충족할 것이다. 그리고 기본소득으로 이행할 때 경제적 보장이라는 관점에서 일시적으로 상황이 더 나빠지는 사람이 있을 경우, 예를 들어 어떤 제도를 가장 필요로 하는 사람들을 위해 잘 만들어진 제도를 기본소득이 대체할 경우, 손해를 보는 사람에게 보상해줌으로써 어떤 집단도 손해를 보지 않아야 사회적으로 정당한 일이 될 것이다.

롤스는 "가장 합리적인 정의의 원칙은 모두가 공정한 위치에서 받아들이고 동의하는 것"이라고 주장하면서 '공정으로서 정의'를 옹호했다. 따라서 정의의 원칙을 바라보는 또다른 방법은 사람들에게 무엇이 공정하냐고 묻는 것이다. 롤스를 비판한 존 하사니(John Harsanyi)는 대부분의 사람이 평균 소득을 극대화하는 공리주의적 접근법을 선택할 것이라고 여겼는데, 롤스와 하사니의 오랜 논쟁 뒤에 심리학자들은 독창적인 방법을 제시했다. 사람들에게 직접 묻는 이 방법에 '실험윤리학'이라는 별칭이 붙었고, 이후 여러차례 모방되었다.

초기에 캐나다·폴란드·미국에서 실시된 일련의 중요한 실험에서, 서로 다른 배경과 가치를 지닌 사람들로 구성된 집단에게 네가지 가능한 규칙 가운데 어떤 소득분배의 원칙을 선호하느냐고 물었다. 이때 사람들은 소득분배의 스펙트럼에서 자신들이 어디 와 있는지 모르는 '무지의 베일'에 가린 상태로 간주되었다.[13] 제시된 원칙은 다음과 같다.

기저소득(floor income)을 최대화하는 것. 이는 "가장 정당한 소득분배는 기저 혹은 사회에서 가장 낮은 소득을 최대화하는 것"으로 표현된다.

평균 소득을 최대화하는 것.

기저 제약이 있는 평균을 최대화하는 것.

범위의 제약이 있는 평균을 최대화하는 것.

연구자들은 기본적으로 복잡한 분석을 단순화하기 위해 응답자에게 각각의 선택지가 지닌 의미를 주의 깊게 설명한 다음, 어떤 선택지를 선호하는지 물었다. 모든 경우에서 다수는 기저 제약이 있는 선택지 가운데 하나를 골랐다. 이는 사실상 기본소득이라 할 수 있겠다.

이후 소그룹 토론을 도입하면서 실험은 더욱 흥미로워졌다. 몇시간에 걸친 '숙의민주주의' 이후에 기저 '기본소득'을 선택하는 비율이 유의미한 수치로 올라갔다. 이것은 모든 집단이 압도적으로 선호하는 정의의 선택이었다.

내가 국제노동기구(ILO, International Labour Organization)의 대규모 연구 프로그램을 통해 조사할 때에도 동일한 선택지를 제시했다. 이 조사에는 개발도상국과 중동부 유럽의 '이행' 국가를 망라해 수천명이 참여했다.[14] 응답자는 각각의 소득분배 원칙에 대해 '매우 동의한다' '동의한다' '동의하지 않는다' '매우 동의하지 않는다' '잘 모르겠다'라는 답변이 있는 선택지를 받았다. 모든 나라에서 가장 큰 지지를 받은 선택지는 소득 기저 원칙이었다. 여성이 남성보다 이를 약간 더 강하게 지지했다.

따라서 경험적 접근법은 기본소득에 대한 '정의'의 근거를 강화한다. 이러한 실험에 오류가 없지 않으나, 기본소득이란 우리가 선택할 수 있는 유망한 경로임을 말해준다.

조세 정의

고전적 자유주의의 입장은 사회의 조세·복지 구조가 '공정'해야 한다는 것이다. 이것이 실제 의미하는 바에 대한 의견은 저마다 다르다. 그러나 '무지의 베일'에 가릴 경우 대부분은, 사회의 산출물을 배분할 때 소득이 낮은 사람이 소득이 높은 사람보다 세금을 더 적게 내야 한다는 점을 받아들일 것이다.

그러나 이 '공정으로서 정의'의 요구는 모든 나라에서 남용되고 있다. 한가지 이유는 정부가 사회보장 체계를 자산조사 사회부조로 바꾸었기 때문이다. 영국·독일 그리고 다른 대부분의 산업화된 나라에서 낮은 국가복지혜택으로부터 저임금 일자리―아마 제공될 수 있는 유일한 일자리일 것이다―로 옮겨 가는 사람들은, 복지가 철회되면서 80퍼센트 이상의 한계 '세'율에 직면할 수 있다. 중위소득자나 고소득자보다 세율이 훨씬 높은 것이다. 세금이 부과되지 않는 (그리고 철회되지 않는) 기본소득 체제를 사회보장 기반으로 한 경우와 비교해보자. 이 경우 기저 이상의 모든 소득이 표준 세율로 과세되며, 고소득 구간에는 높은 세율이 부과될 것이다. 이는 조세 정의에 대한 요구가 될 것이다.

조세 불공정의 또 한가지 이유는 소득 원천이 다르면 세율을 다르게 적용하기 때문인데, 더 부유한 사람에게 주로 유리하다. 이는 곧 모든 소득 원천에 대해 유사한 방식으로 과세해야 한다는 사회정의의 문제다. 특히 노동소득에 대한 세율은 자산소득 혹은 투자소득에 대한 세율보다 높아서는 안 된다. 그러나 실제로 대부분의 사회에서는 노동소득보다 자산과 이윤에 대한 과세가 훨씬 낮다.

기본소득 체제는 이런 불공정을 교정하는 데 도움이 될 것이다. 노동소득에 대한 한계세율과 평균세율은 낮아질 것이며, 불로소득에 대한 과세 여지가 여전히 있기 때문에 모든 소득 원천에 대한 세율을 동등하게 할 수 있다. 이는 기본소득 재원 마련에 도움이 될 것이며, 기본소득을 더욱 감당할 만한 것으로 만들 것이다.

정의의 인구통계학

기본소득이 남성과 여성 사이의 정의, 모든 연령집단 사이의 정의, 현대 시장경제에서 능력이 없다고 취급받는 장애인을 위한 정의를 발전시킬 수 있을까? 이런 쟁점을 다룬 문헌이 풍부하지만 여기서 정리하지는 않겠다. 짧게 답하자면 '기본소득 자체만으로는 안된다'라고 할 수 있다. 그러나 기본소득이 차별금지 조치 및 제도와 결합한다면 특히 사회적 약자의 개별적·집단적 목소리를 강화하는 데 도움이 될 것이다.

이렇게 주장할 수 있는 첫번째 근거는 기본소득이 **개별적**으로 지급될 것이기 때문이다. 기본소득은 '가장' 혹은 '호주'로 지명되거나 그렇게 자처한 누군가에게 지급되는 것이 아니며, 구성원 사이의 권력관계가 거의 동등하지 않은 가족이나 가구에게 지급되지 않는다. 개인별 기본소득이 가족이나 가구 내에 구조화된 모든 불평등을 극복하진 못하겠지만, 재정적 의존을 줄이고 화폐 자원의 공정한 배분을 감시할 수단이 될 것이다. 왜냐하면 개인은 각자 얼마를 받을지 알기 때문이다.

두번째 근거는 기본소득이 **보편적이고 균일하기** 때문이다(가구 내의 모든 개인 혹은 모든 성인에게 동등하다). 반면 자산조사 급여의 경우, 빈곤선 바로 위 가구 내 재정권이 없는 여성은 배제될 것이다. 장애인과 피부양 노인이 있는 가구에도 같은 원리가 적용되는데, 이는 종종 강제 적용된다. 개별적이며 보편적인 지급이 더 공정할 것이다.

세번째 근거는 기본소득이 **무조건적이기** 때문이다. 행위에 조건을 다는 것은 도덕적으로 문제일 뿐 아니라 본질적으로 누군가에게 더 부담스러운 일이 되며, 따라서 정의롭지 못하다. 이는 라틴아메리카 등지에서 널리 채택하고 있는 조건부 현금이전 제도에서 분명히 알 수 있다. 여기서는 대개 아동이 학교에 가고 건강검진을 받는 조건으로 저소득 어머니에게 급여가 지불된다. '자유지상주의적 온정주의자들'이 이런 제도를 선호하는데, 이들의 '넛지' 어젠다는 정책 결정에서, 특히 미국과 영국의 정책 결정에서 영향력이 있다(3장 참고). 그러나 이런 조건은 이론상 그렇지 않더라도, 실제로는 어머니로서 여성에게만 부과되고 남성에게는 부과되지 않으며, 시간 사용과 심리적 스트레스라는 면에서 불공정한 부담이 된다.

그러므로 구성원 사이의 정의라는 관점에서 기본소득은 기본소득에 찬성하건 반대하건 유익하다.

생태적 요청

인류와 지구는 기후변화에 따른 위협 속에서 긴박한 생태적 재앙에 직면하고 있다. 이미 많은 종이 사라지고 빙하가 줄어들고 있으며, 해수면이 높아지고 사막이 확대되며, 심각한 홍수와 가뭄, 유례없는 파괴력을 지닌 폭풍·사이클론·허리케인이 일어나고 있다. 산업화 및 도시화와 관련된 다른 수많은 형태의 환경오염이 건강과 웰빙을 위험에 빠뜨리고 있다. 우리가 세대 간 정의와 세계의 자연적 경이에 관심이 있다면 재난을 막기 위해 긴급하게 행동해야 한다.

이것이 기본소득과 어떤 관계가 있는가? 가장 중요하게는 사람들이 기본소득을 받으며 자기 시간의 일부를 자원소모적 노동활동에서 돌봄노동이나 자발적 노동처럼 자원보존적인 '재생산'활동으로 돌릴 수 있다는 점일 것이다. 이것은 일(work)과 노동(labour)을 다루는 8장에서 더 자세히 이야기할 것이다. 그러나 이와 관련된 정의의 쟁점도 있다.

환경오염은 역진적(逆進的) 현상인데, 왜냐하면 부자는 나쁜 공기나 더러운 물, 녹색 공간의 상실 등을 피하는 방법을 찾을 수 있기 때문이다. 게다가 오염은 더 풍요로운 사람들에게 혜택을 주는 생산과 활동에서 비롯할 때가 많다. 분명한 예를 몇가지 들자면 항공여행, 자동차 소유, 에어컨, 온갖 종류의 소비재 등이 있다. 기본소득은 우리에게 부과된 환경비용에 대한 부분적 보상으로, 사회정의의 문제로 이해할 수 있는 면이 있다.

반대로 기본소득은 환경보호 조치에 따라 부정적인 영향을 받는 사람들에 대한 보상으로 이해할 수도 있다. 정부가 오염활동에 세금을 부과할 경우 저소득 가구가 구입하는 소비재 가격이 올라가 생계에 영향을 미치거나 역진효과가 있을 수 있다. 기본소득은 이런 과세에 힘을 실어줄 수 있다. 예를 들어 무거운 탄소세는 화석연료 사용을 억제함으로써 온실가스 배출을 줄이고 기후변화를 완화하며, 대기오염을 줄일 것이다. 이때 탄소세로 거둔 세금을 기본소득으로 돌리면 탄소세 도입이 정치적으로 분명 쉬워질 것이다. 이 기본소득은 저소득층, 그리고 소득을 얻을 기회를 잃은 광부 등에게 보상이 될 것이다.

특히 화석연료 보조금을 없애는 일과 관련해 기본소득을 강하게 주장하기도 한다. 부유한 나라든 가난한 나라든 전세계적으로 정부는 오랫동안 빈곤 완화의 방법으로 연료 가격을 낮게 유지하는 보조금을 사용해왔다. 이는 화석연료를 더 많이 사용하도록, 더 낭비하도록 부추겼다. 연료 보조금은 역진적이기도 한데, 부자들이 연료를 더 많이 사용하기에 더 많은 보조금을 얻기 때문이다. 그러나 유권자의 외면을 받을까 우려해서 보조금을 줄이거나 없애지 못했다. 실제로 연료 보조금을 줄이려 했던 많은 정부가 분노한 대중 시위에 직면해서 후퇴했다.

이란의 사례에서 보듯이 기본소득은 이런 곤란함을 해결할 수 있을 것이다(10장 참고). 화석연료 보조금이 철폐되면 연료 가격은 올라갈 것이다. 그러나 정부가 보조금에 지출하는 막대한 돈을, 모든 사람에게 동등하게 지급되는 '녹색배당' 재원을 마련하는 데 돌릴 수 있을 것이다. 이런 보상은 누진적이다. 화석연료를 많이 사용하는 사람은 비용을 그만큼 더 지불할 것이며, 배당은 화석연료 지출 및 소득과 관련해 저소득층에게 더 많은 가치가 있을 것이다. 보조금을 철폐하는 일에 더해 '외부성'(대기오염 및 수질오염 때문에 발생한 질병 및 사망과 같이 시장 가격에 요소로 고려되지 않는 비용)을 감당하기 위해 화석연료에 세금을 부과한다면 이 세금은 녹색배당의 재원을 확대하는 데 사용될 수 있다. 이러한 이중적 방식으로 저소득 시민은 경제적으로 더 이득을 볼 수 있다. 그리고 오염 감소, 건강 증진, 지구를 위한 더 나은 생태적 미래라는 관점에서 화석연료 사용 절감을 통해 모두가 혜택을 볼 것이다.

기후과학자인 제임스 한센(James Hansen) 같은 일부 옹호자들은 탄소세 수입의 전부가 동등한 녹색배당으로 배분되어야 한다고 주장한다.[15] 다른 이들은 화석연료를 생산에 사용한 회사가 적어도 다른 에너지원으로 전환하는 기간 동안 징수된 돈의 일부를 보상받아야 한다고 제안한다. 어느 쪽이든 기본소득 재원을 고려하고 있고, 기본소득 지급을 위한 재정적 기초를 만드는 방법을 제시하고 있으며, 사회정의의 원칙에 근거해 정당화될 수 있다.

이것은 환경적 퇴행에 맞서는 투쟁에서 기본소득 체제를 강력하게 옹호하는 가치있는 무기가 될 것이다. 이는 세대 간 정의를 위한 투쟁이기도 하다. 그러나 생태주의의 주된 주장은 기본소득이 사람들로 하여금 가족과 공동체 생활을 재생산하고 강화할 가치있는 형태의 일을 하도록 적절하게 유인한다는 것이다. 이로써 상대적으로 가난한 사람들이 사회생활에 참여할 수 있고, 소비와 부의 축적을 향한 충동인 '진보의 문화'가 아니라 존 버거(John Berger)가 『피그 어스』(*Pig Earth*)에서 '생존의 문화'라고 한 무언가에 끌리게 될 것이다.

시민권의 강화

사회의 집단적 부에서 유래하는 보편적 권리로서 기본소득은 공통의 시민권에 대한 감각을 강화할 것이다. 이 점은 기본소득에 대한 이른바 공동체주의적 옹호로 연결될 수 있다. 이는 우리가 인간으로서 서로에게 갖는 도덕적 의무를 나타내며, 공동체를 하나로 묶는 데 도움이 될 것이다.

공동체주의를 주도해온 아미타이 에치오니(Amitai Etzioni)는 사람들이 스스로를 사회 공동체의 일부로 보게 될수록 부의 재분배를 선호할 것이라고 주장한다. 보편적 기본소득은 이렇게 공동체에 속한다는 감각을 강화할 것이다.

더 폭넓은 주장이 있다. 대략 동등한 사회적 지위를 가진 사람들로 이루어진 사회는 좀더 민주적이고 좀더 관용적인 경향이 있다. 기본소득은 그런 동등성의 표현이 될 것이며, 사회적 연대와 공통의 시민권을 강화한다.

종교적 근거

기본소득을 종교적으로도 정당화하는가? 기본소득을 정당화하는 종교적 주장은 사회정책의 '종교화'와 대비되어야 한다. 모든 종교는 자선에 의미를 두고 있다. 그러나 종교 지도자들은 종종 완전히 도덕주의적이기도 해서 자선을 '받을 만한 사람'과 '받을 만하지 않은 사람'을 구별하며, 빈민이 자선을 받을 경우 그 대가로 노동의 의무를 강조한다. 이것은 종교적인 관점만이 아니다.

1918년 이후 '두번째 물결' 시기에 기본소득을 주장한 가장 유명한 이들이 퀘이커교도(1장에서 언급한 밀너 부부와 피카드)였다는 점은 기억할 만하다. 이들은 모든 인간에게 '삶의 근원적 필요'에 대한 권리가 있다는 원칙에 충실했다.

기본소득에 대한 간결한 기독교적 근거는 맬컴 토리(Malcolm Torry)와 토르스텐 마이라이스(Torsten Meireis)가 제시했는데, 이들은 기본소득이 '소명'을 추구할 수 있게 해준다는 루터파의 견해를 견지한다.[16] 기독교적 관점에서는 모든 기독교인이 예수의 교의에 충실하여 신의 왕국에서 바라는 바가 사회에 반영되게끔 노력해야 하며, 이를 통해 신의 왕국이 도래하리라는 희망을 표현하는 사회를 만들어야 한다는 것이다.

이런 맥락에서 기본소득은 신의 은총을 반영한 보편적인 것이다. 맬컴 토리는 기본소득을 헌혈에 빗대는데, 영국을 비롯한 여러 나라에서 헌혈은 기증자와 피기증자가 서로 알지 못한 채 무상으로 이뤄진다. 헌혈은 호혜나 상대방에 대한 가치판단 없이 이루어지는 선물이다. 기독교적 관점에서 모든 부가 신의 선물이며 공동선을 위한 것이지, 다수를 배제하고 소수를 부유하게 하기 위한 게 아니라고 주장하기도 한다.[17]

2015년 프란치스코 교황은 이렇게 말했다. "지구는 본질적으로 공동의 유산이며, 그 결실은 모두에게 혜택이 되어야 한다."[18] 교황은 다음과 같이 세대 간 평등의 원칙을 주장한다. "각각의 공동체는 생존을 위해 필요한 어떤 것이라도 지구의 풍요로움에서 취할 수 있지만, 지구를 보호하고 미래 세대에게 그 결실을 되돌려 보장할 의무도 있다."

기본소득에 대한 기독교적 주장은 2013년 당시 런던 시장이었던 보리스 존슨(Boris Johnson)이 가장 불쾌한 방식으로 말하는 계급 기반 관점과 날카롭게 대비된다. 그는 콘플레이크 상자를 흔드는 비유를 했다. 콘플레이크 상자를 흔들면 가장 좋은 것이 맨 위로 올라오며, 평균 이상의 유전적 재능이 있는 사람들이 더 커다란 경제적 보상을 받을 자격이 있다는 주장이다. 이에 대한 기독교의 대응은 그런 재능이 신의 선물이고, 불평등하게 부여되었다면 가장 은혜를 입은 사람들에게 가장 많이 과세를 해야 하며, 가장 은혜를 적게 입은 사람들은 보상을 받을 권리가 있다는 것이 되겠다. (좌파 자유지상주의자들은 유전적 재능을 재분배되어야 할 '자연자원'으로 보면서 유사한 주장을 한다.)

다른 종교에서도 자선을 정의로 본다. 유대교에서는 보통 자선을 의미하는 세다카(tzedakah)라는 말이 올바르고 정의로운 일을 해야 할 종교적 의무를 가리킨다. 이슬람교의 다섯가지 기둥 가운데 하나인 자카트(zakat, 자선용 세금)는 신자들에게 빈곤 없는 사회를 건설할 것을 요청한다. 꾸란에서는 타인에게 **무조건적으로** 주는 책무를 이야기한다. 중국의 유교·불교·도교 모두 모든 인간이 동등한 존중과 보살핌을 받을 자격이 있다는 믿음을 지지한다.

따라서 기본소득은 종교적 관점에서 정당화될 수 있다. 그러나 종교적 신앙이 특정 개인을 격려하거나 보상하거나 처벌하는 데 이용된다든지, 자선을 '받을 만한' 빈민과 '받을 만하지 않은' 빈민을 구별하는 데 이용되어서는 안 된다. 그럴 경우 종교는 도덕적 기준을 상실할 것이다. 다행히도 그러한 위험을 인식하고 은총과 인간성의 측면에 초점을 맞추는 신학자들이 있다.

결론적인 성찰

이른바 '급진적 민주주의'의 관점에 따르면 모든 사람은 국가에 의존하는 궁핍한 집단의 일부로서가 아니라, 정치체의 동등한 구성원으로서 지위를 보장받기 위해 기본소득을 받아야 한다. 일부 집단이 다른 집단에 비해 언제나 특권을 누리는 경제생활의 지배적 규칙을 받아들이는 대신, 모든 시민이 경제적 잉여의 몫을 받을 자격이 있음을 확인할 것이다.

기본소득은 국가 이타주의의 문제이기도 하다. 이타주의는 이타주의로 이득을 보는 사람들 사이에서 이타주의를 촉진하며, 우리의 이름을 걸고 국가가 비열한 행동을 할 경우 시민들 사이에서 비열함이

자라난다. 우리는 집단적으로 공정하기를 원한다. 정의롭게 행동하는 국가는 시민이 같은 방식으로 행동하도록 하는 경향이 있다.

이것은 어리숙한 태도가 아니다. 모든 사람이 이타주의에 응답하지는 않을 것이다. 그러나 사회정의에 헌신하는 좋은 사회라면 도덕적 설득이 소프트파워다. 이러한 의미의 이타주의를 버려서는 안 되었는데, 자산조사, 행위조사, 제재, 사생활 침해 등이 있는 복지체제를 건설한 사람들은 거만하게도 이타주의를 버렸다. 그뒤로 불의를 확산하는 것 말고 가치있는 무언가를 복지체제가 한 적이 있는가?

3

기본소득과
자유

BASIC INCOME

정부의 진정한 기능은 도덕성이 가능한 삶의 조건을 유지하는 것인데, 이 도덕성은 스스로 부과한 의무를 사심 없이 수행하는 것으로 이루어진 도덕성이다. 가부장주의적 정부는 스스로 부과한 의무와 사심 없는 동기가 작동할 수 있는 여지를 좁힘으로써 도덕성이 불가능하게 하는 데 열심이다.
— 1879년 토머스 그린

거의 모든 기본소득 옹호자들은 기본소득이 자유(freedom)를 증진하고 자유에 실체를 부여할 것이라 주장한다. 이것이 기본소득에 대한 두번째 주요한 정당화다. 그런데 자유란 무엇인가? 20세기에 정치적 좌파는 개인적 자유의 증진에 별로 주의를 기울이지 않았던 반면, 우파는 중요한 역사적 전통인 '공화주의적' 자유의 전통에 대립하는 자유지상주의적 견해를 자유에 부여했다고 말할 수 있다. 여기서 논의를 시작해보자.

표준적인 자유주의적·자유지상주의적 판본에서 자유(liberty)는 속박으로부터의 자유(소극적 자유)와 행동할 자유(적극적 자유)를 포함한다. 이러한 견해는 최근 중도우파 및 좌파의 정치전략을 지배하는 관점인 공리주의 정치철학과 종종 연결된다. 공리주의는 다수의 행복을 증진하는 것을 목표로 하는데(종종 '최대 다수의 최대 행복'으로 요약된다), 이는 정치가들이 소수를 힘들게 하는 데 대해 별로 주의를 기울이지 않게 할 위험이 분명하다.[1]

그린(Thomas H. Green)이 반대한 데서 알 수 있듯이 자유지상주의자뿐 아니라 고전적 자유주의자도 온갖 종류의 가부장주의, 무엇보다 국가 가부장주의라고 할 수 있는 사상에 반대하는 데 오랫동안 뜻을 모았다. 여기서 예외는 아동 및 정신박약자와 관련된 것뿐이다. 그러나 우파든 좌파든 현대 정치인들에게 지적 일관성은 덕목이 아니다. 많은 사람들이 암묵적이든 명시적이든 '자유지상주의적 가부장주의'로 알려진 위험한 잡종을 받아들였다. 이는 사람들이 '올바른 선택을 하도록' '조정하거나' '넛지 하는' 것이다. 오늘날 이것은 노골적인 권위주의보다 자유에 더 큰 위협일 수 있다. 왜냐하면 너무나 부당하고 조작적이기 때문이다. 여기에 담긴 함의는 이 장의 뒷부분에서 검토할 것이다.

기본소득은 자유에 관한 자유주의적 관념에 필수조건이 되는 기본적인 경제적 권리라 할 수 있다. 이는 다른 기본적인 자유, 즉 언론의 자유, 사상의 자유, 종교의 자유, 결사의 자유가 의지하는 기본적 자유로 알려져 있다. 그러나 기본소득은 자유지상주의적 자유 관념 및 공화주의적 자유 관념에 각각 다르게 적용된다.

자유지상주의적 관점

자유지상주의자들은 국가(이들은 정부를 국가라고 본다)가 개인의 자유를 침해한다는 이유로 '작은 국가'를 신봉한다. 순수한 자유지상주의자는 공산주의자나 무정부주의자와 마찬가지로 국가의

'사멸'을 열망한다. 정부란 필연적으로 침해하는 것이며, 또한 세금을 징수하는데 이것이 개인의 자유를 제약한다고 본다.

따라서 많은 자유지상주의자들이 정부가 주는 기본소득을 주장하는 것은 이상해 보일 수 있다. 그러나 이들은 정부가 사회정책에서 손 떼게 하는 차선책으로서 기본소득을 주장하며, 종종 자유지상주의적 '유토피아'란 정치적으로 불가능하다며 유감스러운 듯 인정하기도 한다. 그런 자유지상주의자 가운데 정치적 우파로는 로버트 노직(Robert Nozick)과 찰스 머리(Charles Murray)가 있으며, 좌파로는 자신의 입장을 '실질적 자유지상주의'라 부르는 필리프 판 파레이스와 칼 와이더키스트(Karl Widerquist)가 있다.[2]

기본소득이 누구나 스스로 하고 싶은 일을 선택할 수 있게 한다는 판 파레이스의 견해는 다음 근거로 비판받았다. 그의 견해가 본질적인 자유를 우선하지 않고, 어떤 사람들은 다른 사람들보다 소득을 자유로 바꾸는 데 더 어려움을 느낀다는 점을 간과했으며, 책임 없는 자유를 장려한다는 것이다.[3] 와이더키스트의 테제는 기본소득이 '실질적으로 통제되는 자기소유로서 자유'를 가져다주며, 다른 사람과의 협력을 수용하거나 거부할 수 있는 실질적 힘을 제공한다는 것이다.

최근 기본소득을 지지하면서 우파 자유지상주의 전통에 있는 인물로는 카토연구소(Cato Institute)의 마이클 태너(Michael Tanner)와 노벨상 수상자인 경제학자 고(故) 제임스 뷰캐넌이 있다.[4] 그러나 아마 가장 유명한 옹호자는 찰스 머리일 텐데, 그는 2014년에 자유지상주의적 논변을 다음과 같이 요약했다.

한쪽으로 비켜서서 "우리는 필요한 사람들을 위해 뭔가를 해주지 않을 거야"라고 말하기에는 사회가 너무 부유하다. 나는 이것을 이해한다. 나는 이것을 받아들인다. 나는 여기에 공감한다. 내가 원하는 것은 좌파와 우파 사이의 대타협이다. 우파에 속한 우리는 이렇게 말한다. "우리가 쓰는 돈의 액수로 볼 때 우리는 당신에게 거대한 정부를 줄 것이다. 사람들의 삶에 관여한다는 점으로 볼 때 우리는 당신에게 작은 정부를 줄 것이다. 이렇게 함으로써 매달 수표가 21세 이상의 모든 사람의 전자은행계좌로 들어가고, 사람들은 이를 자신이 적당하다고 생각하는 데 사용할 수 있는 체제를 갖게 된다." 사람들은 다른 사람들과 함께할 수 있고, 자원을 결합할 수 있다. 그러나 사람들은 자신의 삶을 산다. 우리는 사람들의 삶을 그들의 손에 돌려준다. (…) 내가 이것으로 달성하려는 진정한 목표는 시민사회를 되살리는 것이다. 내가 말하려는 게 이 점이다. 매달 수표를 받는 사람이 있다. 그는 방종한 사람이다. 그는 그 수표를 술 마시는 데 다 써버리며, 다음 수표가 들어올 때까지 열흘이 남았고 궁핍하다. 이제 그는 친구나 친척이나 이웃이나 구세군을 찾아가 "나는 진짜로 살아야 합니다"라고 말한다. 그는 도움을 얻을 것이다. 그러나 보장된 기본소득 체제 아래서 그는 더이상 자신을 어쩔 도리 없는 희생자로 여길 수 없다. 그리고 사람들에게서 다음과 같은 피드백 고리가 돌아온다. "오케이, 우리는 당신을 거리에서 굶어 죽게 하지 않았다. 그러나 이제 당신이 행동할 때다. 당신이 그럴 수 없다고 우리에게 말하지 말라. 우리는 당신이 며칠 내에 또 수표를 받는다는 것을 알기 때문이다."[5]

한편으로 머리는 '복지국가가 자기파괴적'이라고 주장했다.[6] 그는 논쟁적 인물이며, 많은 좌파가 인종과 문화 등에 대한 그의 부도덕한 견해 때문에 그를 싫어한다. 그러나 이러한 그의 추론은 그 자체로 고려할 가치가 있다. 그가 오류를 범한 것은 무책임한 술꾼이나 도박꾼의 이미지에서 **모든** 복지제도가 철폐되어야 한다거나 기본소득으로 대체되어야 한다는 주장으로 건너뛴다는 점이다.

머리가 개인의 자유를 위태롭게 하는 제도에만 집중했다면 좀더 도전적인 일이 되었을 것이다. 의심할 바 없이 현대의 수많은 복지제도는 대개 매우 고의적으로 자유를 침해하기 때문이다. 그런 제도를 없앤다면 자유가 증진할 것이다. 그러나 수많은 공공서비스도 자유를 증진한다. 예를 들어 공공의료서비스는 질병에 걸리거나 사고를 당한 사람이 자유롭게 행동하는 능력을 회복시켜줄 수 있다. 마찬가지로 장애인을 위한 수당과 서비스, 공공시설의 충족은 모두에게 동등한 자유가 있는 사회를 창출하는 데 도움이 된다.

우파 자유지상주의자에게는 "현존하는 모든 복지 프로그램을 제거할 경우" 기본소득은 이상적인 모델이 될 것이다.[7] 이는 그들 마음에 쏙 드는 전망인데, 왜냐하면 부분적으로 조세를 낮출 것이기 때문이다. 2016년 중반 뉴멕시코주 전 지사(한때 자유지상주의적 대통령 후보) 게리 존슨(Gary Johnson)은 기본소득이 '관료제 비용'을 절약할 것이라고 말하면서 기본소득을 지지하고 나섰다.[8]

이러한 근거를 계속 밀고 나갈 경우 우파 자유지상주의자는 기본소득의 **수준**과 다른 복지제도를 줄여야 하는 정도 사이에서 균형을 찾아야 할 것이다. 그러나 기본소득은 '자유로운 선택'을 할 수 없는, 아주 운이 나쁘거나 불리한 위치에 있는 사람들을 인정하거나 보상하기 위해 만들어진 제도를 대체할 수 없을 것이다. 장애가 있는 사람이 생활비 등 추가로 필요한 게 있다는 이유로 비난받을 수는 없다. 화폐수당이건 공공서비스건 필요에 기초한 추가분은 유지되어야 한다.

또다른 자유지상주의자로서 자신이 기본소득 보장(BIG, basic income guarantee)이라 부르는 것을 옹호하는 매트 즈월린스키(Matt Zwolinski)는 미국의 연방 복지 프로그램 비용이 매년 6680억 달러 이상이며, 최소한 126개 프로그램으로 나뉘어 있다는 점을 지적했다. 여기에 각 주와 지역의 복지지출 2840억 달러를 더해야 하며, 그럴 경우 매년 거의 1조 달러, 한 사람당 2만 달러가 든다.[9] 한편 프로그램마다 다르지만 단계적 수당 감소 규칙은 수당에서 저임금 일자리로 옮겨 가려는 사람들에게 높은 한계세율이 있다는 것을 말한다.

즈월린스키는 이렇게 주장했다. "어떤 자유지상주의자도 현존 복지국가에 기본소득 보장을 부가물로 더하기를 원하지 않을 것이다." 이런 말이 좌파 자유지상주의자에게는 부당한 것이지만, 분명 우파 자유지상주의 입장의 핵심을 드러낸다. 기본소득이 간섭하는 정부 주도의 복지국가에 대해 자유를 증진할 수 있는 대안이 된다는 것이다.

정치적으로 비자유지상주의 좌파 쪽에서는 자유지상주의적 근거에 대한 반감이 아주 크기 때문에 기본소득이라는 아이디어 자체를 거부하는 이들이 많았다. 기본소득이 복지국가를 해체하려는 술책이라는 것이다. 많은 자유지상주의자들에게 이런 목적이 있긴 하지만, 기본소득에 대한 이런 반감은 이성이 아니라 감성에 기초한 것이다. 왜냐하면 오늘날 기본소득을 지지하는 사람들 대부분은 공공사회서비스와 필요에 기초한 복지수당도 중요하다고 보기 때문이다.

그럼에도 저명한 자유지상주의자들이 기본소득을 모든 공공복지에 대한 직접적인 대안으로 제안한다는 사실 때문에 BIEN 내에서 뜨거운 논쟁이 벌어졌고, 서울에서 열린 16차 국제대회에서 기본소득이 복지국가를 위험에 빠뜨려서는 안 된다는 결의문이 채택되기까지 했다. 기본소득을 만병통치약으로 바라보는 것의 정치적 위험을 깨달았기 때문이다.

다른 일부 자유지상주의자들은 개인에게 가장 기본적인 필요를 제공하고 취약한 사람들의 자유를 보장하며, 모든 복지제도를 대체할 만큼 높은 수준으로 기본소득을 지급할 경우 굉장히 많은 세금을 거둬야 하는데, 이는 세금을 납부하는 시민의 자유를 침해한다고 보아 기본소득에 반대한다.

즈윌린스키는 자신이 기본소득에 대한 '결과주의적' 자유지상주의의 옹호라고 부른 것을 지지하던 중에 이런 교환의 모순을 깨달았다. "이 아이디어는 기본소득이 일부 취약한 사람들의 자유를 보호할 수 있다는 것이다. 그러나 그만큼 크고 광범위한 기본소득이라면 다른 사람의 자유를 침해하는 세금에서 재원을 마련해야 할 것이다. 따라서 우리는 자유를 자유와 교환하고 있다."[10]

이러한 추론은 여러 방식으로 반박될 수 있긴 하지만, 가장 간단한 대답은 국가가 가장 취약한 구성원의 기본적 자유를 보호하지 않을 경우 취약성이 커진 사람들의 자유를 침해한 이유로 그들의 반격을 받게 된다는 것이다. 만약 자유지상주의자들이 취약한 사람들의 희망을 앗아간 최소주의 사회적 국가를 만드는 데 성공한다 하더라도, 분노가 보복적 정의로 이어지는 데 놀라서는 안 될 것이다.

자유지상주의적 가부장주의의 위험

수많은 자유지상주의자들은 도덕적 보수주의자들과 별로 다르지 않다. 찰스 머리는 기본소득이 '더 나은' 행동과 '시민적 문화'의 재흥을 장려하는 것으로 보는데, 이는 자유에 대한 논변이 아니라 가부장주의적 논변이다. 그러나 새로운 종류의 자유지상주의적 가부장주의자들은 더 노골적이다. 그들은 '행동경제학'과 '넛지 이론'에 기대어 사람들이 '올바른 선택'을 하도록 조종하거나 넛지 하는 매우 분명한 역할을 정부에 부여하는 것을 정당화한다. 이들은 영향력이 매우 커서 이 주제에 관한 주요한 책인 『넛지』의 공저자 가운데 한 사람은 버락 오바마(Barack Obama) 시절 백악관의 정보규제국장이 되었으며, 다른 한 사람은 영국 총리의 자문이 되었다.[11]

자유지상주의적 가부장주의는 지구화 시대에 정책 입안의 지배적인 유형이 되었으며, 자유주의자를 자처하는 이들(영국 자유민주당이 연립정부에 참여했을 때)과 사회민주주의자뿐만 아니라 보수주의자에게서도 옹호를 받고 시행되었다. 이들이 '올바른 것'과 '잘못된 것'을 바라보는 관점은 주로 제러미 벤담(Jeremy

Bentham, 1748~1832)의 저작에 근거한 공리주의라는 정치철학에 뿌리를 둔다. 특히 자유지상주의적 가부장주의는 벤담의 '파놉티콘'(panopticon)에서 유래했다. 파놉티콘은 간수 한명이 모든 수감자를 동시에 바라보며 수감자의 행동을 감시할 수 있도록 설계된 감옥을 말한다. 벤담의 아이디어는 겉으로는 수감자에게 자유로운 선택의 여지를 주지만 '잘못된' 선택을 하면 처벌받는다는 것을 알게 한다는 것이다.

『넛지』의 저자들은 벤담의 이름이나 파놉티콘을 언급하지 않으면서 벤담과 동일한 말·문구를 사용했다. 분명 선의로 그랬다. 가부장주의자들은 대개 선의를 지니고 있다. 그러나 그 어느 때보다 오늘날 국가는 사람들이 다른 방향이 아니라 특정 방향으로 행동하도록 유인하기 위해 인센티브, 제재, 시간 사용 장애물 등 잠재의식적 수단이나 기타 수단에 의지할 수 있다. 분명 권위주의자들은 사생활을 침해하는 가부장주의적 심리학자와 행동경제학자 군단의 도움을 받아 커지는 국가의 힘을 환영할 것이다. 이는 기본소득을 지지하는 새로운 강력한 논거다.

자유는 자유지상주의적 가부장주의와 양립할 수 없다. 수많은 반론 가운데 하나만 들어보자. 사람들에게 유도한 선택이 잘못된 것으로 판명 날 경우 그 선택은 개인의 책임인가, 아니면 모두의 책임인가? 과연 개인이 그런 선택으로 향한 것을 의식하지 못했을 경우 비용은 누가 부담하는가?

많은 나라의 연금제도가 잘못될 수 있는 고전적인 예다. 최근의 예를 들어보자면, 2016년 민영화된 칠레의 연금제도에 대한 격렬한 저항이 있었다. 은퇴 이후 사람들은 최종 월급의 70퍼센트를 지급받는다고 들었는데, 실제로 평균 지급액이 그 절반밖에 되지 않는다는 사실이 드러났기 때문이다. 기여율이 너무 낮게 설정되었고, 펀드매니저의 수수료는 터무니없이 높았으며, 많은 사람들이 육아 부담, 실업, 불안정한 일자리 때문에 기여금을 납부할 수 있는 때를 놓쳤다. 제도 개혁은 이미 쥐꼬리만 한 연금을 받으며 퇴직한 사람들에게는 소용이 없었다.

모든 형태의 자유지상주의를 뒷받침하는 것은 조악한 다원주의이며, 자유지상주의적 가부장주의는 이를 극복할 수 없다. 궁극적으로 자유지상주의는 약자와 취약한 사람들의 자유를 존중하지 않는데, 대부분의 사람들은 각자의 인생을 살면서 오랜 시간 약자이자 취약한 사람으로 지낸다. 자유지상주의자들이 기본소득을 지지하는 근거가 있을지 모르지만, 기본소득을 연대주의적 원칙에 근거한 공공사회서비스를 방기하는 핑계로 여긴다면 이를 정당화할 수 없다.

공화주의적 자유

지배적인 공리주의와 자유주의적 관점에서는 자유를 불간섭과 등치시킨다. '공화주의적' 관점에서는 자유가 비지배여야만 한다. 아리스토텔레스(Aristoteles)에서 비롯한 공화주의적 자유는 인격, 제도, 무책임한 지배 과정에 의한 실제 지배뿐만 아니라 **잠재적 지배**로부터의 자유도 필요로 한다.[12] 다시 말해서 어떤 사람이 행동하거나 사고하는 (혹은 전개하는) 능력에 대해, 권위주의적 인격이나 제도가 원할 때면 '자의적으로 간섭'할 수 있는 만큼 공화주의적 자유는 위태로워진다.[13] 이런 견해는 부분적으로 장자끄 루소(Jean-Jacques Rousseau)의 철학에서 유래한 다음 같은 논변과 연관된다. 소유의 존재 자체가 그런 자유를 파괴하거나 위태롭게 할 수 있다. 소수 가문이 모든 토지를 소유하고 있는데도, 모두에게 자유가 있다고 말하는 것은 부조리할 따름이다.

강건한 공화주의적 자유는 사회의 모든 사람이 원치 않는 간섭을 받지 않을 때, 또 이에 대한 합리적 **공포**가 없을 때 존재한다고 말할 수 있을 것이다. 자유롭기 위해 어떤 사람은 다른 사람의 의지로부터 자유로워야 한다. 만일 내가 합리적인 사람인데, 누군가를 이성적으로 기분 나쁘게 했을 때 내 자유가 상실될 것이라고 두려워한다면 나는 자유롭지 못하다고 할 수 있다.

자유지상주의자는 모든 정부가 자유를 위태롭게 하는 것이라고 보는 반면, 공화주의적 자유는 정부를 필요로 하며 정부에 의존한다. 그러나 후자의 정부는 민주적으로 책임을 지고 완전한 자유의 증진을 목표로 하는 정부여야 하며, 이는 기본적으로 사회에서 가장 취약한 사람들이 지배를 피할 수 있는 능력에 따라 규정된다. 또한 공화주의적 자유는 힘있는 사람들의 선택이 다른 이들의 선택을 가로막지 못하도록 정부가 보장해줄 것을 요구한다. 모든 것이 경쟁과 '경쟁력'에 기초한다면 자유는 자동적으로 제한될 것이다. 왜냐하면 패자가 있을 테고, 심지어 아주 많을 것이기 때문이다. 개인적 경쟁력에 따른 보상에만 의존한다면 자유로운 사회는 생각할 수 없다.

공화주의적 의미에서 자유롭기 위해서는 다른 이들의 선호나 견해가 무엇이든 스스로 합리적 선택을 할 수 있는 적절한 자원이 있어야 한다. 그리고 완전한 자유를 위해서는 다른 사람들이 이런 자유를 인식하고, 누군가를 불쌍히 여기거나 경멸적으로 보지 않아야 한다. 자유는 개인의 선택에 대해 중립적이어야 한다. 즉 의도가 아무리 선할지라도 규준에 맞는 행동을 이끌어내기 위해 의도적으로 구성된, 기만적이며 투명하지 못한 장치가 있어서는 안 된다. 이런 자유는 분명 기본소득을 정당화하며, '낙인찍힌 연금수령자' 즉 해로운 거지라는 관념과 맞서 싸운다.

아리스토텔레스뿐만 아니라 한나 아렌트(Hannah Arendt)와도 연관된 공화주의적 전통의 일부는 '결사의 자유'라는 이상을 받아들인다. 이는 하나의 집단으로서 협력하며 행동할 수 있는 능력과 기회를 말한다. 신자유주의 국가에서 결사의 자유는 심하게 공격받았다. '결사'가 시장의 힘에 반대하는 것으로, 또 시장의 힘을 왜곡하는 것으로 보일 수 있다는 단순한 이유에서였다. 공화국은, 실존적 공포에서 자유로우며 동등하게 자기확신적인 사람들의 결합에서만 가능하다. 이것이 독일 좌파당(Die Linke)의 주요 의원인 카티야 키핑(Katja Kipping)의 입장이다.[14]

공화주의적 전통에서 자유는 협력해 숙고하고 행동하는 사람들의 연대감 속에서 드러나며 발견된다. 이는 필수적으로 동등자(equals)의 지위, 즉 존엄하게 참여할 가능성에 의존한다. 알렉시 드 또끄빌이 초기 미국 민주주의의 핵심으로 기술한 것을 떠올리게 된다(안타깝게도 지금은 잃어버린 것이 되었다).

고전적 자유주의에서 자유는 본질적으로 대내적이다. 이는 소비자의 자유로서 여러 선택지 가운데 선택을 하는 것이며, 저것 대신에 이것을 사는 것이고, 저 일자리 대신에 이 일자리를 갖는 것이고, 다른 정치가가 아니라 카리스마 있는 이 정치가를 선택하는 것이다. 공화주의적 자유는 이를 넘어선다. 정치적으로 함께 행동할 수 있기 때문에 우리는 자유롭다. 이것은 자유지상주의, 특히 현대의 자유지상주의적 가부장주의의 과도함과 맞서기에 좋은 관점이다.[15]

공화주의적 자유와 결사의 자유 모두 또다른 차원이 있지만 이 부분은 덜 주목받았다. 권력자의 힘과 영향력을 억제하는 것도 필요하다. 금권정치가나 엘리트가 미디어를 포함해서 자신들이 통제하는 조작적 장치를 통해 공적 담론과 결정을 만들어낼 수 있다면 자유는 위험에 빠진다.

어떤 종류의 자유를 주장하든 기본소득은 자유를 증진할 것이다. 그러나 자유주의 전통에서 기본소득은 기본적인 필요를 충족시키기에 충분할 정도로 높다고 판단될 경우 필요하고 또 충분하다. 그러나 공화주의 전통에서 기본소득은 필요하지만 그것으로 충분하지는 않다. 자유를 제대로 증진하기 위해 다른 제도와 정책이 필요할 것이다.

기본소득은 다음 같은 일상의 자유를 강화할 것이다.

— 너무 힘들거나 따분하거나, 임금이 낮거나 매우 지저분한 일자리를 거부할 자유
— 위에 해당하지는 않지만 금전적 필요 때문에 가질 수 없었던

일자리를 가질 자유

— 이전보다 보수가 적거나 금전적으로 더 불안정한 일자리를 계속해서 가질 자유

— 위험부담이 따르지만 잠재적으로 수익을 낼 수 있는 소규모 사업을 시작할 자유

— 친지를 위한 돌봄노동이나 공동체를 위한 자발적 노동을 할 자유: 이를 행할 돈을 마련하기 위해 장시간의 고용노동이 필요한 경우, 이는 할 수 없는 일이 될 것이다

— 창조적인 일을 하거나 모든 종류의 활동을 할 수 있는 자유

— 새로운 기술을 배우거나 능력을 갖추는 데 따른 위험을 감수할 자유

— 관료제의 간섭·염탐·강제 등을 막을 자유

— 관계를 형성하거나 다른 누군가와 '가정'을 만들 자유: 이는 오늘날 종종 금전적인 불안정 때문에 불가능하다

— 관계가 틀어지거나 모욕적인 상태가 되었을 때 이 관계를 떠날 자유

— 아이를 가질 자유

— 잠시 게으를 수 있는 자유: 이는 중요한 자유이며, 이에 대해서는 나중에 다시 이야기할 것이다

위에서 열거한 어떤 항목에 대해서든 다른 사회정책이 기여할 수 있을 것인가? 최소한 사회보장 정책은 행위의 자유에 대해 중립적이어야 하며, 도덕적이거나 지시적이거나 강제적이거나 징벌적이

어서는 안 된다. 전세계적으로 자산조사 수당으로 전환하고 있는 것은 어떤 자유 개념에 대해서도 역행하는 일이다. 기본소득은 그 반대 방향으로 나아가는 것이다.

자유를 위한 정책 원칙

어떤 사회정책이든 두가지 일반 원칙이 적용되어야 하며, 무조건적 기본소득에 대한 대안을 자처하는 사회정책이라면 특히 그렇다. 첫번째는 다음과 같다.

가부장주의 검증 원칙. 어떤 사회정책이 사회 내 대부분의 자유로운 집단에는 가하지 않는 통제를 일부 집단에만 부과하는 경우 그 사회정책은 정의롭지 못하다.

어떤 사람이 할 수 있는 것을 지시하거나 다른 (합법적) 방향이 아니라 특정 방향으로 행동하도록 조종하는 정책은 명백히 이런 원칙을 침해하는 것이다. 그러나 많은 정치가들이 자유에 대한 신념을 표방하면서도 '빈민'이 무엇을 할 수 있고 또 하지 않아야 하는지를 말한다. 자유지상주의적 가부장주의의 합리화는 현대 사회정책의 틀에 비민주적으로 들어와 있다. 이는 다른 선택 말고 특정 선택을 하도록 사람들을 신중하게 조종하거나 넛지 하는 것이 '그들 자신의 선' 혹은 그들 최선의 이익이라는 말이다.

여기에는 도덕관념이 빠져 있다. '넛지 하는 사람'은 말하는 대로 실천하지 않기 때문이다. 만일 그들이 사람들을 조종해 내려진 결정을 가장 좋은 결정이라고 주장한다면, 사태가 잘못되었을 때 조종당한 사람이 아니라 그들이 책임져야 한다. 국가가 수급자에게 보상해야 한다. 이런 일은 일어나지 않는다.

두번째, 일반적인 자유와 사회정의 원칙은 약간 더 복잡하다.

자선이 아닌 권리 원칙. 어떤 사회정책이든 제공자의 재량이나 권한이 아니라, 수급자 혹은 타깃이 되는 사람의 권리나 자유를 증진할 경우에만 그 사회정책은 정의롭다.

기본소득은 이런 검증을 통과하는 반면, 실제 수급자 혹은 잠재적 수급자가 행위조건을 따르도록 하는 어떤 사회수당도 이 검증을 통과하지 못한다. 정치가나 공무원이 만든 모든 자격조건은 부분적으로 자의적이고, 대개 해석의 여지가 많다. 또한 지역 수준의 관료제에 재량권을 주는 경우가 종종 있으며, 수당이 필요한 사람은 그냥 '탄원자'가 되고 만다.

권리를 가질 권리

만약 당신이 스스로 세계시민이라고 믿는다면, 당신은 어느 곳의 시민도 아니다.

—2016년 10월 영국 총리 테레사 메이

누가 권리를 가질 권리가 있는가? 인습적으로 시민은 권리가 있는 사람으로 규정되며, 이는 어떤 수준의 공동체에서도 그럴 법하다. 1948년의 유엔 「세계인권선언」과 1966년의 「경제적·사회적·문화적 권리에 관한 국제 규약」은 모든 곳의 모든 사람에게 권리가 있다고 확정적으로 말했다. 위에서 인용한 테레사 메이(Theresa May)의 말은 근원적으로 틀렸다. 세계시민으로서 우리 모두에게는 인권이 있다.

그러나 권리에는 층위가 있다. 어떤 것은 보편적이며, 어떤 것은 국가에 의해 그리고 국가 내부에서 확립되며, 어떤 것은 특정 지역에 한정되거나, 회원에게만 권리와 특권을 수여하는 결사에 한정된다. 나라(country) 수준에서 권리라고 할 만한 권리는 모두 국가(state)를 상대로 한 요구로 시작되었다. 그리고 많은 권리는 '권리에 대한 주장', 즉 사회는 그 권리를 실현하는 **방향으로** 나아가야 하며, 이를 회피해서는 안 된다는 요구로 시작했다. 기본소득도 그런 권리에 대한 주장 가운데 하나다.

실제적인 문제는 다음과 같다. 기본소득에 대한 권리는 누구에게 있어야 하는가? 부분적으로 윤리적인 문제이며, 부분적으로는 실천적이고 실용적인 문제다. 이상적인 세계에서, 약간 유토피아적인 미래에서는, 어디 누구에게나 기본소득에 대한 권리가 있어야 한다고 행복하게 말할지 모르겠다. 그러나 지금 우리는 국가에 초점을 맞춰야 하며, 특히 사회정책이 여전히 만들어지고 시행되는 국가나 나라에 초점을 맞춰야 한다.

일반적인 출발점은 모든 시민에게 기본소득을 받을 권리가 있어야 한다고 말하는 것이다. 그런데 이 권리가 해외에서 살거나 일하는 시민에게 확장되어야 하는가? 대부분의 기본소득 옹호자들은 해당 나라에 통상 거주하는 모든 시민에게 자격을 적용하는 것으로 조정한다. '통상'이란 무엇을 의미하는가? 명확한 실제 규칙이 수립되어야 하는데, 이를테면 시민은 그 나라를 영구적 거주지로 생각하거나 최소한 매년 6개월 이상 거주해야 한다는 식으로 말이다. 어떤 규칙도 이상적일 수 없거나 다소 자의적이다.

더 까다로운 것은 통상 그 나라에 거주하는 '시민 아닌 사람'에 대한 자격 규칙이다. 합법적 거주자를 배제한다면 공정하지 못하겠지만, 권리는 실용적으로 규정되어야 할 것이다. 이를테면 어떤 사람이 최소한 2년을 그 나라에 합법적으로 거주하거나 영주권을 획득했을 경우다.

이상적으로 생각하면 기본소득은 영구적인 것으로서 헌법의 권리로 수립되어야 한다. 그러나 한번 수립되면 이 권리는 빼앗기지 않는 것이 된다고 할 때, 이상적인 주장은 기본소득을 정치적으로 받아들이는 데 걸림돌이 된다. 이런 주장은 실험 자체를 막거나 자격, 지급 수준, 기타 규칙을 변화시킬 수 있는 임시적 성격의 기본소득 혹은 부분적 기본소득의 도입을 막을 것이다. 예컨대 5년간의 단기 기본소득 도입에 대한 민주적 결정을 처음부터 막는 것은 현명하지 못한 일마저 될 것이다. 순수주의자들은 단기 기본소득이 권리가 아니라고 하며 반대할지 모르겠다. 그러나 그것은 특정한 시간 틀 내에서는 권리로서 지위가 있다. 왜냐하면 그 시기 동안은 누구도 기본소득을 자의적으로 빼앗기지 않을 것이기 때문이다. 원칙적으로 그것은 기본소득이 국가에 의해 오직 민주적 조정에 따라서만 변하는 평생의 약속으로 수립되어야 한다는 것을 말한다.

권리의 또다른 특징은 **철회되지 않는다**는 것이다. 즉 적절한 법적 절차 없이 빼앗기지 않는다는 것이다. 자주 강조되는 측면은 아니지만 기본소득은 부채 상환을 위해 압류당하지 않는다. 이것이 자산조사 수당과 다른 점인데, 자산조사 수당의 경우 국가에 대한 부채를 상환하기 위해 축소될 수 있다.

기본소득의 해방적 가치는 왜 화폐적 가치를 넘어서는가

오, 조금만 더, 그래서 어느 정도나 되는가!

조금만 더 적게, 그러니 엄청나구나!

— 로버트 브라우닝

나는 2010년과 2013년 사이에 인도의 마디야프라데시(Madhya Pradesh)주에서 행해진 대규모 기본소득 파일럿(pilot, 시범 사업)에 참여했다. 이 파일럿은 아홉개 마을의 6000명에게 소액의 기본소득을 주는 것이었다.[16] 유사한 다른 마을들은 파일럿을 평가하기 위한 통제집단으로 선정되었다. 기본소득 액수 자체에서 예상할 수 있었던 것보다 긍정적인 효과가 훨씬 더 크다는 점이 곧 분명해졌다. 근본적으로는 그 공동체와 가족 들에게 돈 자체가 희소한 상품이었기 때문이다.

필요한 상품이 희소하거나 얻기 어려울 경우 그 가격은 올라가는 경향이 있다. 소득이나 기댈 만한 저축이 별로 없는 사람들은 일상적으로 필요한 것을 사거나 예상치 못한 비용(예를 들어 의료비)을 지불하기 위해, 대개는 매우 높은 이자율로 촉박하게 돈을 빌려야만 할 때가 종종 있다. 보장(security) 같은 것을 포기해야 할 때도 종종 있다. 이들은 돈을 수익이 높은 장기예금에 넣어둘 수 없다. 매일같이 일어나는 긴급한 일에 충당하려면 적은 돈이나마 갖고 있어야 하기 때문이다.

이런 상황에서 모든 가족 구성원과 모든 지역 주민에게 확실히 지급되는 기본소득은 채무 불이행을 막아주는 일종의 보장이 되며, 사람들이 대부업자에게든 이웃 사람에게든 좀더 싼 이자로 돈을 빌릴 수 있게 해준다. 물품이나 서비스로 주는 보조(인도에서 빈민을 지원하는 주요 형태)라든지 자산조사 혹은 행위조사를 하는 조건부 수당은 그렇지 않다. 이것들은 그 정의상 지급이 거절되거나 철회될 수 있으며, 어떤 경우에도 모든 사람에게 가지 않는다. 확실성이 있는 기본소득은 수급자와 공동체의 생활비용을 낮춘다. 왜냐하면 개인적으로 재정적 압박을 받을 때에도 집단적으로 이를 해결할 수 있는 가능성을 주기 때문이다. 따라서 기본소득으로 지급되는 액수는 자산조사에 기초해 지급되는 동일한 액수보다 가치가 크다.

인도의 기본소득 파일럿에서 기본소득을 받은 사람들은 받지 않은 사람들보다 빚을 더 줄이고, 여전히 빚이 있는 경우에도 저축을 더 많이 하는 것으로 나타났다. 이들이 화폐 유동성의 가치를 인식했기 때문이다.[17] 또한 이 유동성은 개인과 가족 들이 의사결정을 할 때 좀더 전략적으로 사고하고 행동할 수 있도록 해주었으며, 훨씬 낮은 이자율로 돈을 빌리고 필요한 경우 소규모 장비, 종자·비료 등을 얻을 수 있게 해주었다.

기본소득의 해방적 가치는 여기서 그치지 않는다. 지주와 대부업자(종종 같은 사람이다)는 죽 이어져온 화폐 부족 현상을 빌미로 저소득 마을 주민을 빚의 굴레에 몰아넣었다. 주민들은 해묵은 부채를 돈으로 갚는 대신 지주가 원할 때 노동을 제공해야 했다. 이 때문에 종종 작은 토지 보유농들이 수확 철에 자기 농장에서 일해야 할 시간을 빼앗기기도 했고 빈곤은 더 심해졌다. 부채의 굴레에 빠진 사람들이 자신의 기본소득과 친지의 기본소득으로 돈을 충분히 모으고 자유를 사는 것을 지켜보는 일은 놀라운 것이었다.

해방적 가치는 금전적인 것만이 아니었다. 한 마을에서는 파일럿이 시작될 때 모든 젊은 여성이 베일을 쓰고 있었는데, 기본소득을 받기 위한 증명서에 쓸 사진이 필요하자 남성이 없는 오두막에 모여 사진을 찍었다. 몇달 뒤 연구팀 동료들과 함께 이 마을을 방문했을 때 베일을 쓴 젊은 여성은 찾아볼 수 없었다. 이유를 묻자 한 젊은 여성이 이렇게 설명했다. 이전에는 나이 든 사람들이 말하면 그렇게 해야 했다. 이제는 자기 돈이 있기 때문에 스스로 결정할 수 있다.

기본소득이 있기에 문화적 지배의 한 형태에 맞서 당당할 수 있었고, 문화적 권리를 강화할 수 있었다. 이들은 자기 의지에 따라 베일을 벗음으로써 마을 생활에 좀더 자유롭게 참여할 수 있었다. 이들은 '눈싸움 테스트'를 통과했다. 다른 사람의 의지에 종속되지 않으면서 정면으로 눈을 마주 보는 능력 말이다. 이는 공화주의적 자유에서 필수적인 것이다.

목소리의 필요성

앞서 말했듯이 공화주의적 자유에서 기본소득은 필요조건이긴
해도 충분조건은 아니다. 해방적이긴 하나 만병통치약은 아니다.
목소리(발언권), 즉 행위자도 필요하다. 나는 두가지 '메타 보장'
(meta-securities)은 기본소득 보장과 목소리 보장이라고 오랫동안
생각해왔다. 개인적·집단적 대의에 적절하게 접근할 수 없을 경우
기본소득이 있다 하더라도 개인은 무책임한 지배에, 공화주의적 자
유의 상실에 빠질 수 있다. 그러나 목소리는 금권정치가와 엘리트의
힘에 제약을 가할 수도 있어야 한다. 이는 모든 사람을 위한 기본적
보장을 확실히 하는 데 꼭 필요한 것이다.

이런 맥락에서 볼 때, 20세기 기본소득 논쟁의 기이한 측면 가운
데 하나는 노동조합 지도자들이 가장 극렬한 반대파에 속한다는 것
이었다. 최근 일부 노동조합 사상가들이 지지를 표명하고 나섰지만
이 제도화된 적대감은 지속되었다. 반대 견해의 일부는, 적어도 표
면상으로는, 기본소득 때문에 사용자가 임금을 낮출 수 있다는 믿음
에서 나왔다.

이 논변을 다음 장에서 다룰 것이다. 그러나 저명한 노동조합 지
도자들이 개인적으로 표명하는 좀더 충격적인 반대이유는, 노동자
들이 기본소득을 받을 경우 노동조합에 가입할 필요성을 느끼지 못
할 것이라고 보기 때문이다. 이는 노동조합 지도자들이 갖고 있다는
확신의 슬픈 거울상이다. 심리학 연구가 보여주듯 실제로 기본적 보
장이 있는 사람들은 자신의 이익을 대변하는 조직에 덜 가입하는 게

아니라 더욱 적극 결합한다.

끝으로 권리를 의미있게 만들기 위한 자원에 모든 시민이 확실하게 접근해야 한다는 점에서, 기본소득은 민주화의 도구가 된다.[18] 기본소득은 개인의 자기통치 및 동등한 자기존중을 수립하는 데 도움이 될 것이다. 민주주의의 초기 옹호자들은 민주화를 자유·평등·독립의 보편화로 보았는데, 독립은 존 로크(John Locke)가 표방한 '자연적 자유'의 원칙을 바탕으로 한다. 사람들이 자유롭기 위해서는, 타인에게 해를 가하지 않는 한 남의 동의를 구하는 일 없이, 보복의 두려움 없이 행동할 수 있어야 한다.

해방에 핵심적인 이런 의미의 독립은, 분명 생존에 대한 권리가 있는지에 달려 있다. 미국 헌법의 기초자 가운데 한 사람인 알렉산더 해밀턴(Alexander Hamilton)은 1788년에 이렇게 썼다. "누군가의 생존에 대한 권력은 그의 의지에 대한 권력과 같다."

기본소득이 실질적 자유를 증진하겠지만 공화주의적 자유 혹은 완전한 자유의 보장에는 행위자가 반드시 필요하다. 이것은 특히 우리가 취약해지거나 적대에 직면할 때 집단적·개별적으로 목소리를 부여할 수 있는 제도와 메커니즘에 접근하는 데서만 나올 수 있다. 기본소득은 완전한 자유를 위해, 충분하진 않더라도 핵심적이다.

4

빈곤, 불평등,
불안전의 감소

BASIC INCOME

모든 사람은 자신과 가족의 건강 및 행복에 적합한 생활수준을 누릴 권리가 있다. 이 권리에는 먹을거리, 입을 옷, 주택, 의료, 그리고 생활에 필요한 사회서비스 등을 누릴 권리가 포함된다. 또한 일자리를 잃었거나, 질병에 걸렸거나, 장애가 있거나, 배우자와 사별했거나, 나이가 많거나, 그밖에 자신이 어찌할 수 없는 상황에 놓여 살길이 막막해진 모든 사람은 사회나 국가로부터 생계를 보장받을 권리가 있다.

— 유엔 「세계인권선언」 25조

기본소득을 지지하는 가장 공통된 주장은, 빈곤을 줄이는 가장 효과적인 방법이 기본소득이라는 것이다. 기본소득은 상대적으로 행정비용이 덜 들며, 가장 직접적이고 투명한 방식이기 때문이다. 동일한 주장은 아니지만, 이와 관련해 기본소득이 기본적인 경제적 보장을 제공하는 훌륭한 방법이라는 주장이 있다. 이 점이 중요한 까닭은 오늘날 시장 지향의 전지구적 자본주의에서 가장 중요한 불안전의 원천은 경제적 **불확실성**이기 때문이다. 리스크와 반대로 이 불확실성은 전통적 형태의 보험을 무력하게 한다.

잘못 설계되거나 제대로 시행되지 않은 기본소득 체제는 기존 사회보장 제도보다 사람들을 더 나쁜 처지에 빠뜨릴 수 있다는 점을 처음부터 잘 인식해야 한다. 그러나 이 점이 기본소득에 내재된 성격은 결코 아니다.

빈곤

지구화 속에서 신흥 시장경제의 생활수준이 점차 높아지면서 전 세계적으로 절대적 빈곤은 줄어들었지만 많은 나라에서 빈곤율, 즉 빈곤 속에 사는 사람들의 비율은 높아졌다. 게다가 2007~2008년 경제위기 이래 널리 채택된 지구화와 긴축정책에 따라 산업화된 여러 나라에서 수백만명이 절대적 빈곤으로 떨어졌다.

세계에서 가장 부유하다고 하는 미국에서는 300만명의 아동을 포함한 150만 가정이 1인당 하루 2달러 이하의 현금소득으로 힘겹게 살아가고 있다.[1] 그리고 노벨상 수상자인 앵거스 디턴과 앤 케이스 (Anne Case)가 증명했듯 미국에서는 자살, 처방 약물 및 불법 약물의 과다복용, 알코올 남용 등으로 '절망의 죽음'이 늘어나고 있다.[2] 그 정도로 심각하지는 않지만 유럽과 일본에서도 유사한 모양새다.

현재의 흐름을 소득이라는 관점에서 보면 세계는 역사상 그 어느 때보다 분명 부유하지만, 가까운 장래에 소득 빈곤이 사라질 것 같지 않다. 21세기에 부유하다고 하는 많은 나라에서 절대적 빈곤과 상대적 빈곤은 줄어들기는커녕 늘어났으며, 노숙인의 수는 계속 기록을 갱신하고 있다. 이는 모든 정부가 심각하게 잘못하고 있다는 점을 강하게 드러낸다.

지구화와 시장유연화 정책은 지구화에 의해 촉발되었거나 지구화와 연관되어 일어난 기술혁명과 결합해 프레카리아트를 양산해왔다. 이 만성적 불안정 속에 온갖 권리를 상실한 수백만명의 사람들이 도처에 있다.[3] 경제가 회복될 것 같진 않지만, 설사 회복되더라도 프레카리아트는 경제적으로 이득을 보지 못할 것이다.

확실히 프레카리아트는 21세기의 첫 20년 동안 이득을 보지 못했다. 프레카리아트는 확실히 성장에서 상대적 손실을 보았다. 성장에서 나온 이득이 금권정치가·엘리트·살라리아트(salariat, 급여생활자)에게, 전부는 아니더라도 불균형하게 많이 돌아갔기 때문이다.[4]

이런 상황에 맞서 일자리 창출이라는 오래된 방안—"일이 빈곤에서 탈출하는 가장 좋은 길이다"—은 점점 제대로 이뤄지지 않고 있으며, 심지어 역효과를 내기까지 한다. 정부는 노동시장을 더 유연하게 만들기 위해 노동 보호를 약화시킴으로써 일자리 수를 늘릴 수 있을지 모르겠다. 그러나 그렇게 함으로써 정부는 더 많은 사람들을 경제적으로 불안전한 상태로 내몰고야 만다. 그리고 이에 분노한 사람들이 늘어나, 그런 길로 나아가자고 하는 정치가들을 응징하게 될 것이다.

부유한 산업국가들을 아울러 전세계 곳곳에서 만들어지고 있는 일자리는 빈곤에서 탈출할 수 있는 길이 아니다. 실질적 관점에서 가격 인플레이션을 고려할 때, 발전한 나라들의 평균 임금은 30년 이상 정체되었고 앞으로도 그럴 것으로 예상할 수 있다. 프레카리아트에게 임금은 실질 가치라는 면에서 계속 하락해왔으며 점점 불안정해지고 있다. 한번의 작은 불행이나 실수, 사고 때문에 이들은 실질적 빈곤에 떨어질 것이다.

아무리 열심히 일한다 해도 상대적 빈곤과 경제적 불안전에 놓이는 사람은 늘어나고 있으며, 이들은 이를 피할 수 없을 것이다. 꾸준히 늘어나는 세금공제와 법정 최저임금은 이런 경향을 막지 못했다.

고장 난 것은 소득분배 체계다.

보편주의와 투명성

기본소득은 다른 대부분의 대안과 달리, 수급자에게 낙인을 찍거나 이들을 탄원자로 만들지 않으면서 빈곤을 줄일 수 있는 방법이다. 수많은 연구에서 보듯 자산조사에 기초해 타깃을 설정하는 복지에 수반되는 낙인은, 실질적 필요가 있는 수많은 사람들이 자존심·두려움·무지 때문에 도움을 청하지 못하게 한다. 고유한 단점이 분명한 이런 제도를 정치가들이 계속 지지하는 것은 부끄러운 일이다.

보편주의적 제도와의 차이점이 캐나다 마니토바(Manitoba)주 도핀(Dauphin)에서 시행된 민컴(Mincome) 실험에서 드러났다(11장 참고).[5] 실업자를 비롯해 소득이 낮은 많은 사람들이 모종의 낙인 때문에 표준적 '복지'는 신청하지 않았지만 무조건적 최저소득은 기꺼이 받았다. 무조건적 최저소득은 저임금노동자, 실업자, 사회부조 수급자에 차이를 두지 않았다.

실험에 관한 설문조사에서 응답자들은 민컴 지급을 환영하는 이유로 독립성을 느낄 수 있고, 자산조사에 기초한 복지와 연관된 사생활 침해 및 비하 과정을 겪지 않으면서 일할 수 있기 때문이라고 이야기했다. 누군가가 말했듯이 사생활 침해 및 비하 과정은 '가족에 대한 나쁜 이미지'를 준다. 또다른 누군가는 민컴이 '캐나다 사람들을 믿어주고, 남자든 여자든 자존심을 살려준다'고 했다.

또한 기본소득은 보편적이고 무조건적인 성질 때문에 복지를 '받을 만한' 빈민과 '받을 수 없는' 빈민을 구별하는 표준적인 공리주의적 장치가 없다. 도덕주의적 정치가들이 사용하는 그 장치는 자의적이고 불공평하며, 시행하는 데 터무니없이 많은 비용이 든다.

일단 사회적 낙인을 제거하는 일이 먼저 돼야 한다. 낙인을 이용해, 필요가 있는 사람들로 하여금 국가수당을 신청하지 못하게 함으로써 비용을 줄이려고 해서는 안 된다. 또한 사회정책 입안자들은 사람들을 복지를 받을 만한 사람과 받을 수 없는 사람으로 범주화하는 볼썽사나운 관행을 중단해야 한다.

빈곤과 불안정의 덫을 극복하기

기본소득이 빈곤을 줄일 수 있는 매우 효과적인 방법인 한가지 이유는, '빈곤의 덫'을 극복하고 '불안정(precarity)의 덫'을 줄일 것이기 때문이다. 예를 들어 영국에서는 낮은 수준의 국가수당을 받는 사람이 수당을 받다가 저임금 일자리로 옮겨 갈 경우 실제로 80퍼센트 이상의 한계세율에 직면한다. 이는 공식적인 계산에 따른 것이다. 일을 수행하기 위해 들어가는 교통비·보육료 등 다른 비용을 고려할 때 그 비율은 더 올라간다.

덴마크·핀란드·독일 등 유럽대륙의 여러 나라에서 한계세율은 여전히 더 높다. 중간계급이 그렇게 높은 한계세율에 직면한다면 폭동이 일어날 것이다! 고소득자라면 40퍼센트가 넘는 세율이 부과될 경우 세금을 회피할 방법을 찾을 것이라는 게 일반적인 인식이다. 그러나 논평자들은 '수당에 머무는' 가난한 사람들, 그리고 두배 이상의 한계세율에 직면할 수 있는 상황에서 저임금 일자리를 갖지 않으려 하는 사람들을 '약탈자'라거나 이보다 더 나쁜 사람으로 들먹인다.

우파 자유지상주의자건 좌파 자유지상주의자건, 업무상 지위나 기타 소득과 상관없이 지급되는 기본소득이 기존 복지제도에 내재한 빈곤의 덫을 제거할 것임을 인정한다. 이를 통해 상대적으로 임금이 낮은 일자리에 대한 인센티브가 늘거나 자기 자본을 사용한 리스크가 큰 경제활동이 이뤄질 것이다.

빈곤의 덫 이외에, 수급 자격을 갖춘 사람들에게 수당 지급이 늦어지는 점 또한 단기직이나 임시직을 구하지 못하게 하는 요인이다. '불안정의 덫'이 그 이유를 가장 잘 설명한다. 현대의 자산조사를 바탕으로 한 조건부 수당의 복잡성 때문에, 수급 자격을 얻더라도 즉시 지급받는 경우는 드물다. 게다가 많은 사람들은 자신이 도움을 받을 자격이 있는지 확신할 수가 없다. 지원자는 많은 시간과 에너지를 들여 혹시나 하는 믿음으로 방대한 문서를 채워 넣어야 하며, 사생활을 침해하는 질문에 답해야 한다. 이후에도 수당을 계속 받으려면 그런 비하적인 조건을 충족시키고 있음을 끊임없이 입증해야 한다.

이 같은 위험·낙인·낙심 때문에 복지 신청을 하는 비율이 낮아진다. 이런 체제를 옹호하는 이들은, 수당을 신청하지 않는 사람은 수당이 필요 없거나 자격이 안 됨을 스스로 증명하는 것이라며 부러 열변을 토하기도 한다. 그러나 결국 수당을 얻는 사람은 수당을 잃을지 모른다는 두려움, 또 자격을 잃으면 모든 것을 다시 시작해야 한다는 두려움 때문에 임시직이나 단기직을 가지려 하지 않는다.

장애수당을 받는 어느 영국인의 증언을 살펴보자.

수년 전 건강이 많이 좋아졌을 때입니다. 한쪽 뇌는 어서 빨리 노동세계로 들어가 내 삶을 정면으로 부딪쳐야 한다고 했습니다. 다른 쪽 뇌는 관료제의 고질적인 난점으로 두려움에 떨고 있었습니다. 다른 수당으로 대체할 수 있다는 희망 때문에 중대한 소득을 포기한다거나 노동연금부에 가서 거짓말을 하자니 난감했습니다. 나는 결국 잃어버린 수당을 만회하기 위해 얼마간 너무 고생하며 일했습니다. 병이 재발했고 결코 회복하지 못했습니다.[6]

권리로서 지급되는 기본소득은 최악의 빈곤의 덫과 이러한 불안정의 덫을 제거할 것이다. 기본소득을 통해 기존 사회보장 제도에 수반되는 도덕적 해이, 이를테면 사람들이 하고 싶은 것(예를 들어 일자리를 갖는 것)을 하지 않게 되는 일이 줄어들 것이다. 또한 지하경제로 들어가는 부도덕한 일도 줄어들 것이다. 사람들이 지하경제로 들어가는 이유는 합법적으로 세금을 내는 경제로 들어갈 때 불이익이 너무 크기 때문이다.

그렇다면 기본소득을 빈곤을 **없애는** 방법이라고 내세워야 하는가? 최초로 지급되는 금액 때문에 현실적으로 그런 일은 불가능하다고 하는 역공을 받을 수 있다. 기본소득이 빈곤을 없앨 만한 수준으로 설정된다면 재정적 어려움이 너무 커져서 대중적·정치적 상상력에 호소할 수 없을 것이라고도 한다.

그러나 적절히 설계된 기본소득이라면 빈곤선이나 빈곤선 근처에 있는 사람들의 빈곤의 **깊이**뿐 아니라 빈곤의 **범위**, 즉 상대적 빈곤을 겪는 사람들의 수까지 줄일 수 있어야 한다. 기본소득은 빈곤을 없애지 못할 것이다. 어떤 정책도 그 자체만으로는 빈곤을 없애지 못할 것이다. 그러나 기본소득은 빈곤 언저리의 모든 사람이 직면하고 있는 빈곤의 위협을 줄여야 한다.

예를 들어 영국의 싱크탱크인 컴파스(Compass)는, 기존 복지수당을 대부분 유지하면서도 매주 모든 성인에게 71파운드, 연금생활자에게 (국가기초연금에 더해) 51파운드, 아동에게 59파운드를 지급하는 이행기 보편 기본소득 제도가 2015~16년 기준으로 어떤 효과가 있는지를 계산했다. 소득 하위 5분위에 있는 사람들 가운데 열 명 중 여섯명이 20퍼센트 이상의 이득을 얻으며, 아동 빈곤이 거의 절반으로 줄어들었다.[7] 물론 이 수치는 예시에 불과하지만 적은 금액의 기본소득으로도 빈곤을 상당히 줄일 수 있음을 보여준다.

빈민이 현명하게 지출하는가?

기본소득을 반대하는 또 한가지 이유는, 소득이 빈약한 사람들은 무지 때문이든 의지의 박약함(이들은 나쁜 습관이나 중독 때문에 여기에 저항할 수 없다)이나 '나쁜 성격' 때문이든 '개인적 배즈(bads)'에 기본소득을 낭비하리라는 것이다. 더 나아가 국가수당을 필요로 하는 게 다 그런 특질을 보여준다며 비판하는 사람들도 있다. 그러나 이를 반박하는 증거가 있다.

현금이전(cash transfer) 프로그램과 기본소득 파일럿의 경험을 보면 대체로 돈이 아동을 위한 음식, 의료, 학교 교육 같은 '개인적 굿즈

(goods, 재화)'에 쓰임을 알 수 있다. 게다가 대중적인 편견과는 반대로 기본소득이나 현금이전의 수급에 따라 약물·술·담배 등의 소비가 줄어든다는 연구 결과가 있다. 약물·술·담배는 절망적인 상황을 완화하기 위한 '치료적 배즈'(라든지 '보충적 배즈')로 볼 수 있다.

네가지 사례를 돌아봤으면 한다. 라이베리아에서는 알코올중독자·약물중독자·경범죄자 등의 집단을 슬럼에서 선발해 아무 조건 없이 각각 미화 200달러에 해당하는 돈을 주었다. 3년 후 이들이 돈을 어디에 썼는지를 알아보기 위해 인터뷰를 했다. 대답은 주로 음식·의복·의료 등에 썼다는 것이다. 어느 연구자도 놀라워했는데, 그런 사람들이 기본소득을 낭비하지 않는다면 도대체 누가 낭비하겠는가?[8]

스퀘어마일(Square Mile)로 유명한 시티오브런던(City of London)에서 또다른 연구가 이뤄졌다. 『이코노미스트』(*The Economist*)에서 이를 보도했는데, 해당 지역에는 "낮에는 눈에 띄지 않던 수많은 노숙인"이 밤마다 나타난다.[9] 브로드웨이(Broadway)라는 자선기관에서 이 노숙인들 가운데 338명의 신원을 확인했더니 대부분은 거리에서 1년 이상 산 사람들이었다. 이 자선기관은 가장 오랫동안 노숙한 사람들, 즉 4년 이상 거리에서 지낸 사람들을 골라 삶을 바꾸는 데 무엇이 필요한지 묻고는 그것을 주었다. 평균 경비는 794파운드였다. 여기에 참여한 열세명 가운데 열한명은 1년 이내에 거리를 떠났다. 아무도 술·약물·도박 때문에 돈이 필요하다고 하지 않았다. 몇몇은 쉼터에서 왕따를 당한다고 느꼈지만 이제는 자신의 삶을 통제할 수 있기 때문에 서로 협력한다고 연구자들에게 말했다. 매년 노숙인과 관련해 보건·경찰·감옥 등에 들어가는 비용이 1인당 2만 6000파운드로 추정되는 데 반해, 이 연구에서 들인 비용은 그 일부에 불과했다.

미국에서 수행된 세번째 연구에 따르면, 헤드스타트(Head Start)처럼 오래되고 널리 인정받는 유아 프로그램에 비해 가정에 현금을 이전하는 것이 아동 교육에 훨씬 더 큰 긍정적 효과를 미친다.[10] 재정적 보장으로 스트레스가 줄고, 부모가 아이들에게 책을 읽어주거나 아이들을 박물관에 데려가는 데 더 많은 시간을 할애할 수 있게 됐다.

마지막으로 언급할 연구는 미국에서도 보수적인 지역인 유타(Utah)주에서 시행된 것이다. 이곳에서는 노숙인에게 임시 쉼터를 제공하는 오랜 관행을 깨고 영구 주택을 주기 시작하며 인상적인 정책을 폈다. 초기 비용은 높았지만 결과적으로 비용이 훨씬 더 적게 들었다. 이 정책에 따른 안정성 때문에 사람들은 지역사회에 재통합되었고, 당국은 중독·우울증 등을 치료하는 데 들어가는 많은 비용을 줄일 수 있었다. 이후 미국의 수백개 도시가 이 정책을 따라했다. 전국노숙인협회의 대표가 말하듯 "어느정도 직관적인 것인데, 사람들은 안정감이 있을 때 더 잘한다".[11]

빈민은 '어리석고' 비합리적이라든지, 합리적 판단을 할 능력이 없다고 너무 쉽게 내다보는 관찰자와 논평가가 있다. 이런 인식을 깨고 빈민은 단지 자원이 없을 뿐임을 보여준 실험도 있다. 물론 가끔 신뢰가 깨지기도 한다. 그러나 이는 사회정책의 방향을 제시하는 훌륭한 원칙이다. 더 나아가 우리 모두 (재앙적인 결정이 아니라면)

일부 잘못된 결정을 내릴 자유가 **필요하다**. 왜냐하면 그런 결정과 실험에서 배워야 하기 때문이다. '잘못'을 저지를 자유가 없다면 자기 삶을 성공적으로 통제하는 법을 배울 수가 없다.

불평등과 공정

총소득과 부의 불평등은 사회에 좋지 않고, 경제에 좋지 않으며, 무엇보다 소득과 부의 스펙트럼에서 하위에 있는 사람들에게 좋지 않다. 최근 수십년 동안 대부분의 나라에서 불평등이 커졌으며, 심지어 많은 나라에서는 통계가 잡힌 이래 그 어느 때보다 불평등이 심하다. 더욱 커져가는 불평등 때문에 경제성장이 가로막히며(이 자체로 꼭 나쁜 일은 아니지만 통상 나쁜 것으로 간주되고 있다), 지속 가능한 발전이 어렵다는 점을 뒷받침하는 강력한 증거도 있다.

보편적 기본소득이 소득 불평등을 줄일 것인가? 어떤 의미에서는 그래야 한다. 모든 사람에게 주어지는 동일한 액수는 저소득층에게 더 큰 몫을 주는 셈이다. 그러나 주의할 점이 있는데, 불평등에 미치는 효과는 기본소득이 어떻게 도입되고 재원을 어떻게 마련하느냐에 달려 있기 때문이다.

몇몇 저명한 경제학자들은 기본소득이 불평등을 줄이는 게 아니라 더 심화한다고 주장했다. 버락 오바마 미국 대통령의 경제자문위원회 의장이었던 제이슨 퍼먼(Jason Furman)의 말에서 확인할 수 있다.

현행 반빈곤 프로그램을 보편적 기본소득으로 대체할 경우, 현실적으로 소득분배를 개선하는 게 아니라 도리어 악화시킬 것이다. 세금 및 이전 체계는 소득분배의 하위 50퍼센트에 있는 사람들을 주로 타깃으로 삼는데, 이는 빈곤과 소득 불평등을 모두 줄이는 데 효과적이다. 이 체계의 일부 혹은 전부를 모든 미국인에게 소득과 상관없이 지급하는 보편적 현금급여로 대체하는 것은 이 체계의 상대적으로 적은 부분만이 하층에 있는 사람들에게 돌아감을 의미할 것이다. 따라서 소득 불평등을 줄이는 게 아니라 증대할 것이다.[12]

퍼먼의 주장은 일부 극단적인 가정을 바탕으로 한다. 그러나 첫째, 기본소득이 반빈곤 프로그램을 '대체'해야 하는 것은 아니다. 대부분의 기본소득 옹호자들은 반빈곤 정책의 전부 혹은 대부분을 폐지해야 한다고 주장하지 않는다. 장애인·병약자·노약자 등 특별한 필요에 부응해야 하는 정책에 대해서는 특히 그러하다. 둘째, 기존 제도가 '주로 타깃으로 삼는' 부분이 의심스럽긴 한데 이를 받아들인다 하더라도, 퍼먼 자신이 인정하듯 많은 사람이 타깃이 되지 못하고 있다. 셋째, 자산조사나 행위조사를 통해 이루어지는 타기팅(targeting)은 역효과가 있다는 것이 잘 알려져 있다. 이런 심사 때문에 사람들은 최선의 이익과 반대되는 행동을 하곤 한다. 예를 들어 쓸모없는 직업훈련이나 구직 프로그램을 수행하는데, 이 시간에 더 가치있는 다른 일을 할 수도 있었을 것이다.

어느 경우든 미국은 다른 나라보다 사회복지 지출이 제대로 타기팅되어 있지 않다. 반면 조세감면과 기타 보조금에 막대한 지출을 하는데, 의도와 달리 그 혜택은 주로 부유층에게 간다. 왜 경제자문 위원회 의장이 그런 지출의 일부를 기본소득으로 '대체'하려는 상상을 하지 못할까? 퍼먼은 조잡한 허수아비를 세운 셈이다.

불평등이라는 쟁점에 접근하는 더 나은 방법은, 20세기 소득분배 체계가 깨졌기 때문에 기본소득이 필요하다고 말하는 것이다. 노동으로 투입되는 국민소득의 몫이 줄어들었으며 다시 늘어날 것 같지도 않다. 지구화와 기술변화 때문에 많은 일자리가 빈곤선을 넘어서기 위한, 그리고 사회적 상승 이동의 기회가 되는 사다리를 올라가기 위한 임금과 소득을 가져다주지 못할 것이다. 기본소득을 반드시 포함하는 새로운 소득분배 체계를 구성해야 한다.

이런 맥락에서 다음 진술을 살펴보자.

파이는 더 커지고 있다. 시장을 그대로 놔두면 모두가 여기서 이득을 볼지 보장할 수 없다. 오히려 실제로는 시장을 그대로 놔두면 모두가 이득을 볼 수 없다고 생각한다. 따라서 새로운 재분배 체계, 즉 시장에서 이득을 보지 못한 사람들에게 유리하게끔 시장에서 이득을 본 사람들로부터 재분배를 하는 새로운 정책을 발전시켜야 한다. 보편적 최소소득을 시행하는 것이 그런 방법 가운데 하나다. 실제로 시장의 하층에 있는 사람들의 노동 유인을 상실하지 않은 채 시행할 수 있는 방법이라고 한다면, 이는 내가 가장 선호하는 방법이다.[13]

이것은 2010년 노벨경제학상을 받은 크리스토퍼 피사리데스 경이 드는 근거였다. 나는 그가 '분배' 대신 '재분배'라는 말을 사용한 점과 마지막에 말한 노동 유인에 대해서만 동의하지 않는다. 빈곤의 덫과 불안정의 덫 때문에 노동 유인이 날아가는 것은 자산조사에 근거한 기존 체계의 문제다. 기본소득을 시행하면 노동 유인이 늘어날 것이다.

상호간 공정

어떤 특성을 지닌 사람이 직접적이거나 간접적인 형태의 차별을 통해 제도적으로 불이익을 받을 때 불공정이 생긴다. 역설적인 얘기지만 정체성에 근거한 불공정은 소득과 부의 불평등이 커지는 이때 세계 곳곳에서 감소하고 있다고 하는 게 옳을 것이다. 법률과 사회적 태도가 변화함에 따라 장애, 인종, 에스니시티(ethnicity), 젠더, 성적 지향, 다양한 관계 및 파트너십과 관련한 차별이 줄어들었다. 그러나 이 모든 측면에서 평등을 보장하기에는 아직 갈 길이 멀다.

기본소득에 기초한 체계가 이 장정에 도움이 될 것이다. 모두에게 지급되는 동일한 액수는 추가소득을 벌 기회가 적은 사람들에게 더 가치있을 것이다. 그러나 체계에 층이 있어야 이치에 맞을 것이다. 시장에서 빚어진 불공정을 실질적으로 보완하려면 추가 생활비가 필요하거나 소득을 벌 기회가 분명 적은 사람들에게 추가분이 지급될 수 있어야 한다.

핵심 자산의 불평등

기본소득과 불평등의 관계를 보완해 바라볼 수 있는 방법이 또 있다. 오늘날의 세계에서 불평등은 화폐소득에 관한 것만이 아니다. 좋은 삶을 위한 또다른 핵심 자산, 이를테면 안전(물리적 안전과 경제적 안전 모두), 양질의 시간, 양질의 공간, 교육과 지식, 금융자산 등에 대한 불평등한 접근권도 반영한다.[14]

안전은 중추적인 핵심 자산이며, 관습적으로 정의되고 측정되는 소득이나 부에 비해 훨씬 더 불평등하게 분배되고 있을 것이다. 부자는 물리적 안전을 구매할 수 있으며 거의 완벽하게 경제적 안전을 누린다. 프레카리아트라든지 소득이 낮고 불확실한 사람은 전혀 안전하지 않다. 기본소득은 그런 만성적 불평등을 교정할 것이다.

마찬가지로 시간에 대한 통제의 불평등도 크다. 소득과 부의 스펙트럼에서 상위에 있는 사람은 완벽하게 자기 시간을 통제할 수 있고, 자기가 하기 싫은 일을 다른 사람에게 돈을 주고 시킬 수 있다. 반면 프레카리아트는 시간에 대한 통제권이 거의 없다. 기본소득이 완벽하거나 충분한 해결책이 될 수는 없겠지만, 기본소득을 통해 자기 시간을 배분할 때 좀더 통제권을 가질 수 있다. 예를 들어 금전적 압박 때문에 가족·공동체의 삶을 어느정도 포기하고 장시간 노동이나 시간외 노동을 하는 경우를 줄일 수 있다. 이것은 모두에게 문제가 되는 실질적인 불평등이다.

경제적 보장: 불확실성의 위협

가난함을 근심하지 않고 편안하지 못함을 근심한다.

— 공자

기본소득을 뒷받침하는 또다른 강력한 근거는 다른 어떤 대안보다도 기본적 보장을 **지속적으로** 잘 제공할 수 있다는 것이다. 아리스토텔레스가 불안전한 사람만이 자유롭다고 한 말은 유명하다. 그러나 기본적 보장 없이는 사람이 합리적으로 활동할 것을 기대할 수없다. 반면 너무 안전해도 부주의하거나 나태해질 것이다. 공자와 아리스토텔레스는 불안전의 정도를 다르게 생각했던 것 같다.

이런 점을 차치하면 기본소득은 논란이 있긴 해도, 빈곤을 없애겠다는 생각보다는 경제적 보장의 필요성을 통해 정당화된다. 마틴 루서 킹은 1967년 출간된 『우리는 여기서 어디로 가는가?』(*Where Do We Go from Here?*)에서 관련한 측면을 잘 포착했다.

경제적 보장이 확산되면 틀림없이 수많은 긍정적 심리변화가 생길 것이다. 자기 삶에 대한 결정권이 자기 손에 있고, 자기 소득이 안정적이고 분명하며, 자기증진을 추구할 수단이 있음을 알 때 개인의 존엄이 꽃필 것이다. 돈으로 인간의 가치를 측정하는 불의가 사라지면 가족들 사이에 인격적 갈등이 줄어들 것이다.[15]

20세기 복지국가는 기여형 보험 제도를 통해 몇가지 불안전한 리스크를 줄이려고 했다. 산업경제 시절 질병·산업재해·실업·장애 등 이른바 '우연적 리스크'의 가능성이 보험 통계상 줄어들 수 있었다. 다수에게 합리적으로 잘 적용되는 사회보험 체계가 만들어질 수 있었다.

지금은 점점 많은 사람들이 일시계약·파트타임·임시직 일자리를 가졌다가 그만뒀다가 하며, 정해진 시간 외에도 작업장 밖에서 임금이 지급되지 않는 관련 업무를 많이 수행해야 하는 상황이다. 이런 '제3의' 경제에서는 기본적 보장을 제공하던 기존 방식이 깨졌다. 기여의 토대가 침식되었고, 해당자가 매우 적으며, '도덕적 해이'라는 내재적 문제(수당을 새로 받거나 유지하기 위해 소득이나 처지를 숨기는 것) 때문에 정부는 사생활을 더 침해하고 징벌하는 방식으로 제도의 남용을 파악하려고 한다. 이렇게 됨으로써 이 체제의 정당성은 약화된다.

그러나 사회보험 모델이 질적으로 저하된 가장 중요한 까닭은 오늘날 불안전한 경제가 적어도 구조적인 면에서 20세기 중반에 지배적이었던 경제와 크게 다르기 때문이다. 이제 불확실성을 주된 특징으로 하는 만성적 불안정이 있다. 불확실성은 '알 수 없는 미지의 것'(unknown unknowns)에 관한 것이다.

불확실성은 회복력을 침식한다. 충격(선택하지 않은 부정적인 사건)과 우발적 위험(결혼, 아이의 탄생, 죽음처럼 비용이 들고 리스크를 수반하는 평범한 인생주기의 사건)에 대처하고 이를 벌충하며 여기서 회복되는 능력 말이다. 누구도 그 이해관계가 어떤지, 이를 어떻게 알아차릴지, 부정적인 결과가 나왔을 때 어떻게 하면 가장 좋은지 확신하지 못한다. 왜냐하면 그 가운데 '최선'이라는 것은 없기 때문이다. 리스크는 양화할 수 있기 때문에 보험이 가능하지만 불확실성은 그럴 수 없다. 기본소득은 사전적 의미의 안정을 조금이 나마 제공할 것이다. 다시 말해 충격이나 우연한 위험 때문에 개인·가족의 재정위기가 가속화될 불확실성과 개연성을 줄여줄 것이다.

미국 연방준비제도이사회의 조사에 따르면, 미국 가구의 거의 절반이 긴급상황에서 돈을 빌리거나 가진 물건을 팔지 않고서는 400달러를 손에 쥘 수 없다고 한다. 심지어 돈을 전혀 마련할 수 없는 경우도 많다.[16] 이것이 현실에서 무엇을 의미하는지 예를 들어보자.

타이어를 가는 일이 나에겐 쉬운 일 같다. 가장 가까운 타이어 가게에 가서 갈면 된다. 그러나 제이린(Jayleene)은 봉급이 생활비로 다 나가기 때문에 110달러의 여윳돈도 없었다. 제이린은 일하러 가지 못했고 결국 해고됐다. 집세도 낼 수 없었고 곧 거리로 나앉았다. 필요한 때에 110달러가 없었기 때문이다. 내가 무료급식소에서 자원봉사를 할 때 제이린은 자기 이야기를 해주었다. 그 말을 듣고서 나는 기본소득을 지급한다는 아이디어를 마침내 지지하게 됐다.[17]

기본소득은 윌리엄 베버리지(William Beveridge)와 오토 폰 비스마르크(Otto von Bismarck) 식의 사회보험 제도보다 보편적인 보장을 제공할 수 있다. 그런 사회보험 제도는 프레카리아트에 가까운 많은 사람들, 충분한 기여금을 낼 수 없으며 불확실하고 불안정한 벌이만 하는 이들을 포괄하는 데 실패했다. 그리고 기본소득은 빈민만을 타깃으로 하는, 자산조사에 기초한 기존 제도보다 더 효과적으로 보장을 증대할 것이다. 자산조사에 기초한 기존 제도는 사전적 의미의 보장을 제공하지 못한다. 왜냐하면 까다로운 자격조건, 낮은 이용률, 수급 자격이 있어도 수당을 신청하지 못하게 하는 낙인효과 등에서 보듯 이런 제도 자체가 불확실성의 지대이기 때문이다.

오늘날에는 폐쇄적인 경제, 꾸준한 기술변화, 산업 고용에 기반해 움직이던 복지국가의 전성기보다 경제의 체제적 불안전이 훨씬 더 크다. 지구화된 개방경제에서는 세계 다른 지역에서 내린 결정 때문에 예상할 수 없는 효과가 퍼지곤 한다. 그러나 지역사회의 고용·생산에 직접 영향을 미치는 결정을 포함해 쓸 수 있는 통제수단이 우리에겐 없다. 고용 유연성에 대한 대가로 노동에 기초한 보장을 고의로 희생시키는 노동시장 정책은 물론, 파괴적인 기술변화에 따라 그 효과는 배가된다.

이는 결과적으로 불리한 리스크와 비용을 노동자와 시민에게 전가하고 또 증대하는 방향으로 이어졌다. 게다가 저임금이 만연하다는 것은 사람들이 점점 더 감당할 수 없는 빚더미 위에 살아간다는 뜻이며, 부정적 충격이나 우발적 위험에 대처할 능력이 떨어짐을 나타낸다. 충격과 우발적인 위험에서 회복하는 능력도 줄어들었는데, 사회 이동의 통로가 지구화 및 기술의 충격, 노동시장의 변화에 의해 제한되었기 때문이다.

지난 20년 동안 사회보장 체계의 개혁이 이뤄지면서 불확실성이 높아지고 회복력이 약해졌으며, 오히려 불안전은 더 커졌다. 자산조사·행위조사·제재·지연으로 옮겨감에 따라 불확실성에 더 많이 노출되고 있다. 기대했던 수당과 서비스를 실제로 받을 자격이 있는지 혹은 계속해서 받을 수 있는지를 확실히 알고 있는 사람이 거의 없다. 새로운 방향이 필요하다.

보편적이고 무조건적이며 제도적으로 보장된 기본소득은 자산조사, 행위조사, 보편적이지 않은 수당 체계가 줄 수 없는 심리적 보장을 제공할 것이다. 심리적 보장은 정신적 안정을 유지하는 데 도움이 된다. 부모는 이를 아이들에게 전달할 것이고, 아이들은 이를 친구들에게 전달할 것이다.

리스크 감수, 회복력, 정신적 대역폭

신자유주의자와 자유지상주의자는 국가가 제공하는 기본적 보장을 별로 믿지 않는다. 그러나 기본적 보장은 누구에게나 필요하다. 최근 연구에 따르면, 기본적 보장이 결여됐을 때 신체건강뿐 아니라 정신건강도 손상되며, 다양한 심리장애가 나타나고 단기 지적 능력 혹은 '정신적 대역폭'이 줄어든다고 한다.[18] 돈이나 음식처럼 필수적인 것이 부족하거나 그런 두려움을 느낄 때, 사람들은 일상의 골칫거리에 몰두하느라 정신적 에너지를 소모한다. 사람들은 문제를 잘 해결하지 못하고 더 나쁜 결정을 내리게 된다. 불안전은 자기존중을 약화시키고, 자신과 주변 사람들에 대해 무디게 만든다.[19]

따라서 만성 불안전에 시달리는 사람은 현명하게 행동한다든지,

합리적이거나 최적화된 결정을 내리기 어렵다고 볼 수 있으며, 전략적이거나 장기적인 계획을 세울 때 특히 그렇다. 책임있게 '잘' 행동하는 사람만이 사회 수당·보조를 받아야 한다는 주장은 문제를 잘못 짚은 것이다.

기본소득이 정신건강에 미치는 효과에는, 금전적 스트레스가 줄어들면 좀더 균형 잡히고 부드러운 대인관계를 맺게 된다는 '관계 효과'가 포함된다. 인디언 보호구역의 카지노 수입에서 정기적으로 지불금을 받는 체로키(Cherokee) 부족 가정의 아이들에 대한 연구를 보면, (대체로 돈을 둘러싼 싸움이 줄어들어) 부모는 덜 다투고 아이들은 걱정이나 행동장애를 덜 겪게 되어 학교에서 더 잘 지내고 범죄에 빠지는 일도 적어진다.[20]

기본소득은 개인의 회복력도 강화할 것이다. 나심 탈레브(Nassim Taleb)는 '블랙 스완'(black swan) 즉 예외적 사건의 충격에 대처하는 능력과 관련해 '안티프래질'(anti-fragility)이라는 아이디어를 발전시켰다.[21] 탈레브가 보기에 충격을 피하려고 너무 애쓰는 것은 잘못이다. 효율적인 경제체제에는 충격에 대비할 수 있게 해주는 메커니즘과 더불어, (아마도 기술변화에 따른) 적당한 변덕스러움과 중단이 필요하다.

예를 들어 대기업의 일자리가 보장된 듯한 사람은 의존감을 키우기 쉬울 수 있어, 갑자기 일자리를 잃었을 때 심리적·재정적으로 큰 충격을 받을 수 있다. 반면 일자리가 덜 보장된 사람은 오히려 비슷한 충격에 덜 취약할 수 있다. 적당한 불안전 덕분에 사람들은 충격에 대비할 수 있으며, 더 잘 대처하고 더 잘 회복할 수 있다. 그러나 여기서 핵심은 '적당한'이라는 말이다. 기본적 보장은 회복력을 높인다.

이에 심리학자들은 기본소득에 관해 독특한 의견을 제시하면서, 기본적 보장이 확보되면 정신건강과 합리적 결정에 도움이 된다는 증거를 내놓는다.

사람들이 보장을 얻으면 집단행동을 할 의지가 커진다는 점에 중요한 가치가 있다.[22] 예를 들어 기본적 보장을 받는 사람은 노동조합에 가입해도 협박을 받을 위험을 덜 느낀다.[23] 상식적인 이야기다. 결국 기본소득은 실질적으로 노동조합의 조직화를 강화할 것이고, 임금에도 긍정적인 영향을 미칠 것이다. 이로써 정치적 우파에게 경종을 울려 경제적으로 보장된 사람들이 좀더 합리적인 협상 상대자가 된다면 좋은 일이다.

개인이 적극적 행위자라고 느끼는 것과 기본소득을 통한 보장은 상호 의존적이다. 어느 한쪽만 있을 수는 없다. 오늘날에는 둘 다 결여된 경우가 많다.

'좋은 사회'를 향하여

거대한 불평등이 권력·지위·소유에 실제로 존재하는 사회에서 형식적인 지위의 평등이 있는 것처럼 말한다면 적극적인 분노를 일으킬 것이다. 불충분함·굴욕감·질시·소외·아노미 등은 건강하지 못한 정치적 충동을 유발하며, '시계를 되돌려놓겠다'고 약속하는 정치가를 지지하는 데 근거가 된다. 이 시대의 경제적 승자들이 여기에 놀라지는 않을 것이다. 그들은 소유권의 꾸준한 강화, 자신들의 이득을 뒷받침하는 보조금의 놀라운 성장, 자본, 이윤, 불로소득자(rentiers)를 위한 조세감면 체제를 지지했다.

이런 맥락에서 기본소득, 혹은 기본소득을 도입하는 쪽으로 가자는 약속은 빈곤·불안전·불평등을 줄이는 데에 합리적인 전망을 제공할 것이다. 기본소득은 승자독식의 심성과 체제에 종언을 고하는 신호가 될 것이다.

기본소득이 빈곤을 퇴치하리라 기대하는 것은 지나치다. 기본소득이 그런 목표를 향해 먼 길을 떠날 수는 있지만, 기본소득은 좀더 적당하면서도 좀더 야심찬 것으로 보아야 한다. 적절하게 설계되고 시행될 경우 기본소득은 빈곤과 불평등을 줄일 수 있을 것이며, 구조적으로 추가적인 생활비가 드는 장애인 등을 위한 추가 수당을 포함하는 사회정책과 결합할 경우 특히 그러할 것이다.

물론 기본소득이 모든 형태의 경제적 불안전을 제거하지는 못할 것이다. 그러나 기본소득은 더 많은 사람에게 기본적 보장과 공동체에 대한 소속감을 줄 수 있다. 이는 어느 사회에서나 '좋은 것'으로 간주될 가치있는 자산이다.

기본소득은 그 목표가 무엇이든 궁극적으로 소득 빈곤을 없애지 못한다. 기본소득에는 다른 가치있는 목표가 있다. 바로 사회정의·자유·평등·보장이다. 기본소득의 수준이 어떻든 이런 가치는 커질 수 있다. 수준이 높을수록 효과가 더 크겠지만 말이다.

기본소득 체제를 구성하는 것은 사고방식을 바꾸는 일이자, 자연세계를 유지하고 아름다움을 보존할 필요성과 더불어, 자신과 가족과 공동체를 위한 좋은 삶을 창출하려는 우리의 욕망에 균형을 가져다줄 보장을 확보하는 일이다. 보장은 소중한 자산이다. 보장은 다른 사람의 불안전을 통해 이득을 보려는 특권적 엘리트를 강화하는 사회가 아닌, 좋은 사회를 건설하길 진정으로 원하는 모든 이들의 목표가 되어야 한다. 자기가 원하는 것을 다른 사람도 원하게 하려면 용기를 내야 한다. 이것이 기본소득이 추구하는 바다.

5

경제적 논거

BASIC INCOME

내 관점에서 기본소득을 정당화하는 토대는 사회정의·자유·보장인데, 경제적으로도 기본소득 체제는 장점이 많다. 더 높고 더 지속가능한 경제성장, 경기순환을 안정화하는 효과, 파괴적인 기술변화에 따른 대규모 실업의 방지 등이다.

경제성장

경제성장에 관한 기본소득의 함의는 무엇이겠는가? 성장 자체를 전반적으로 좋게 볼 필요는 없지만 보편적 기본소득 체제는 몇가지 긍정적 효과가 있다. 경제로 흘러드는 추가분의 화폐는 총수요를 늘리고 심각한 공급 제약이 없는 한 이를 통해 경제성장을 자극할 것이다. 기본소득이 다른 공적 지출을 대체하는 데 그친다 하더라도 기본소득은 수요를 자극할 것이다. 저소득층의 구매력을 높이기 때문인데, 저소득층은 부유층보다 받은 돈을 소비할 때 소비성향이 더 높다.

같은 이유로 기본소득은 총수요를 자극하여 국제수지 제약을 줄일 수 있다. 수입품(그리고 해외여행 같은 수입서비스)을 구매하는 경향은 저소득층보다는 고소득층에서 더 많이 나타난다. 따라서 기본소득에 의해 자극된 성장이 감당할 수 없는 국제수지 적자를 일으키지는 않을 것이다. 왜냐하면 추가지출의 많은 부분이 '사치재' 수입보다는 지역 상품과 서비스에 갈 것이기 때문이다.

하나의 반론은 기본소득이 추가적인 화폐라면 인플레이션을 일으킨다는 것이다. 이러한 반대는 다음 장에서 좀더 자세히 다루겠다. 여기서는 이런 반대가 '일면적인' 경제적 추론을 반영한다는 점을 지적하는 것으로 충분하다. 추가적인 화폐에 따라 늘어난 수요가 상품과 서비스의 **공급**을 늘리기 때문이다. 이는 다시 더 많은 일자리를 창출하고 '승수효과'를 통해 소득·소비력·생산을 증대한다.

소비력을 자극하는 것은 산업화된 세계 전체의 관심사다. 다수의 소득이 더이상 생산능력을 따라가지 못하기 때문이다. 과거에는 생산성이 높아지면 (인플레이션으로 조정된) 실질 임금이 오르고 총수요(소비)가 증대되었다. 더는 이런 일이 벌어지지 않는다. 생산성 증가가 더이상 평균 임금 상승과 조응하지 않으며, 성장이 느려진다.[1]

정부는 생산성 협상을 통한 옛날식 소득 정책을 추구할 수 있다. 1960년대에는 이것을 광범위하게 시도했으며 이런저런 결과를 낳았다. 그러나 1960년대보다 개방경제에서 이는 훨씬 더 어려울 것이다. 정체되거나 하락한 임금으로 힘겹게 살아가는 가구가 신용과 부채에 더 많이 의존할 것이고, 부채버블이 폭발해 경제는 더 취약해질 것이다. 2007~2008년 경제위기는 이렇게 촉발되었고, 다시 일어날 위험이 있다. 기본소득 체제는 경제를 덜 취약하게 하면서도 높은 총수요를 유지하는 방법이 될 것이다.

경제성장을 고려할 때 상대적으로 덜 주목받는 것은 기본소득이 소규모 사업과 기업가 정신에 미치는 영향이다.[2] 기본소득은 분명 도움이 될 것이다. 경제적 보장이 있다면 사람들은 사업에 따르는 리스크를 감당하려 할 것이다. 사업이 실패해도 기댈 것이 있음을 알기 때문이다. 개발도상국의 경우를 보면 기본소득과 현금이전이 기업가 정신에도 긍정적인 영향을 미친다는 것을 알 수 있다.[3] 인도의 마디야프라데시에서 기본소득은 새로운 기업활동과 강하게 연결되었다.[4] 산업화된 나라에서 기본소득은 사업적 야심이 있는 사람들뿐만 아니라 할 수 없이 자영업과 독립계약으로 일하는 사람들에게 핵심적인 보장을 마련해준다. 좀더 일반적으로는 사람들이 '돈을 벌기 위해서'가 아니라 자기 기술과 동기에 따라서 직업훈련과 일자리 기회를 찾게 될 것이다. 미국에서는 피고용인이 열심히 일하지 않을 때 약 5000억 달러의 생산성 손실이 생기는 것으로 추산된다.[5]

기본소득 체제는 돈을 받는 '노동'에서 '일'로의 전환을 장려할 것이다. 아이와 노인을 돌보는 일, 자발적인 일과 공동체의 일을 좀더 하는 것, 개인의 발전에 시간을 좀더 쓰는 것 말이다. 그리고 기본소득은 고용 자체를 늘리기 위해 자원 소모적 산업이나 환경오염 산업 등에서 일자리를 창출해야 한다는 압력을 줄일 것이다. 이런 두 가지 방식으로 기본소득은 생태적·사회적으로 더 지속 가능한 성장을 향해 활동 방향을 돌릴 것이다.

자동안정장치로서 기본소득

복지국가와 특히 사회보험 체계를 선호하는 전통적인 케인스주의에서는 그 두 체계를 경기순환에 대한 안정화 장치라고 주장했다. 경제가 호황이고 인플레이션 압력이 높아지면 보조를 필요로 하는 실업자가 거의 없기 때문에 복지수당에 대한 공공지출이 줄어드는 경향이 있었다. 불경기에는 실업과 기타 수당에 대한 지출이 늘어나는 경향이 있는데, 이는 수요와 공급을 자극한다.

거시경제적 자동안정장치 역할을 하는 기존 복지체제의 능력은 이제 많이 약화되었다. 사회보험의 범위가 자산조사와 조건부 부조 체계로 무자비하게 바뀌면서 침식된 것이다. 그리고 긴축 프로그램 배후에 있는 신자유주의적 사고는 균형예산과 공공부채 감축을 목표로 하기 때문에 불경기에 정부가 의도적으로 공공지출을 삭감하도록 하고 있다.

단순한 기본소득은 경제적 자동안정장치의 하나가 될 텐데, 불경기에 구매력을 보장하기 때문이다. 그러나 나는 층화된 체계를 만들자고 별도로 제안한 바 있다. 많지 않은 액수로 정해진 기본소득 위에 '안정화' 요소를 더하자는 것이었다.[6] 경제상태에 따라 변동하는 안정화 급여는 독립적인 기본소득 정책위원회가 영국은행의 통화정책위원회 방식에 따라 정할 수 있을 것이다.

안정화 급여라는 요소는 본질적으로 공정하다. 일자리가 많아져 사람들이 더 높은 소득을 올릴 기회가 늘어날 경우 기본소득으로 지급되는 액수를 낮추는 것이 합리적이다. 불경기 때 높은 안정화 급여는 '기회소득'이 전반적으로 낮아지는 것을 보충할 수 있다.

반면 기존 사회부조 체계에서는 실업자가 불경기에도 공급이 부족한 일자리 기회를 찾도록 강요받는다. 수급자가 성실하고 꾸준히 일자리를 찾는다는 사실을 증명하도록 요구하는 수당 제도는 사실상 소득을 줄인다. 구직 노력은 시간과 돈이 들며 사기를 떨어뜨리는데, 나아가 일자리가 없는 환경에서 사람들은 잠재적으로 적은 급여가 있는 활동을 하게 된다.

구직 노력을 입증해야 한다는 조건이 없는 안정화 급여 체계는 세 가지 장점이 있다. 경제적 자동안정장치라는 점, 수급자의 사생활을 덜 침해하고 덜 자의적이라는 점, 취약한 사람들을 감시하고 벌을 주는 관료 기구에 드는 공적 지출을 절약할 수 있다는 점이다.

흥미롭게도 오스트레일리아 정부는 2007~2008년 금융붕괴에 맞닥뜨려 가계 소비를 촉진하기 위한 전략의 일환으로서 저소득층 연금생활자, 돌봄 제공자, 아동에게 1000오스트레일리아달러의 급여를 일회성으로 지급했다. 이는 효과가 있었다. 오스트레일리아는 경기침체를 피한 몇 안 되는 산업화된 나라 가운데 하나였다. 특정 집단에게만 이 급여가 주어졌기 때문에 기본소득은 아니었지만, 수백만의 사람들에게 추가로 소비할 현금을 주는 게 경제를 활성화하는

효과가 있음을 보여주었다.[7]

은행가를 위한 양적 완화에서 민중을 위한 양적 완화로

2007~2008년 금융위기 이후 일본을 시작으로 나중에는 전세계에 도입된 반(反)디플레이션 화폐정책은, 최소한 단기적인 기본소득 계획을 도입할 수 있는 계기였으나 끝내 그렇게 되지 못했다. 이른바 '양적 완화'(QE, quantitative easing)를 통해 미국 연방준비제도이사회, 일본은행, 영국은행, 유럽중앙은행 등이 수십억 달러·엔화·파운드화·유로화를 금융시장에 쏟아부었지만 대체로 성장을 자극하는 데 실패했다.

이 돈의 일부만이라도 기본소득 재원을 마련하는 데 들어갔다면 성장을 자극하는 데 더 효과적이었을 것이고, 그 충격도 덜 역진적이었을 것이며, 분명 감당할 수 있는 일이 됐을 것이다. 이는 당시 여러 경제학자들이 제안한 선택지였다.[8] 미국 연방준비제도이사회가 양적 완화에 투입한 4조 5000억 달러는 미국의 모든 가계에 5만 6000달러씩 주기에 충분한 액수였다. 마찬가지로 영국이 양적 완화에 투입한 3750억 파운드를 기본소득으로 돌렸다면 영국에 합법적으로 거주하는 모든 사람에게 2년 동안 매주 50파운드씩 줄 수 있었을 것이다. 대신 양적 완화는 금융가들을 부유하게 만들었고, 소득불평등을 악화시켰으며, 재원이 모자라는 연금제도에 위기가 닥칠 것이라는 경고를 앞당겼다.[9]

사람들에게 직접 돈을 줘 성장을 촉진한다는 아이디어는 1969년에 밀턴 프리드먼이 쓴 유명한 논문에서 제시되었다. 그는 사람들이 주을 수 있게 헬리콥터에서 지폐를 뿌린다는 비유를 썼다.[10] 돈을 찍어 대중에게 뿌린다는 의미의 '헬리콥터 머니'(helicopter money)는 미국의 채권투자자인 빌 그로스(Bill Gross)와 경제기자인 마틴 울프 등이 제안했다.

'헬리콥터 머니'라는 말은 뿌려진 돈을 줍기 위해 사람들이 떼 지어 몰려들며, 재빠르고 힘센 사람이 많이 가져간다는 이미지를 불러일으키는 결점이 있다. 자유지상주의자라면 이런 유사 다원주의적인 관점을 차분하게 바라보았을 것이다. 그러나 우리는 그러지 않을 것이다. 동등한 권리로서 정기적으로 적당한 금액이 지급되는 체계적인 기본소득은 좀더 평등하고 좀더 효율적이다.

유로배당

기본소득과 관련된 혁신적인 제안이 유럽연합 전체에서 관심을 끌었다. 이는 필리프 판 파레이스가 제안한 것으로, 모든 유럽 거주자(아마 합법적 거주자일 것이다)로 하여금 매달 200유로씩의 유로배당(Euro-Dividend)을 받게 하자는 것이다. 재원은 20퍼센트의 부가가치세에서 나온다.[11]

유로배당은 두가지 충격완화 메커니즘을 제공하는 데 도움이 될 것이다. 이 메커니즘은 현재 유럽연합에는 없고, 미국에는 어느정도 있긴 하다. 첫번째는 불균등한 경제발전에 대응하여 노동자들이 국가 사이를 쉽게 이동할 수 있도록 하는 것이다. 유럽연합 회원국이 늘어남에 따라 국경을 넘는 이민의 수는 증가했다. 그러나 일부 정치가와 미디어의 전문가들이 과장해서 주장하는 것과 달리 그러한 이민은 언어 장벽 등에 의해 방해받고 있다. 두번째는 반(半)자동적인 국가 간 이전이다. 한 국가에서 불경기가 일어났을 때 연방 차원의 이전이 늘어나고 연방정부에 대한 조세 기여는 줄어들면서 안정화 정책과 같은 효과를 발휘한다.

유로배당은 안정화 메커니즘을 제공하고 저소득 지역의 유출 이민을 억제하는 데 도움이 될 것이다. 유로배당은 유럽 통합의 이득을 보여주기도 하는데, 유럽연합이 단일 시장과 관료적 통제 이상의 것이라는 중요한 메시지를 전달하기 때문이다.

로봇에 대한 준비

맞건 틀리건 (혹은 그 중간 어디쯤에 있건) 최근에 기본소득이 화제가 된 주된 이유는, 머지않아 실리콘혁명·자동화·로봇공학이 대량의 '기술적 실업'을 가져올 정도로 인간 노동을 대체할 것이라는 견해 때문이다. 마틴 포드(Martin Ford), 닉 스르니첵(Nick Srnicek)과 알렉스 윌리엄스(Alex Williams), 폴 메이슨(Paul Mason) 등은 영향력있는 책에서 일자리 없는 미래가 기본소득을 필수적인 것으로 만든다고 주장했다.[12] 동일한 우려 때문에 실리콘밸리와 다른 기술 거장들이 기본소득 지지자 목록에 들어갔다.

　유명한 채권투자자인 빌 그로스도 자신이 보기에 로봇이 추동한 '일의 종말'에 대응하기 위해 기본소득을 지지하고 나섰다.[13] 2016년 7월에는 백악관에서 자동화와 기본소득에 관한 페이스북 라이브 라운드테이블이 열리기도 했다. 비록 12월에 미국 대통령 경제자문위원회가 기본소득 아이디어를 거부하는 보고서를 내기는 했지만 말이다. 아마 이 보고서는 경제자문위원회 의장이 6개월 전에 기본소득에 대해 비판적인 언급을 한 바에 기초하고 있을 것이다. 이에 관해서는 앞선 4장에서 다루었다.[14]

　기술적 실업이라는 전망을 받아들인 중요한 인물은 앤디 스턴(Andy Stern)이다. 그는 미국 서비스노동조합(SEIU, Service Employees International Union)의 전 위원장이자, 기본소득을 지지하고 나선 최초의 주요 노동조합 운동가다.[15] 2016년 출판되어 널리 알려진 책에서 스턴은 모든 일자리의 58퍼센트가 주주들의 에토스에 의해 추동되어 결국 자동화될 것이라고 주장했다. 그는 미국 미디어그룹인 블룸버그(Bloomberg)와의 인터뷰에서 이렇게 말했다. "자동차산업 및 철강산업이 몰락하던 때와는 다르다. 그때는 이 나라의 한 부문만 타격을 입었다. 그러나 이번 일은 널리 확산될 것이다. 사람들은 이제 폭풍이 아니라 쓰나미가 온다는 것을 깨닫게 될 것이다."[16]

　그럼에도 일자리 없는 미래 혹은 심지어 일 자체가 없는 미래라는 전망이 의심스러운 데에 여러 이유가 있다. 이것은 최신판 '노동 총량의 오류'(lump of labour fallacy)다. 이 생각에 따르면 수행될 노동과 일의 양은 정해져 있으므로 자동화나 지적 로봇에 의해 그 양을 넘어설 경우 인간 노동자는 여분이 된다는 것이다. 어떤 경우든 전체 일자리 가운데 극히 일부만 자동화될 수 있다. 미국의 모든 일자리 가운데 거의 절반이 자동화에 취약하다는, 많이 인용되는 연구[17]에 대한 반박은 여럿 있지만 경제협력개발기구(OECD)의 연구가 대표적이다. OECD에 따르면 산업화된 나라들에서 '위험에 처한' 일자리 수는 9퍼센트다.[18]

어쨌든 일자리의 **본질**은 분명 변화할 것이며, 아마 급격히 변화할 것이다. 나는 일자리 없는 (더구나 '일 자체가 없는') 미래가 오리라고 믿지는 않지만, 기술혁명으로 힘있는 회사와 그 소유자들이 가장 큰 이득을 가져감으로써 불평등이 심각하게 증대하고, 소득분배에 역진효과가 크게 나타나고 있다. 기본소득을 지주로 하는 새로운 소득분배 체계가 구성되어야 하는 추가적인 이유가 여기 있다. 이에 관해서는 12장에서 다룰 것이다.

'4차 기술혁명'이라고 불리는 것의 파괴적인 성격도 주로 저숙련 육체노동에 가했던 이전의 커다란 변화보다 일반적인 효과가 있는 것으로 보인다.[19] 모든 수준의 일자리와 직무가 영향을 받고 있다. 그 결과 경제적 **불확실성**이 광범위한 불안정을 빚어내고 있다. 이는 불확실성을 어느정도 사회적 통제 아래 두기 위해 경제적 보장을 회복할 유일한 방법으로서 기본소득을 내세우는 데 근거가 된다.

『이코노미스트』는 대량의 기술적 실업이 발생한다면 기본소득이 그 해결책이 될 수 있겠지만, 아직은 아니라고 주장한 바 있다. "기본소득은 아직 구체화되지 않은 문제에 대한 대안이다."[20] 그러나 이 주장에서는 기본소득을 옹호하는 주된 근거로 기술적 실업이 도

래함을 거론한 반면, 앞서 설명했듯이 대부분의 기본소득 옹호자들은 다른 근거를 통해, 즉 부분적이긴 하지만 경제적 불안전, 사회적 불의, 부정된 자유 등과 관련해 기본소득을 정당화한다.

기술변화가 인간 노동을 대규모로 대체하는 결과를 낳을지를 확실하게 예측할 수는 없지만 그런 결과를 배제할 수는 없다는 생각 정도에서 합의가 이루어질 수 있을 것이다. 그리고 우리는 이 변화가 불평등을 계속 악화시키며 심각하게 파괴적일 것이라는 점, 잘못이 없는 많은 사람들에게 예상치 못한 방식으로 영향을 미칠 것이라는 점을 합리적으로 확신할 수 있다. 이러한 상황에서 기본소득 체제의 도입은 확실한 예방책이며, 이미 가시화된 파괴와 불평등에 대해 평등한 방식으로 대응하는 것이다.

미국의 스타트업 인큐베이터인 Y컴비네이터의 회장 샘 올트먼은 기본소득 파일럿(11장 참고)에 기금을 내놓은 것을 다음같이 정당화한다. 우리는 일자리 없는 미래가 현실화되고 기본소득이 도입될 경우 사람들이 어떻게 반응할지를 알아야 한다는 것이다. 그는 블룸버그와의 인터뷰에서 이렇게 말했다. "미래의 어느 시점에 기술이 계속해서 전통적인 일자리를 없애고 새로운 부가 대규모로 창출됨에 따라 어떤 형태의 이것〔기본소득〕이 전국적 차원에서 시행되는 날을 보게 될 것이다."[21] 또다른 인터뷰에서 그는 그 시점이 "10년 이내는 아니고" "100년 이후도 아닐 것"이라고 말했다.[22]

그러나 긴급한 문제는 인간이 할 일이 갑자기 사라지는 게 아니라 소득분배의 문제다. 기술혁명이 지불노동을 파괴하고 대체할지라도 최초의 기술혁명은 더 많은 일을 만들어낼 수 있다.[23] 그러나 기술혁명은 점증하는 소득 불평등에도 기여하고 있다. 월드와이드웹의 개발자인 팀 버너스리(Tim Berners-Lee)는 기술이 야기한 대규모 불평등을 바로잡는 도구로서 기본소득을 지지한다고 말한다.[24] 저명한 물리학자이자 우주론자인 스티븐 호킹(Stephen Hawking)도 마찬가지다.[25] 국제통화기금의 고참 경제학자들조차 기술이 야기하는 불평등은 "자본 과세를 통한 기본소득 재원 마련의 이점이 분명하다는 것"을 의미한다고 결론 내렸다.[26] 기본소득은 기술적 진보에 따른 경제적 이득으로부터 모두가 혜택을 누리는 방법이 될 것이다.

경제적 피드백

기본소득 체제는 순비용을 감소시키기 때문에 경제적 피드백 효과가 상당히 크다. 예를 들어 현금이전 제도와 기본소득 파일럿에서 나온 증거는 현금 지급이 영양공급과 건강, 특히 아기와 아동뿐만 아니라 종종 가족 내에서 우선권이 낮은 노약자와 장애인의 영양공급과 건강을 개선한다는 것을 보여준다. 캐나다에서는 노인을 위한 연간 보장소득의 효과에 관한 7년간의 연구가 있었는데, 이에 따르면 불안정한 음식 섭취가 급격하게 줄어들어 건강이 개선되었다.[27] 미국 연방정부가 지원한 최초의 복지 프로그램인 '어머니 수당 프로그램'(1911~35) 지원자의 아동을 추적 조사한 연구에 따르면, 수당을 받은 지원자의 아동은 수당을 받지 못한 지원자의 아동보다 더 오래 살고, 학교를 더 오래 다니며, 저체중일 가능성이 낮고, 성인이

되어 더 높은 소득을 올렸다.[28]

정신건강이 개선되었다는 강력한 증거도 있다. 기본소득에 가까운 유명한 캐나다의 실험 결과(11장에서 좀더 자세히 논의할 것이다), 사고와 부상뿐만 아니라 정신질환으로 병원에 가는 사람도 줄어들었다.[29] 4장에서 논의한, 기본소득을 받는 체로키 부족 가정의 아동은 정서적 문제와 행동장애가 적으며, 부모들도 자기 파트너가 약물과 음주가 줄어들었다고 말한다.[30] 이 모든 이점 덕분에 공공의료, 사법체계, 사회부조 서비스 등을 포함한 다른 공적 지출이 줄어든다.

불평등과 경제적 불안전의 효과 가운데 잘 안 보이는 것이 정신건강과 육체건강에 미치는 부정적 효과다. 개인과 공공 모두 여기에 많은 비용을 지불한다. 기본소득 체제는 이를 근원적으로 줄이지는 못할지라도 줄이는 데 확실히 도움이 될 것이다.

6

표준적인 반대

BASIC INCOME

그것은 완전히 미친 체제다.
— 2015년 2월 뉴질랜드 총리 존 키

그것은 내가 오랫동안 들어온 것 가운데 가장 터무니없는 생각의 하나다.
— 2016년 9월 아이슬란드 재무부 장관 비아르드니 베네딕츠손

기본소득 아이디어는 수년간 꾸준한 반대에 직면해왔다. 이런 반대는 반박논리와 증거에도 불구하고 계속 제기되었다. 쟁점 가운데 '감당가능성'은 7장에서, '노동공급과 일'은 8장에서 다룰 것이다. 이번 장에서는 그밖의 반대사유를 특별한 순서 없이 다룰 것이다.

허시먼의 세가지 규칙

뛰어난 정치경제학자인 앨버트 허시먼(Albert Hirschmann)은 『반동의 수사법』(*The Rhetoric of Reaction*)에서 어떤 것이든 새로운 커다란 사회정책 아이디어, 혹은 당시에 새로운 것으로 인식된 사회정책은 초기에 불가능성(작동하지 않을 것이다), 왜곡(의도하지 않은 부정적 결과를 낳을 것이다), 위험성(다른 목표를 위험에 빠뜨릴 것이다)이라는 근거로 공격을 받는다고 지적한 바 있다.[1]

이러한 주장들은 20세기 초의 실업수당에 대해, 1930년대의 가족수당에 대해, 같은 시기 미국에서 사회보장(노령연금) 제도가 된 것에 대해 사용되었다. 그러나 그 정책들이 도입되고 얼마 지나지 않아 세가지 비판은 사라졌고, 대신 필연성과 상식이라는 수사법이 자리 잡았다. 최소한 우리는 기본소득에 대한 다음과 같은 반대가 유사한 비판인지 따져봐야 한다.

기본소득은 유토피아적이다: 이전에는 없던 것이다

비판자들은 기본소득이 지금까지 어느 곳에서도 도입된 적이 없기 때문에 『이코노미스트』가 말하는 것처럼 '기본적으로 결함'이 있다고 주장한다. 역사에 등장한 모든 새로운 정책에 대해서도 이와 똑같이 말할 수 있다. 그런 이유는 설득력이 없다.

기본소득의 경우 두가지 방식으로 비판에 맞설 수 있다. 21세기 들어 그동안 사람들에게 경제적 보장을 제공했던 다른 모든 정책이 시험에 빠지고 문제가 있음을 알게 됐다. 그리고 처음으로 오늘날의 사회는 기본소득을 실시할 수 있는 제도적·기술적 수단이 있다.

기본소득은 감당 가능하지 않을 것이다

이것은 가장 일반적인 주장이며, 매우 복잡한 쟁점이기 때문에 다음 장에서 따로 다룰 만한 가치가 있다. 기본소득이 불가능하다면 그것으로 논의는 끝날 것이다. 그러나 너무나 많은 비판자들이 달려들어 기본소득 지지자들은 멍청하고 간단한 산수도 못한다는 식으로 말하고 있다.

그런 회의론자들에게 이렇게 묻겠다. 기본소득이 합리적으로 감당 가능하다는 것을 보여준다면 기본소득을 지지할 것인가? 다른 말로 하자면 기본소득이 불가능하다고 주장하는 사람들은 실제로 다른 이유, 즉 옹호하기 좀 힘든 이유로 반대하고 있는 것은 아닌가?

기본소득은 복지국가의 해체로 이어질 것이다

이 표준적인 주장은 대개 정치적 좌파인 비판자들과 가부장주의적 사회민주주의 복지국가 옹호자들이 제기한다. 일부 자유지상주의적인 기본소득 지지자들이 어떻게 주장하든 기본소득이 복지서비스의 해체나 다른 복지수당의 대체를 의미하는 것이 아니라는 점을 다시 한번 강조한다. 도리어 기본소득은 다른 필요한 공공서비스 및 수당과 함께 새로운 소득분배 체제의 기반이어야 한다.

이 장을 쓰고 있을 때, 시민소득트러스트(Citizen's Income Trust)의 일원이 노동당의 런던 시장 후보에게 기본소득에 대해 어떻게 생각하느냐고 물었다. 돌아온 답변은 무시하는 투였다.

무조건적 기본소득(UBI)이라, 흥미로운 아이디어이긴 하나 근본적으로 경제 내에서 수요를 촉진하는 공공 부문 일자리의 일부를 줄임으로써 복지국가 기구를 제거하려는 보수당의 아이디어입니다. 기본소득이 인플레이션을 일으킬 것이라는 점도 우려되는데, 빈민은 이런 인플레이션 상태를 감당해야 하는 반면 안정적인 고용상태에 있는 사람들은 소득에 추가분을 얻게 됩니다.[2]

인플레이션이 일어날 것이라는 주장은 뒤에서 다시 검토할 것이다. 그러나 포부가 큰 이 시장 후보가 걱정하는 '공공 부문 일자리'란 무엇인가? 공공 부문 일자리는 저임금 관료들로 채워져 있을 텐데, 이들은 청구인이 자산조사 수당을 받을 '자격이 있는지' 결정하기 위해 청구인의 삶을 캐거나, 조건부 체계가 규정한 방식으로 청구인이 행동하고 있음을 증명하기 위해 만들어진 수치스러운 약속에 청구인이 5분 늦었다며 제재를 가하는 사람들이다. 이 관료들은 자신들의 시간, 에너지, '숙련기술'을 더 잘 쓸 수 있는 다른 무언가를 발견할 수 없는가? 혹은 그 무언가가 발견될 수 없는가? 실제로 이 정치가나 그와 비슷한 많은 사람들은 보통 사람에게 기본적인 보장을 제공하는 데 반대한다. 그들은 보통 사람에게 수당을 주지 않으려는 사람들의 일자리를 보존하려고 하기 때문이다!

아이러니하게도 기본소득이 복지국가의 해체를 낳을 것이라는 근거로 기본소득에 반대하는 사람들은 이런저런 형태의 사회보험을 지지하는 경향이 있다. 이들이 기억해야 할 것은 사회보험이 자신들이 대변하던 정치적 이데올로기를 열렬히 반대하는 사람들에 의해 최초로 도입되었다는 것이다. 오토 폰 비스마르크는 사회주의자의 활동을 금지하고 그 지도자들을 프로이센 도시에서 추방했다. 사회주의의 적들이 기본소득을 주장한다는 이유로 (비록 이 견해가 정확한 것은 아니지만) 기본소득을 비판하는 사람들은 낡은 복지국가의 근본 토대에 반대해야 이치에 맞다.

어쨌든 4장에서 말한 것처럼 베버리지와 비스마르크의 사회보험 모델은, 프레카리아트가 이미 많으며 점점 더 늘어나는 개방적이고 유연한 경제 내에서는 작동하지 않는다. 그러나 여기서 지적해야 할 점은, 어떤 정책에 대한 지지나 반대가 어떤 사람이 그것을 지지하는지 반대하는지 따위에 근거해서는 안 된다는 것이다.

기본소득은 '완전고용' 같은 진보적 정책에서 벗어나는 것이다

허시먼의 '위험성'이라는 논점과 같은 이러한 비판을 반박하는 몇가지 방법이 있다. 우선, 2010년대에 다른 진보적인 정책을 달성하려는 압력이 어디에 있는가? 성장과 불평등의 수준은 거의 유례가 없는 정도다. 경제적 불안전이 만연해 있다. 완전고용은 대략 5퍼센트의 실업률이 있는 수준으로 재정의되었고, 그것도 많은 '불완전고용'(underemployment)을 포함하고 있다. 그 목적에 부합하지 않는 노동통계가 이를 가리고 있다. 무엇보다 증가하는 프레카리아트를 주류 정치에서 간과하고 있다.

두번째로 왜 '완전고용'이 진보적인 정책으로 간주되어야 하는가? 가능한 한 많은 사람들을 '일자리'로, 즉 '사장들'에게 종속되는 처지로 밀어 넣는 것이 그렇게 바람직한가? 모두 그렇지는 않을지라도 현실에서는 많은 일자리가 따분하고, 사람을 멍청하게 만들며, 비하적이고, 사람을 고립시키며, 위험하기까지 하다. 기본소득은 오히려 사람들이 싫어하는 일을 거부하거나 이런 일에 대해서는 더 많은 보수를 요구할 수 있도록 함으로써 일자리의 성격을 개선하는 데 도움이 될 것이다.

세번째로 왜 기본소득이 다른 진보적인 정책에 필요한 내용을 채워주는 것이 아니라 벗어나는 것이어야 하는가? 사람들이 행동할 수 있는 결단력을 강화한다는 면에서 전자가 더 가능하다. 게다가 '완전고용'처럼 오랫동안 진보적인 것으로 생각되었던 몇몇 정책은 자세히 들여다보면 그렇지 않다는 것을 알 수 있다. 기본소득에 대한 대중적인 대안은 9장에서 검토할 테지만 기본소득이 다른 목표를 추구하는 데 방해가 될 것이라고 생각할 이유는 없다.

기본소득 옹호자들은 빈민이 현금만 부족하다고 생각한다

비판자들은 대개 기본소득 옹호자들이 빈민에게 더 많은 돈을 주면 모든 문제를 해결한다는 효과에 대해 과도하게 단순한 견해를 가지고 있다고 주장한다. 그러한 비판자 가운데 한 사람은 이렇게 주장했다.

진보주의자와 자유지상주의자 모두 많은 빈민과 실업자가 현금 이외에 많은 것이 결여되어 있다는 점을 인정하지 않으려 한다. 이들은 약물이나 알코올에 빠져 있거나, 정신건강이 나쁘거나, 전과가 있거나, 복잡한 사회에서 제대로 살아가지 못할 수 있다. 돈이 필요하지만 돈 자체가 이런 질병을 고칠 수는 없다.[3]

물론 그렇다. 그러나 합리적인 기본소득 옹호자들은 현금이 모든 것을 해결할 수 있다고 보지 않는다. 기본소득은 사회의 모든 질병에 대한 만병통치약이 아니며, 다른 사회정책도 마찬가지지만 이를 근거로 기본소득을 비판하는 것은 부당하다. 4장에서 언급했듯이 기본소득은 돈이라는, 가장 가까운 근심의 원인이 있는 상황에서 정신건강, 특히 아동의 정신건강을 개선하는 데 도움이 될 것이다. 그러나 사회적 질병과 취약성은 사회보장 정책이 아니라 거기에 적합한 공공사회서비스로 해결해야 하며, '빈민'만이 아니라 우리 모두가 살아가다 보면 그런 도움이 필요하다는 점을 인정해야 한다.

빈민만이 아니라 부자에게도 돈을 주는 것은 어리석은 일이다

기본소득을 거의 반사적으로 반대하는 내용은 보통 이렇다. 왜 필요 없는 사람에게 돈을 주나? 어느 비판자가 썼듯이 "불평등을 줄이고자 한다면 돈이 적은 사람에게 (같은 액수가 아니라) 더 많이 주는 게 이를 해결하는 더 나은 방법이다".[4] 대개 비판자들은 이런 주장에 근거해, 모두에게 자동적으로 기본소득을 주는 것은 돈이 너무 많이 들기 때문에 생각하기 힘들다고 덧붙인다. 이에 대한 세가지 대답이 있다.

첫번째로 기본소득을 '사회배당'이라고 본다면 사회가 물려받은 공유재와 부의 몫은 권리로서 모두에게 혹은 모든 시민에게 가야 한다. 권리는 보편적인 것이며, 그렇지 않다면 권리가 아니다. 그리고 모두에게 동일하게 지급하는 것은 저소득층에게 비례적으로 더 큰 가치가 있다.

두번째로 행정적인 관점에서 모두에게 기본소득을 지급하고 부자에게 그 소득을 세금으로 환수하는 것이 더 쉽고 비용이 적게 든다(7장의 '어느 교수의 난제' 참고). 보편적 기본소득은 부유층에게 환수하는 것을 포함해서 쉽게 설계되고 시행될 수 있다(1960년대 영국의 가족수당이 그렇게 되었다). 이것은 수당 수급 자격에 대한 자의적이고 복잡한 규칙을 없앨 것이다. 이런 규칙은 비용이 많이 들고 비참한 상황을 자주 야기한다.

자산조사는 분명 관리하기에 복잡하고 큰 비용이 들며 광범위한 '유형 1'의 오류(의도한 사람에게 가지 않는 것)와 '유형 2'의 오류(이 규칙 아래 자격이 없는 사람에게 가는 것)가 나오는 경향이 있다. 모든 자산조사 제도는 낙인·무지·두려움 때문에 낮은 수급률을 보이며, 필연적으로 빈곤의 덫과 불안정의 덫을 낳는다.

세번째로 타깃 설정 체계가 자동적으로 빈곤과 불평등을 완화하는 결과를 낳지 않는다. 이는 수급률, 누진의 정도, 행정적 효율성 등에 달려 있다. 실제로는 타깃 설정 체계가 불평등을 완화하는 것이 아니라 심화한다는 주장이 있다.[5] 타깃 설정 체계의 실패에 대해 국제적인 증거가 상당하다는 것을 고려할 때, 이 제도를 계속해서 주장하는 사람들의 진정한 목적은 수당을 받는 사람들의 수를 줄이는 것이라고 보아야 한다.

기본소득은 사람들에게 공짜로 주는 것이다

이러한 반대는 다양한 정치적 신조를 가진 도덕주의자들이 제기했지만, 특히 21세기 초반 '제3의 길' 정치가와 학자 들의 반대가 두드러졌다. 이는 '호혜성'이라는 관념과 연결되는데, 기여가 없으면 권리도 없어야 하며, 입증된 '책임성'이 없다면 권리도 없어야 한다는 것이다. 따라서 국가수당의 수급자는 지속적인 구직 노력이나 심지어 '워크페어'를 요구하는 조건을 지키는 것을 통해 '호혜성'을 드러내 보여줘야 했다.

'공짜로 주는 것'이라는 비판에 대해 가장 분명하게 반박할 수 있는 지점은, 사회가 아무것도 하지 않은 많은 사람들에게 이미 뭔가 많은 것을 주고 있다는 사실이다. 그러한 근거로 기본소득을 비판하는 사람은 모든 부의 상속과 생산적 활동에서 나오지 않는 모든 형태의 소득에 대해서도 반대해야 한다.

이 사람들은 원 저작자가 사망한 이후 70년까지 저작권자의 후손에게 소득을 주는 국제 저작권 체제를 반대해야 한다. 이들은 모든 선별적인 조세감면과 보조금도 반대해야 한다. 이것들은 대개 이를 '얻는' 데 아무것도 하지 않은 부유층에게 혜택을 준다. 이들은 부자가 아무런 기여를 하지 않고 공공서비스를 이용할 수 있도록 해주는 조세회피를 반대해야 한다. 그리고 이들은 단지 자산을 소유하고 있는 데서 나오는 여러 형태의 '지대'소득에 반대해야 한다.[6] 비판자들이 조세회피·보조금·상속 등을 없애야 한다고 주장(하고 실천)하지 않는다면 기여 없이 공짜로 준다는 반대논리는 위선이며 근거가 없는 것이다.

기본소득은 '배즈'를 더 많이 소비하게 할 것이다

필요한 사람에게 현금을 주는 것은 잘못된 일이라는 주장이 종종 있다. 사람들이 현금을 아동에게 혹은 음식·의복·광열 같은 필수적인 데 쓰지 않고 술·담배, 기타 '배즈'(bads)에 쓸 것이라고 보기 때문이다. 빈민에 대한 도움은 바우처(푸드스탬프food stamp)라든지 승인된 지출에만 사용될 수 있는 카드 형태여야 한다는 것이다.

분명히 이것은 철저하게 가부장주의 성격의 공격이다. 어디에서

'굿'과 '배드'를 나눌 것인가? 왜 부자에게는 국가 관료제가 '배드'라고 생각하는 것을 구매하고 소비할 자유가 있고 빈민에게는 없는가? 그리고 국가는 우리에게 좋은 것과 나쁜 것이 무엇인지를 실제로 아는가? 어떤 때 좋은 것이라고 했던 것이 나중에는 나쁜 것으로 선언될 수 있으며, 그 반대도 마찬가지다. 법과 규칙은 원칙으로서 모두에게 동등해야 한다.

좀더 일반적으로 말하면 빈민, 특히 수당을 받는 빈민은 순수 필수품 이외에는 돈을 써서는 안 된다는 도덕주의에 바탕을 둔 가정이 있다. 이들이 좀 덜 비참하게 살 수 있게 하는 최소의 '사치'도 누려서는 안 된다는 것이다. 1844년 맑스(Karl Marx)가 지적했듯이 "노동자의 모든 사치는 비난받는 것으로 보이며, 가장 추상적인 필요를 넘어서는 모든 것은 사치로 보인다".[7]

저소득층이나 국가 지원이 필요한 기타 집단에게는 선별적인 가부장주의가 일반적인 가부장주의보다 더 나쁠 것이다. 왜냐하면 소수자는 민주적인 방식으로 규칙을 바꿀 기회를 부정당하기 때문이다. 영향을 받지 않는 다수자는 낮은 세금으로 이득을 볼 수 있다면 소수자의 자유를 부정하는 데 신경 쓰지 않거나 이를 지지할 것이다.

종종 납세자가 '자신들의' 조세 기여금이 어디에 쓰일지를 결정할 '권리'가 있다는 주장을 들을 수 있다. 그러나 이것이 정상적인 관행인 곳은 어디에도 없다. 영국에서는 많은 사람들이 핵무장에 돈을 쓰는 것을 싫어하며 차량연료에 붙는 세금은 오로지 도로에만 써야 한다는 자동차회사들의 로비가 떠들썩하게 벌어진다. 물론 조금도 성공하지는 못했다. 왜 납세자가 사회보장 정책과 관련해 특별한 권리가 있다고, 심지어 이들의 말을 들어야 한다고 보아야 하는가?

어쨌든 이런 맥락에서 기본소득을 반대하는 주장을 뒷받침하는 증거는 없다. 기본소득 파일럿과 현금이전 프로그램은 압도적으로 사람들이 돈을 개인적 '굿즈'에 쓴다는 것을 보여주었다. 인도와 나미비아의 기본소득 파일럿에서 기본소득을 받은 사람들은 이른바 '배즈'에 돈을 덜 썼던 것으로 보인다. 유사한 결과를 아프리카, 특히 케냐의 현금이전 프로그램에서도 볼 수 있었다.[8] 그 이유는 따져 봐야 하지만 마디야프라데시에 관해 나왔던 한가지 설명은 남자들이 지역의 타운에서 임금노동 일자리를 찾는 대신 밭과 가정에서 더 많이 일했기 때문이다. 지역의 타운에서는 술을 구매하고 마실 수 있는 기회가 더 많다.[9]

기본소득은 일을 줄일 것이다

기본소득을 반대할 때 종종 이야기되는, 기본소득이 일을 줄일 것이라는 주장에 대해 8장에서 상세히 다루려고 한다. 여기서는 이를 뒷받침하는 증거가 없다는 것, 일반적 가정보다 그 효과는 훨씬 더 복잡하다는 것을 말해두는 것으로 충분하다. 다시 한번 이런 근거로 기본소득을 거부하는 경향이 있는 모든 사람에게 다음과 같은 질문을 던지겠다. 기본소득이 일을 줄이지 않는다는 것을 보여주는 설득력있는 이유와 경험적 증거가 있다면 기본소득을 지지하겠는가?

기본소득은 임금을 낮출 것이다

기본소득은 임금에 어떤 영향을 줄까? 일부 비판자들, 특히 노동조합에 있는 비판자들은 사용자가 임금을 많이 줄 필요가 없다고 여길 것이기 때문에 기본소득이 임금을 낮추리라고 주장한다. 그러나 기본소득 옹호자들은 그 반대를 주장한다. 기본소득으로 사람들은 착취적인 수준의 임금을 거부할 힘이 더 커질 것이며, 더 높은 임금을 받을 수 있는 협상에 대한 확신을 갖게 될 것이다. 기본소득은 취약한 사람들이 극단적인 상황에서 '아니!'라고 말할 수 있게 한다.

기본소득이 임금에 대한 보조금 역할을 해서 임금을 낮출 것이라고 주장하는 사람들은, 같은 이유로 일자리 관련 세금공제에 대해서도 반대해야 한다. 세금공제야말로 임금을 낮추려는 것이기 때문이다. 핵심적 차이를 들자면 미국의 근로소득장려세제(EITC, Earned Income Tax Credit)와 영국·캐나다 등의 유사한 제도로 나타나는 세금공제는 수급자가 저임금노동을 하고 있다는 데 근거한다. 이는 노동자가 더 높은 임금을 요구하지 못하게 하는데, 임금 상승분이 대개 더 낮은 세금공제에 의해 상쇄되기 때문이다.

이와 반대로 기본소득은 저임금을 받는 피고용자 모두에게 돌아가며, 임금이 상승한다고 해서 기본소득을 못 받는 게 아니다. 따라서 노동자는 제시된 임금을 수용할지 거부할지를 결정할 때 협상력이 더 커진다. 안 좋은 일자리를 채워야 하는 사용자는 지원자를 끌어들이기 위해 더 높은 보수와 더 좋은 조건을 제시해야만 한다(혹은 가능한 곳에서 자동화에 더 투자해야 한다). 그러나 사람들은 자신이 원할 경우 임금이 낮거나 임금이 없는 일도 할 더 큰 자유를 갖게 될 것이다.

기본소득은 인플레이션을 일으킬 것이다

여기서 논점은 모든 사람이 기본소득을 받게 되면 굉장히 많은 돈이 경제로 들어온다는 것이다. 그에 따라 가격이 폭등할 것이고, 사람들이 전보다 더 못한 상태가 되는 정도까지 인플레이션이 일어난다는 것이다. 이렇게 가정된 인플레이션 효과는, 밀턴 프리드먼이 1962년 저서 『자본주의와 자유』에서 제시한 음의 소득세에 대해 할민스키(Hal Minsky)가 제기한 주된 비판이었다.[10]

5장에서 언급했지만 이것은 '일면적인' 경제학이다. 왜냐하면 상품과 서비스의 **공급**에 추가적인 소비력이 미칠 수 있는 영향은 무시하기 때문이다. 개발도상국가나 부유한 나라의 저소득 지역에서 공급효과는 실제로 기본적인 상품과 서비스의 가격을 **낮출** 수 있다. 인도의 기본소득 파일럿에서 마을 주민의 구매력 증가는 지역 농민이 더 많은 벼와 밀을 심고, 더 많은 비료를 사용하며, 더 많은 토지를 경작하는 것으로 이어졌다(10장 참고).[11] 이들의 소득은 올라간 반면, 이들이 공급하는 식량의 단위가격은 내려갔다. 같은 현상이 의복에서도 일어났는데, 몇몇 여성이 옷을 만들 재봉틀과 재료를 구매하는 데 새로이 눈떴기 때문이다. 시장이 없던 곳에 시장이 만들어졌다. 생활수준을 높이기 위해 더 많은 상품과 서비스를 얻기를 원하는 사람, 더 많은 소득을 올리고 더 많이 일하기를 원하는 사람이 있는 공동체에서는 유사한 반응을 기대할 수 있을 것이다.

소득이 낮은 사람에게 많은 이득을 줌으로써, 기본소득 체제는 '공급 탄력성'이 높은 기본 상품과 서비스의 총수요 구조를 바꿀 수도 있다. 가격을 높이기보다는 공급량을 늘림으로써 늘어난 수요에 대응할 수 있다. 이는 지역의 상품과 서비스에 대한 수요가 늘어난다는 것을 의미하며, 성장을 유도하고 일자리를 늘릴 수 있다. 이를 확장해 고소득층에 더 높은 세금을 매겨 기본소득 재원을 마련하면 수요의 변형을 두드러지게 할 것이며, 좀더 지속 가능한 경제성장을 만들어내면서도 가격 인하를 유도할 수 있다.

기본소득이 추가지출이 아니라 기존의 공적 지출을 통해 이루어질 경우 인플레이션 효과가 최소화될 것이다. 제프 크로커(Geoff Crocker)가 밝혔듯이 경제생산(GDP)보다 총 지출력이 큰 경우에만 인플레이션 충격이 있을 수 있다.[12] 인플레이션이 있을 것이라는 주장은 '완전고용' 혹은 여기에 가까운 경제에서만 유효할 것이다. 어떤 현대 경제도 '완전고용'에 가깝지 않다. 그리고 노동시장은 과거보다 훨씬 더 개방되어 있으며, 노동 수요가 커지면 더 많은 노동력이 새로 진입하거나 일자리가 해외로 이동할 수 있을 텐데, 이는 임금에 대한 충격을 약화시킨다.

최근에 전세계의 중앙은행과 정부가 가격 디플레이션(가격 하락)을 극복하고 인플레이션을 늘리려 애쓰고 있음을 언급해야겠다. 이들의 노력은 비용이 많이 들고, 비효율적이며, 역진적이고 결국 실패로 돌아갔다. 증대된 수요가 가격을 안정화시키거나 어느정도 상향시키는 한 기본소득이 이득이 될 것이다.

기본소득은 이민 유입을 유인할 것이다

이민의 급증, 그리고 최근 유럽의 난민 위기는 모두를 위한 기본소득이 소득이 낮은 나라로부터 대규모 이민을 유인할 것이라는 주장에 힘을 실어주었다. 이러한 주장은 '복지 관광'에 관한, 편견에 가득한 정치적 수사에 의해 더욱 강화되었다.

스위스에서 정부를 포함한 기본소득 반대파는 기본소득을 도입하자는 국민투표 캠페인 기간에 공포를 자극하기 위해 이러한 논변을 이용했으며(11장 참고), 일부 논평자들은 2016년 6월 국민투표에서 패배한 까닭이 이 때문이라고 믿는다.

이런 비판을 반박하는 방법도 여러가지가 있다. 우선 사회적 마찰을 일으키는 것은 기존의 사회부조 체계다. 수당과 사회주택(social housing)은 권리가 아니라 필요에 기반을 두고 생겨났다. 따라서 오랫동안 한 사회의 시민으로 살아온 사람들은 새로 들어온 사람들이 '새치기'를 하는 것으로 여길 수 있다. 왜냐하면 그들은 가장 가난한 사람 축에 속하기 때문이다. 오랜 세월에 걸쳐 심지어 여러 세대에 걸쳐 자신의 공동체에 돈을 낸 사람들이 느끼는 분노를 이해해야 한다. 어느 연구를 보면 런던 동부에서 그 결과로 나오는 사회적 마찰과 반이민 정서가 설득력있게 드러난다.[13]

기본소득은 이런 상황을 악화시키는 게 아니라 사태를 더 나아지게 할 수 있다. 대부분의 사람이 공정하다고 생각할 실용적인 규칙이 만들어질 수 있다. 예를 들어 공동체에 합법적으로 거주한 기간에 따라 수급 자격의 우선권을 줄 수 있다. 혹은 잠재적 이민자는 기본소득을 받을 수 있는 자격을 얻기 위해 영주권을 얻거나 특정 기간, 이를테면 2년을 기다려야 한다는 안내를 받을 수 있다. (잔여적인 사회부조는 필요한 경우 자격이 없는 이민자도 받을 수 있어야 한다.) 실제로 기본소득은 합법적으로 들어와 사회에 통합되는 이민자에게는 인센티브가 되지만 이민을 약화시키는 공정한 방법이 될 수 있다. 따라서 기본소득 체제는 기존의 자산조사 체제에 비해 반이민 정서를 약화시킬 수 있다.

아이러니하게도 어떤 논평자는 기본소득이 "미국으로 들어오는 이민을 막을"것이라 생각하기 때문에 기본소득에 반대하고 나섰다.[14] 이런 일이 일어날 것 같진 않다. 그러나 기본소득 제도가 장기간의 거주나 영주권 혹은 시민권에 관한 규칙과 양립할 수 있다면, 기본소득은 기존 대부분의 사회보호 체제보다 공정할 것이다. 그리고 사람들이 더 큰 경제적 안전을 누리게 됨으로써, 경제라는 것을 자원을 둘러싸고 이민자와 벌이는 제로섬(zero-sum) 경쟁으로 여기지 않으며, 더 관용적이고 이타적인 태도를 취해가리라 예상할 수 있다.

기본소득은 총선을 앞둔 정부에 의해 조작될 것이다

이는 흥미로운 반대사유다. 정부가 모두를 위한 기본소득을 마련해놨을 때 집권당이 총선 직전에 지급 액수를 올려 효과적으로 유권자를 매수할 수도 있는데, 최소한 유권자가 경제상태에 대해 좋은 느낌을 갖는 정도로는 할 수 있다. 이는 실제로 있을 법한 일이다. 그러나 이것이 상식(공통감)의 정책에 넘을 수 없는 장애물이 되진 않는다.

한가지 대응은 앤디 스턴이 제안한 것처럼 국민소득의 변화를 바탕으로 지급 액수를 자동적으로 조정하는 것이다.[15] 앞서 언급했듯이 독립기본소득위원회(IBIC, Independent Basic Income

Committee)를 만들 것을 제안한다. 이는 의회가 5년 임기로 임명하는 '독립적인' 영국은행의 통화정책위원회에서 유추한 것이다.[16]

독립기본소득위원회는 국민소득의 변화에 따라 그리고 경제상태에 따라 기본소득의 수준을 조종할 수 있는 권한을 위임받는다. 층화된 기본소득 체제라는 아이디어는 마지막 장에서 다시 살펴볼 것이다. 지금 요지는 이렇게 함으로써 기본소득이 포퓰리즘적인 조작에 놀아나리라는 반대논리를 상대적으로 쉽게 극복할 수 있다는 것이다.

물론 사람들이 때때로 제기하는 다른 여러 반대사유가 있다. 그러나 위에서 말한 열세가지는 확실히 가장 일반적인 것이다. 독자들은 먼저 이 가운데 어떤 것이 신뢰할 만한지 판단한 다음, 기본소득 자체를 거부하는 데 충분한 논리인지를 가늠해야 한다. 모든 정책은 긍정적인 면과 부정적인 면을 같이 늘어놓고 판단해야 한다. 기본소득 옹호자들은 사회정의와 자유를 증진하고 불평등과 불안전을 줄이는 것이, 세밀한 검토를 못 기다리고 비판하는 것보다 훨씬 더 중요하다고 본다. 그러나 가장 논쟁적인 쟁점이 하나 더 있다. 바로 감당가능성, 그리고 노동과 일에 미치는 영향이다.

7

감당가능성이라는
쟁점

BASIC INCOME

기본소득에 대한 가장 일반적인 비판논리는 어떤 나라도 이를 감당할 수 없다는 것이다. 이번 장에서는 그렇지 않다는 것을 증명해 보이려 한다. 이는 복잡한 쟁점이라 가능한 한 냉정하게 검토해야 하며, 자신이 바라거나 목표로 하는 기본소득 수준을 미리 결정하지 않아야 하며, 기본소득이 단계적으로 도입될 수 있고, 재원을 마련할 수 있는 다양한 방법이 있을 수 있다는 것을 염두에 두어야 한다.

쉬운 계산

기본소득을 감당할 수 없다고 하는 주장은 보통 이렇다. 예를 들어 중위 소득의 50~60퍼센트 수준을 설정하고 여기에 인구수를 곱해 총비용을 계산한 다음 이를 현행 복지지출과 비교하는 것이다. 예를 들어 『파이낸셜 타임스』(*Financial Times*)에 글을 쓰는 팀 하퍼드(Tim Harford)는 영국의 기본소득은 하루 10파운드일 것이라고 말한다. "그렇게 영국의 6400만 거주자에게 돈을 지급하면 매년 2340억 파운드가 들 텐데, 이는 2170파운드가 드는 모든 사회보장 지출을 없애야 대략 가능할 것이다."[1]

존 케이(John Kay)는 『파이낸셜 타임스』에 기고한 칼럼에서 이렇게 주장했다.

간단한 셈으로도 이 제도가 불가능한 이유를 알 수 있다. 1인당 평균 소득의 어느 정도가 기본소득으로 적절한지를 결정하자. 30퍼센트는 적어 보인다. 그럼 50퍼센트는 좀더 합리적인가? 당신이 결정한 수치가 기본소득을 위한 공공지출로 흡수될 국민소득의 몫이다. (⋯) 평균세율을 상정하고, 교육·건강·국방·교통 등 다른 공공 부문에 들어갈 국민소득의 몫을 더해보자. 기본소득이 불가능할 정도로 낮거나 아니면 기본소득에 대한 지출이 불가능할 정도로 높게 된다.[2]

케이는 기본소득 옹호자들이 대체로 "숫자의 복잡한 현실성에 끼어들지" 않는다고 덧붙인다. 이 일을 하는 많은 사람들에게 모욕적인 말이다. 그는 기본소득 옹호자들의 연구를 하나도 언급하지 않은 채 결론을 끌어냈다.

이런 계산은 그 자체로 비판받을 수 있다. 예를 들어, 케이의 『파이낸셜 타임스』 동료인 마틴 샌드부(Martin Sandbu)는 기본소득 수준을 결정하기 위한 적절한 '평균 소득'은 경제 내에서 생산된 모든 상품과 서비스의 총합인 '국민소득'(GDP)에 기초해서는 안 되며, 사람들이 세금을 내고 이전을 받은 후에 지출할 수 있는 금액, 즉 '가처분 소득'에 기초해서 결정해야 한다고 지적했다.[3] 가처분 소득은 국민소득의 3분의 2보다 적다. 따라서 기본소득 금액이 국민소득의 50퍼센트에 달할 것이라고 케이가 도발적으로 높게 산정한 것은 실제로 33퍼센트로 줄어들 것이다.

『이코노미스트』는 모든 OECD 나라들에 대한 쌍방향 기본소득 계산에서 좀더 정교하지만 '쉬운' 측정을 해냈다.[4] 조세수입과 기타 공공지출을 그대로 놔두고, 비의료 이전지출을 기본소득으로 바꿔 기본소득으로 얼마나 지급할 수 있는지를 보여주기 위한 것이다. 흥미롭게도 이렇게 제한된 토대 위에서도 일곱개의 유럽 나라들은 이미 1년에 1인당 1만 달러 이상을 지급할 수 있다.

미국은 6300달러를, 영국은 5800달러를 지급할 수 있다. 이렇게 조세 중립적인 복지 전환을 통해 마련할 수 있는 기본소득 수준이 대부분의 나라에서는 분명 높지 않을 것이다. 물론 한국(2200달러)이나 멕시코(겨우 900달러) 같은 하위 수준의 경우 현행 조세수입과 복지지출이 낮다는 것을 보여주긴 한다.

『이코노미스트』의 쌍방향 계산은 일정 금액의 기본소득을 지급하기 위해 증세가 얼마나 필요한지를 계산하려는 목적도 있었다. 영국의 경우, 1인당 평균 GDP의 3분의 1에 해당하는 금액의 기본소득을 지급하려면 조세수입이 15퍼센트포인트 높아져야 하는 것으로 나왔다. 이런 계산이 그 자체로 의문스러울 수 있다. 그런데 이 모든 쉬운 계산은 근본적인 방향에서 결함이 있다.

첫번째로 이런 계산에서는 고소득층에게서 조세 형태로 기본소득을 다시 환수하지 않게 되어 있다. 만일 세율과 수당을 살짝 조정하면 부유한 사람이나 재무부에 순비용 부담이 추가되지 않고, 따라서 추가 조세수입은 지급한 기본소득과 같아진다.

두번째로 이런 계산은 자산조사와 행위조건의 부과를 제거함으로써 절약되는 행정비용을 계산하지 않는다. 영국 노동연금부의 2013~14년 예산인 1720억 파운드 가운데 80억 파운드가 행정비용으로 계산되는데, 이 가운데 많은 부분은 수당 수급자를 감시하고 제재를 가하는 지역 일자리센터 직원에게 들어가는 것이다. 이 비용에는 이른바 '노동평가' 심사를 수행하는 민간 청부업자에게 지급되는 수억 파운드가 포함된다. 이 심사는 장애인에게 부과되는 것으로 한 사회에서 가장 취약한 사람들에게 가는 수당을 거부하는 것으로 이어진다.

세번째로 이 계산은 기본소득 비용을 기존 복지예산과 비교하는 한편, 다른 모든 영역의 공공지출은 건드리지 않는 것으로 가정한다. 그러나 정부는 언제나 지출 우선성을 결정할 수 있다. 영국 정부는 트라이던트(Trident) 핵미사일 체계를 대체할 계획을 철회함으로써 수십억 파운드를 절약할 수 있을 것이다. 현재 이 체계가 수명이 다할 때까지 들어가는 비용은 2000억 파운드가 넘는 것으로 추산된다. 주로 기업과 부유한 사람들에게 가는 보조금을 없애는 것으로 수십억 파운드를 더 절약할 수 있다.

영국의 '기업복지'는 1년에 930억 파운드가 넘는 것으로 추산된다.[5] 미국의 경우 정치적 우파인 카토연구소에 따르면 1년에 기업에 들어가는 연방 보조금은 1000억 달러가 넘는다.[6] 농업 보조금은 대개 대토지 소유자에게 가며, 화석연료 보조금은 기후에 악영향을 미친다. 이런 식의 이야기는 끝이 없다. 대부분의 보조금은 역진적이며, 도덕적으로 정당화될 수 없고, 경제성장과 무관하다.[7] 재분배될 수 있는 정확한 액수를 밝히는 것은 불가능하지만 보조금을 없앰으로써 얻을 수 있는 잠재적인 절약분을 고려해야 한다. 지출 전환은 재정 중립성이 있다 하더라도 기본소득 재원의 또다른 원천이 된다는 게 요점이다.

비판자들의 전형적인 전술은 비용이 많이 드는 역진적인 보조금에 초점을 두지 않고 기본소득에 지출될 것과 인기있는 공공서비스 지출을 비교하는 것이다. 『가디언』(Guardian)의 사설에서 다음과 같이 질문했다. "이 돈은 국가의료서비스(NHS, National Health Service)나 학교 혹은 보육에 쓰는 게 더 낫지 않은가?"[8] 이런 식으로 쟁점을 프레이밍하는 것은 편견에 가득하며, 기본소득이 필수적인 공공서비스 자원을 없앨 것이라고 고의로 잘못 말하는 것이다.

네번째로 쉬운 계산은 현대 재정 체계의 특징이 된 광범위한 면세와 면세한도를 간과한다. 2016년 기준으로 영국의 개인 면세한도액은 1만 1000파운드인데, 이에 따라 재무부는 1년에 1000억 파운드의 상실 수입이 있는 셈이다. 일부 소득자에게 국가보험을 부과하지 않음으로써 500억 파운드의 손실이 더 발생한다. 이 두가지 공제만으로도 GDP의 거의 10퍼센트에 달하며, 매우 역진적이다.[9]

개인 면세한도액을 높이는 게 저소득층에게 도움을 주는 조치라고 말하지만 사실 고소득층이 대부분의 이득을 본다. 왜냐하면 고소득층의 수입에서 세금을 회피할 수 있는 부분이 많아지며, 더 높은 세율이 효과를 발휘하는 소득 수준에서도 연쇄 반응이 일어나기 때문이다. 반면 이미 면세점 이하에 있는 저소득층은 얻는 게 아무것도 없다.

면세한도액을 높이는 데 따른 또다른 효과는 소득세를 내는 사람이 줄어든다는 점이다. 영국 성인의 거의 절반이 소득세를 내지 않는다. 미국 가구의 거의 절반이 연방소득세를 내지 않는다. 세금을 내지 않는 사람들은 정치에 덜 관심을 보이고 따라서 투표를 덜 한다는 연구가 있다.[10] 이것이 면세한도를 없애고, 절약한 돈을 기본소득 재원 마련에 보태야 하는 또다른 이유다.

영국 정부는 또다른 선별적인 세금감면에 드는 비용이 1년에 1170억 파운드라고 보는데, 이는 국가의료서비스 비용보다 많은 것이다.[11] 이외에 218종의 세금 경감은 계산하지 않았으며, 정부는 세금경감이 사람들의 행동을 촉진하기 위해 존재함에도 이것이 사람들의 행동에 미치는 영향을 분석하지 않았다. 선별적인 세금감면 제도가 200개 이상인 미국에서도 10개의 가장 큰 제도 때문에 2013년 9000억 달러 이상의 재정손실을 낳았는데, 이는 GDP의 6퍼센트에 달한다. 주(州) 세금과 지방세의 경우 세가지 주된 감면으로 1년에 모두 합해 1850억 달러가 줄어든다.[12] 이 어마어마한 금액의 전부 혹은 일부가 적절한 금액의 기본소득을 지급하는 데 쓰일 수 있을 것이다.

영국에서의 감당가능성

일단 다른 지출 프로그램 및 다른 재원의 재분배 문제는 미뤄두고, 다양한 기본소득 체계 및 수준의 가능성에 대해 상세하게 다룬 최근 영국의 연구에 초점을 맞추어보자. 이들 연구의 대부분은 맬컴 토리가 '엄격한 수입 중립성'이라고 부른 것을 가정한다. 즉 기본소득은 개인 소득세율과 수당 그리고 현행 복지지출을 조정하는 것을 통해서만 재원을 마련한다는 것이다. 이것은 미미 파커(Mimi Parker) 등의 초기 시도를 포함해서 오랫동안 기본소득 지출에 대한 표준적인 접근법이 되어왔다.[13] 보수당원인 파커는 후원자인 브랜던 라이스윌리엄스 의원과 긴밀하게 협력했다. 브랜던 라이스윌리엄스는 어머니인 줄리엣에게 물려받은 기본소득 배턴을 1980년대로 이어주었다.

이 연구들은 기본소득에 비용이 얼마나 드는지를 살펴보는 한편, 기본소득이 다양한 소득·형태의 가구에 미치는 영향을 계산했다. 쉬운 계산에서 유래한 일반적인 비판 가운데 하나는 전체 인구를 대상으로 기존 복지예산을 골고루 나눠주면 많은 저소득 가구가 더 나빠진다는 것이다. 왜냐하면 이들은 세금공제를 포함해서 기존의 기여형·자산조사 수당 체계에서보다 기본소득으로 받는 몫이 더 적어지기 때문이다.

이 쟁점은 이론상 두가지 방식으로 대처할 수 있다. 저소득층의 손실을 최소화하는 기본소득 체계를 설계하거나, 과도기적 조치로 기본소득을 기존 수당과 함께 지급하는 하이브리드 제도를 도입하는 것이다. 이런 연구 결과를 해석할 때 어떤 모델이든 사람들이 현재 수급 자격이 되는 모든 수당을 받고 있다고 가정한다는 것을 염두에 두어야 한다. 그렇다고 해서 자산조사와 행위조사 수당을 지지하는 것은 아니다.

정치 싱크탱크인 컴파스의 시뮬레이션은 과도기적 하이브리드 제도의 비용을 계산했다. 이 제도는 기존의 거의 모든 수당, 즉 폐지할 아동수당을 제외한 국가연금과 주택수당에 더해 매우 관대한 기본소득(25세 이상 성인에게 매주 61파운드, 25세 이하의 성인과 아동·연금생활자에게는 더 적은 금액)을 지급하는 것이다.[14] 기본소득은 자산조사 수당을 평가할 때 고려해야 하는데, 그 수당의 비용과 거기에 의존하고 있는 가구 수를 줄이기 때문이다. 이 시뮬레이션에 따르면 이러한 제도를 통해 개인 면세한도를 폐지하고 고소득층에게 국가보험 기여금을 낮춰주던 것을 끝낼 수 있으며, 이를 위한 재원은 각 구간의 소득세를 3퍼센트 올리는 것으로 충분히 마련되고, 재무부가 가진 7억 파운드의 예산에 무시해도 좋을 정도의 비용만 추가된다고 한다. 이렇게 되면 소득세와 국가보험을 합쳐 기초 구간에서는 (2016년의 32퍼센트에 비해) 35퍼센트, 그 위의 구간에서는 (42퍼센트에 비해) 55퍼센트, 최고 구간에서는 (47퍼센트에 비해) 60퍼센트가 된다.

마틴 샌드부가 지적했듯이 설사 그러한 체계가 상위 5분위 납세자에 대한 급격한 세금증가를 가져오더라도 이들 역시 기본소득으로 부분적 보상을 받을 것이다.[15] 기존 체제에서라면 저소득층은 세금공제 및 기타 자산조사 수당의 철회 때문에 80퍼센트나 그 이상에 달하는 한계 '세'율에 직면할 것이다. 고소득층도 첫번째로 아동수당을 못 받게 되는 지점, 그다음에는 인적 공제를 받지 못하게 되는 지점을 지나 60퍼센트가 넘는 한계세율에 다다른다.

컴파스는 모든 집단에 매주 추가로 10파운드를 주는 좀더 관대한 하이브리드 제도의 비용도 계산했다. 이에 따르면 각 구간마다 2퍼센트포인트의 세율증가가 있으며, 추가로 80억 파운드가 든다. 두개의 과도기 제도 모두 불평등을 줄이고 빈곤에 중요한 영향을 미치는데, 처음 것의 경우 아동 빈곤을 38퍼센트, 나중 것의 경우 45퍼센트 줄일 것이라 추산된다. 소득분배의 하위 5분위에 있는 60퍼센트는 좀더 관대한 제도에서 20퍼센트 이상의 이득을 얻게 되는데, 이는 상위 5분위에 의해 지불되는 재분배다. 하위 10분위 두 구간에 있는 저소득층 가구의 3퍼센트 미만이 5퍼센트 이상의 손실을 볼 것이다.

시민소득트러스트의 맬컴 토리는 2012~13년 가치에 기초해서 가구 세금과 이전이 약간 다른 모델을 사용해 좀더 낮은 수준의 하이브리드 제도에 들어가는 비용을 추산했다. 이 제도를 통해 25세에서 64세까지는 매주 50파운드의 '시민소득', 16세에서 24세까지는 매주 40파운드의 청년 성인 시민소득, 65세 이상의 시민에게는 매주 30파운드의 시민연금을 지급하는 것이다.[16]

이것은 대부분의 기존 수당에 더해질 수 있다. 비록 시민소득은 어떤 자산조사도 고려하지 않지만 말이다. 토리는 위에서 말한 컴파스의 소득·국가보험 결합 모델과 마찬가지로 자신이 주장한 제도를 통해 재무부가 매년 30억 파운드를 절약할 것이라고 본다. (그는 한 연령집단, 즉 16세의 모든 사람에게 지급하는 기본소득을 도입하는

데 드는 비용도 계산한다. 이 계획은 점차 모든 연령대로 확대한다는 의도에서 제출된 것이다.)

토리의 계획이 시행될 때도 소득 스펙트럼의 5분위의 하위 두 구간에 있는 가구의 3퍼센트는 5퍼센트 이상의 손실을, 1.5퍼센트는 10퍼센트 이상의 손실을 입을 것이다. 그러나 재무부 예산이 280억 파운드 절약되기 때문에 임시적인 근거를 마련해서 보상해줄 여지가 크다. 어쨌든 이는 과도기 체제라는 것을 염두에 두어야 한다. 더 높은 소득 수준에서는 손실을 보는 사람이 더 많겠지만(자원을 재분배하고 불평등을 줄이려는 목적을 가진 제도에서는 불가피한 일이다), 이들에게 손실은 감당할 수 있는 것이다(그림 7.1 참고).

한편 아동 빈곤은 3분의 1이 줄어들 텐데, 토리에 따르면 이 계획은 "부자에게서 빈민으로 가는 감당할 수 있고 유용한 재분배를 이뤄낼 것이고, 흔히 '압박당하는 중간층'이라고 하는 가구의 성원들이 특히 과도기에 이득을 볼 것이다".

왕립예술협회(RSA, Royal Society of Arts)는 토리의 모델을 사용해 충분한 기본소득 제도의 비용을 독자적으로 계산했다. 25~64세 성인에게는 매주 71파운드, 65세 이상에게는 매주 143파운드, 0~5세의 첫번째 아이에게는 82.50파운드, 두번째 아이부터는 65파운드, 5~24세 아동과 청년에게는 56파운드를 지급하는 것이다.[17] 대부분의 기존 수당을 대체하게 될 이 금액은 현재 수준의 구직수당, 국가연금, 아동수당, 저소득 가정의 아동에게 주는 기타 지원과 대략 일치한다. 이 계산에서 장애인 지원과 주택수당은 빠져 있다. 물론 왕립예술협회는 자산조사 주택수당에 대한 별도의 개혁안을 제시했다.

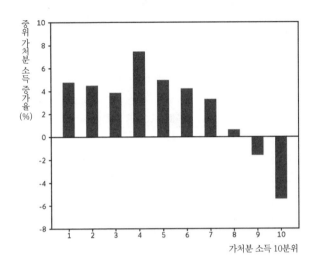

그림 7.1 토리의 하이브리드 기본소득 계획의 재분배 효과

출처: M. Torry, "An Evaluation of a Strictly Revenue Neutral Citizen's Income Scheme," Euromod Working Paper Series EM 5/16, 2016.

개인 면세한도와 국가보험 기반은 없어질 것이고, 기본소득을 넘어서는 모든 소득에는 32퍼센트(지금처럼 20퍼센트의 기본세율과 12퍼센트의 국가보험)에서 시작해서, 소득 15만 파운드 이상일 경우 최고 52퍼센트까지 올라가는 한계세율의 세금이 부과될 것이다. 그림 7.2는 이 내용을, 왕립예술협회가 '히말라야산맥' 모양이라고 부른 2012~13년 회계연도의 세금곡선과 비교한 것이다. '엄격한 수입 중립성'에서 출발하며 연금 기여금에 대한 세금감면은 기본세율에 한정될 것이고, 이에 따라 기본소득 재원에 100억 파운드를 쓸 수

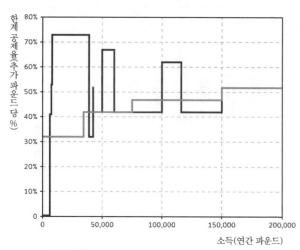

그림 7.2 2012~13년의 실제 세율과 비교한
왕립예술협회 기본소득 모델의 한계세율

────── 2012~13년 세금 제도
────── 왕립예술협회 기본소득 모델
출처: 왕립예술협회

있다. 이 기본소득 제도를 위해 순수하게 추가로 드는 비용은 98억 파운드에서 164억 파운드 사이의 어디쯤일 것이다.

왕립예술협회 보고서의 주저자인 앤서니 패인터(Anthony Painter)는 다음과 같이 썼다.

이 변화로 현행 모델보다 GDP의 1퍼센트가 더 들 것이라고 추산한다(인적 공제의 폐지를 포함해서). 이는 상당한 액수처럼 보일 것이다. 그러나 고든 브라운(Gordon Brown, 노동당 출신 재무부 장관)이 세금공제에 가했던 변화보다 크지 않으며, 조지 오스본 (George Osborne, 보수당 출신 2010~16년 재무부 장관)이 긴축정책에 도 불구하고 개인 면세한도, 부가가치세, 상속세, 법인세 등에 꾀 했던 일련의 변화보다 훨씬 작은 것이다.[18]

왕립예술협회는 2016년 도입된 전국생활임금과 새로운 유니버설 크레디트(Universal Credit)가 기본소득 체제 도입 이후 샘플 가족에 게 어떤 영향을 미치는지도 살펴보았다. 생활임금이 지급(사람들이 생활임금을 지급받고 있으며 노동시간이 줄지 않는다고 가정했다) 되면 기본소득 지급으로 손실을 보는 범위에 있는 저소득 가구가 이 범위에서 빠르게 벗어나, 기본소득 체제를 좀더 매력적인 것으로 보 게 된다고 한다.

왕립예술협회의 계획은 거주하는 모든 시민에게 보편적인 기본 소득을 지급하는 것이다. 영국에서 살며 일하는 유럽연합 국적자와 유럽경제지역(EEA) 시민은 5년이 경과한 후 영주권을 신청하면 이 를 받게 되며(브렉시트 국민투표 전에 나온 계획이다), 다른 이민자 들은 자격이 없다. 기본소득 수급 자격을 얻기 위해 18세 이상의 모 든 시민은 시민권 활동 강화의 수단으로 투표권 등록을 해야 한다.

앞서 언급한 하이브리드 기본소득 제도에 드는 비용에 더해 컴파 스는 대부분의 자산조사 복지수당을 대체할 기본소득에 드는 비용 도 계산했다.[19] 기본소득 지급액의 수준, 세금증가와 기존 수당 삭감 의 결합 정도에 따라 순비용은 1년에 추가로 430억 파운드가 드는 경우부터 530억 파운드가 절약되는 경우까지 나왔다. 두 경우 모두 성인에게는 매주 동일하게 73.10파운드를, 65세 이상에게는 151.20 파운드를, 18세까지의 아동에게는 44.30파운드의 기본소득을 지급하는 것에 기초해서 비용을 계산했다. 후자의 경우 크게 절약되는 이유는 전자의 경우 유지된 인적 소득 공제를 폐지했기 때문이다. 컴파스의 계산 결과 소득세 기본세율을 30퍼센트까지 올려야 하며, (단일) 상위 세율은 50퍼센트가 되어야 한다. 이런 세율은 1980년대에 대처(Margaret Thatcher) 정부가 계속해서 소득세 삭감 예산을 짜기 전까지 보수당 정부를 포함해서 모든 정부가 부과했던 것보다 높지 않거나 훨씬 낮은 것이다.

그러나 컴파스의 계획에서는 손실을 보는 저소득층이 상당수 있는데, 주된 이유는 아동에게 지급되는 몫이 기존 다른 수당의 손실을 벌충하지 못하기 때문이다. 컴파스 보고서의 저자들은 영국에서 충분한 기본소득을 도입해서 최하층의 30~40퍼센트가량인, 손실을 보는 사람들이 거의 없게끔 하는 것은 정치적으로 불가능하다는 견해를 가지고 있다. 여기에는 150~200파운드 혹은 GDP의 약 1퍼센트가 들며, 세율을 더 올려야 하기 때문이다.

반면에 왕립예술협회는 취학 이전 아동이 있는 가족에게 자원을 재분배함으로써, 저소득층에서 손실을 보는 수를 최소화하려고 했다. 이 경우 취학 아동이 있는 한부모는 특히 더 불리해질 수 있다는 점을 인정하기는 했지만 말이다. 그러나 컴파스의 저자들은 하이브리드 계획을 장래의 어느 시점에 충분한 기본소득 체제가 실현될 수 있도록 하는 현실주의적 단계로 보았다.

이 모든 시뮬레이션은 하나의 예시로 보아야 한다. 그럼에도 이 시뮬레이션들은 기본소득 체제로 전환하는 것이 실행 가능하며 감당 가능하다는 것을 보여준다. '엄격한 수입 중립성' 제약, 즉 기본소득 재원이 개인 소득세와 복지예산 절약분에서 마련되어야 한다는 것을 받아들인다 해도 세율증가는 합리적인 범위 내에서 이루어질 수 있고, 소득 스펙트럼의 하위에서 손실을 보는 사람들을 최소화하거나 다른 것으로 보상할 수 있다. 반면에 소득분배 10분위 하위 두 계층에 있는 다수는 이득을 볼 것이고, 소득 불평등은 약간 줄어들 것이다.

그러나 기본소득 재원이 부분적으로 역진적인 보조금과 선별적인 세금감면의 축소를 포함한 복지 이외의 지출 프로그램의 축소를 통해 마련될 경우 세율을 그렇게 높일 필요가 없을 것이다. 여기서는 가능한 새로운 재원, 즉 국부펀드·탄소세·금융거래세 등을 고려하지 않았다.

주거비

영국에서 시행하고자 하는 대부분의 기본소득 계산은 필요에 기초한 장애인 추가 복지를 고려하지만, 현행 사회보장 체계가 분리해서 다루고 있는 주거비도 마찬가지로 고려해야 하는지에 대해서는 주저하고 있다. 윌리엄 베버리지 경은 1942년에 내놓은 복지국가 청사진에 자신이 정한 기여형 수당 수준에서 '임대료 문제'를 해결할 수 없다고 고백한 바 있다. 정액 주택수당을 줄 경우 임대료가 비싼 지역에 사는 사람들은 임대료를 감당할 수 없을 것이고, 싼 지역에 사는 사람들은 돈이 남게 된다. 개별적으로 주거비를 지급할 경우 은퇴 시에 비싼 주택으로 이사할 유인이 된다. 은퇴하면 국가연금을 받을 자격이 되기 때문이다. 결국 전후(戰後) 정부는 실제적인 주거비를 맞춰주기로 결정했지만, 기여 기록에 기초한 국가보험 수당을 넘어서는 추가 비용을 필요로 하는 청구인에게는 자산조사를 하기로 했다.

오늘날 '임대료 문제'는 훨씬 더 심각하다. 복지국가 초기에는 인구의 60퍼센트가 엄격한 임대료 통제를 받는 민간 주택에 살고 있었고, 야심 찬 공영주택 건설 프로그램이 진행되고 있었다. 현재 임대료와 주택 가격 차이는 훨씬 더 커졌고, 민간 부문의 임대료는 폭등했으며, 공영주택과 사회주택을 할인해서 매각한 결과 쓸 만한 집이 엄청나게 부족해졌다. 자산조사 주택수당 비용은 1년에 250억 파운드가 들 정도로 늘어났다.

영국의 주택 위기는 적절히 공급을 늘릴 수 있는 긴급한 조치가 필요하지만, 지금 여기서는 사회보장 체계를 설계할 때 어려운 문제로서 등장한다. 앞서 살펴본 기본소득 비용은 현행 자산조사 주택수당이 현재와 같은 형태로 최소한 어느정도 기간 동안 지속되는 것을 전제로 한다. 자산조사에 기본소득을 고려할 경우 한가지 장점은 이 복잡하고 행정적으로 비용도 많이 들며, 소득이 높아질수록 급격히 줄어드는 제도에 사람들이 덜 의존하게 된다는 점이다.

왕립예술협회는 기본소득 원칙과 양립할 수 있는 '임대료 문제'에 대한 세가지 가능한 해결책을 제안했다(비용 계산은 하지 않았다). 첫번째는 줄어드는 것에 한계를 두어 주택수당 수급자가 추가 소득을 벌 경우 최상위 한계세율 이상으로 '지불'(수당을 받지 않고 더 많은 세금을 내는 것)하지 않도록 하는 것이다. 두번째는 주택 관련 모든 지출을 지역 당국에 넘겨 지역 환경에 맞는 건축·임대료·수당 정책을 채택하도록 하는 것이다. 세번째는 주택을 소유하지 않고 임차하는 모든 사람에게 '기본 임차소득'을 지급하는 것이다. 이 재원은 토지가치세에서 나온다.

물론 영국의 주택 상황이 남다른 것은 아니다. 다른 나라에도 유사한 문제가 있으며, 특히 대도시에는 적절한 주택이 부족하고 지역, 도농 간에 주거비 차이가 크다. 그러나 독일·스웨덴·프랑스 같은 상당수 북/서유럽 나라는 좀더 관대한 소득 연계 사회보험 수당을 채택하고 있으며, 그에 따라 사람들이 대체로 임대료를 감당할 수 있다. 어느 비교 연구에 따르면, 실업수당과 소득보조에 주택수당을 더해 평균 임금에서 차지하는 비율을 계산할 때 영국이 10개 나라 가운데 9위라고 한다.[20] 따라서 '임대료 문제'가 다른 나라에서는 기본소득 제도를 설계할 때 문제가 덜 된다고 할 수 있다.

다른 나라의 감당가능성

1985년 일찍이 네덜란드 정부정책과학위원회는 부분 기본소득 제도가 분명히 가능하다는 것을 알고 이를 제안했다. 벨기에·캐나다·프랑스·독일·아일랜드·에스빠냐·남아프리카공화국 등에서도 기본소득을 도입할 때 드는 재정 비용을 계산한 바 있다. 뉴질랜드의 경우 개러스 모건(Gareth Morgan)과 수전 거드리(Susan Guthrie)가 30퍼센트의 단일세로 매년 성인에게 1만 1000뉴질랜드달러의 기본소득을, 18~20세 시민에게는 더 낮은 8500뉴질랜드달러의 기본소득을 충분히 지급할 수 있다는 결론을 내렸다.[21]

미국의 경우 앤디 스턴은 모든 미국 성인(2억 3400만명)이 매달 1000달러의 기본소득을 받아야 한다고 제안했다. 이는 대략 연방 빈곤선에 해당한다. 그는 총비용이 2조 7000억 달러, GDP의 15퍼센트가 들 것이라고 추산했다. 또 기본소득을 지급하기 위해 대부분의 기존 반빈곤 프로그램을 폐지함으로써 매년 1조 달러를 절약하자고 제안했다. 여기에는 푸드스탬프(760억 달러), 주거 보조(490억 달러), 근로소득장려세(820억 달러)가 포함된다.[22] 또한 군사비 지출을 삭감하고, 대부분의 세금우대 조치를 단계적으로 폐지하자고 했는데, 여기에 매년 1조 2000억 달러가 든다. 그는 연방 판매세, 금융거래세(유럽연합 회원국 가운데 10개국이 실시하고 있다)를 지지하며, 아마 부유세도 지지하는 것으로 보인다.

감당가능성이라는 쟁점은 본질적으로 두가지 선택지로 이어진다. 기본소득 혹은 사회배당이 얼마나 높아야 하는가? 그리고 사회의 재정 우선성을 어디에 두어야 하는가? 기존 조세 체계에 관해 신성불가침한 것은 없다. 기존 조세 체계의 대부분은 너무 복잡하고 매우 역진적이다. 그리고 조세회피와 탈세를 통해 국고가 잃어버리는 어마어마한 양을 계산하지 않는다.

어느 논평가가 지적했듯이 파나마 페이퍼스(Panama Papers)*는 미국이 기본소득을 감당할 수 있다는 것을 보여주었다. 왜냐하면 부자들이 세금을 어느 정도나 회피하고 있는지를 파나마 페이퍼스가 드러냈기 때문이다.[23] 조세정의네트워크(Tax Justice Network)는 세금이 없거나 낮은 지역에 글로벌 엘리트 집단이 21조 달러에서 32조 달러 정도를 넣어두고 있으며, 이 때문에 각국은 1900억 달러에서 2800억 달러 정도의 수입 손실을 보고 있다고 추산했다.[24] 반면에 이들은 많은 '불로소득'을 올리고 있다. 이들은 공공 인프라와 서비스, 각국 정부나 국제적 규칙에 따라 부여받은 지적 재산권 등에서 이득을 얻기 때문이다. 이와는 별도로 국제통화기금은 다국적기업들이 조세피난처로 이윤을 옮기는 것을 통해 매년 정부수입이 6000억 달러 손실을 입는 것으로 추산했다.

어느 교수의 난제

하버드대학 경제학 교수인 그레그 맨큐(Greg Mankiw)가 '보편적 기본소득에 대한 간단한 노트'라는 제목의 블로그 포스트에서 제시한 흥미로운 난제가 있다.[25]

---

* 파나마 최대 로펌인 모색 폰세카(Mossack Fonseca & Co.)가 보유한 내부 자료 1150만건을 분석해 폭로한 탐사보도 프로젝트를 말한다. 2015년 익명의 제보자에게서 문건을 입수한 독일 일간지 『쥐트도이체 차이퉁』(*Süddeutsche Zeitung*)이 국제탐사보도언론인협회(ICIJ)에 국제 협업을 요청해 76개 나라 109개 언론사가 참여했다. 이를 통해 세계적으로 국가 정상을 포함한 21만명 이상이 조세 피난처에 페이퍼컴퍼니를 설립하여 조세회피와 탈세를 한 것으로 드러났다.

평균 소득이 5만 달러이지만 소득 불평등이 매우 심한 어떤 경제체계가 있다고 하자. 사회안전망을 제공하는 데 두가지 가능한 정책을 제안할 수 있다. 어느 것이 낫다고 보는가?

A. 20퍼센트의 단일 소득세로 재원을 마련해서 모든 사람에게 1만 달러를 보편적으로 이전하는 것.

B. 1만 달러를 자산조사에 기초해서 이전하는 것. 아무 소득도 없는 사람에게는 1만 달러 전부가 간다. 단계적으로 이전되는 양은 줄어든다. 1달러를 벌 때마다 20센트가 줄어든다. 재원은 5만 달러가 넘는 소득에 대한 20퍼센드의 세금으로 마련한다.

똑똑한 사람들은 이렇게 논증한다. 정책 A는 미친 짓이다. 왜 빌 게이츠가 정부의 이전금을 받아야 하는가? 그는 이게 필요하지 않은데, 이를 위해 우리는 세금을 좀더 올려야 할 것이다. 정책 B가 좀더 진보적(누진적)이다. 이 정책은 실제로 필요한 사람에게 이전하는 것을 목표로 하며, 이러한 이전의 재원은 평균 소득 이상을 버는 사람에게 세금을 약간 더 부과해서 마련된다.

그러나 여기에 어려움이 있다. 두 정책은 동일하다. 순지급(세금에서 이전을 뺀 것)을 살펴보면 두 계획하에서 모두가 정확히 동일하다. 차이는 순전히 프레이밍의 문제다.

맨큐 교수의 주장은 논리적으로 건전하다. 실제로는 두 정책이 동일하지 않지만 말이다. 자산조사는 필연적으로 국가에 행정비용을, 청구인에게는 개인적 비용을 부과하기 때문에 지급되는 것은 명목 가치보다 낮다. 자산조사 수당은 불확실하고 안정적이지 못하다. 왜냐하면 그것이 근거하고 있는 소득이 불확실하고 안정적이지 못하기 때문이다. 따라서 두 정책에 대한 재원 계산은 동일할지 몰라도 수급자가 받는 가치는 동일하지 않다. 자산조사를 하지 않는 보편적 지급을 실시하고, 조세 체계를 통해 고소득층에게서 재원을 환수하는 게 더 낫다.

동적 효과와 피드백 효과

쉬운 계산과 시뮬레이션이 가진 근본적인 결함은 본질적으로 정적인 접근법이라 기본소득이 경제활동에 미치는 잠재적인 **동적 효과**를 무시한다는 것이다. 예를 들어 앞서 언급한 것처럼 기본소득은 저임금 일자리를 가진 사람이 빠질 수 있는 빈곤의 덫과 불안정의 덫 때문에 발생하는 의욕 상실을 제거하기 때문에 고용노동 시간을 늘리거나 더 높은 임금을 받도록 자극한다. 반면 '도덕적 해이'(다른 조건에서라면 사람들이 하려고 하는 것을 못 하게 하는 것)는 삼중의 비용을 발생시킨다. 낮은 국가수당에 계속 의존하게 하고, 경제적 산출물을 포기하게 하며, 국고로 들어갈 세금과 국가(사회)보험 기여금을 놓치게 한다.

현행 자산조사 체계는 비도덕적 해이를 크게 자아내기도 하는데, 프레카리아트나 그 주변에 있는 사람들이 암시장에 들어가, 세금과 국가보험 기여금을 회피하게 된다. 기본소득은 일자리를 가져도 상실되지 않기 때문에 추가소득을 감출 이유가 적어지며, 이에 따라 추가 조세수입을 낳는다. 증가된 활동에서 나오는 경제적 이득, 저소득층에 대한 암묵적 한계세율이 극적으로 낮아지면서 고소득층에 대한 약간의 세금증가로 나올 수 있는 악영향(실제로는 이런 게 있는지 의심스럽다)을 넘어설 것이다. 런던 정경대학 경제활동센터의 연구에서는 이렇게 결론 내렸다. "이론과 증거를 모두 보건대, 고소득 피고용인의 노동 수준은 세율 변화와 조응하지 않는다."[26]

다음으로 5장에서 언급한 또다른 피드백 효과도 있다. 기본소득으로 정신건강과 신체건강이 더 나아지며, 보건과 사회서비스에 대한 수요가 줄어든다. 이는 비용 절감을 가져와 기본소득이나 더 나은 서비스를 위한 재원이 될 수 있다.

기타 재원

널리 지지를 받고 있고 호소력있는 아이디어 가운데 기후변화를 일으키는 온실가스의 배출을 줄이는 탄소세 도입을 통해 기본소득 재원을 마련하자는 것이 있다.[27] 시민기후로비(Citizens' Climate Lobby)가 미국을 대상으로 계산한 바에 따르면 톤당 15센트의 탄소세로 매년 1170억 달러를 거둘 수 있으며, 여러 비용을 제한 후 매년 가구당 811달러(1인당 323달러)의 배당 재원이 마련될 수 있다.[28] 절대 다수 가구가 이득을 볼 것이며(배당이 탄소세에 따른 물가 인상분을 상회할 것이다), 저소득 가구가 비례적으로 더 이득을 볼 것이기 때문에 그 효과는 매우 누진적일 것이다. 고소득 가구는 평균적으로 손실을 보겠지만 소득을 감안할 때 손실은 무시해도 좋을 정도다.

좀더 전통적인 제안은 토지가치세(land value tax)다. 토머스 페인 자신이 계획한 재원이 토지 소유자에게 부과하는 '기초지대'에서 마련된다고 생각했다. 헨리 조지는 기본소득 재원을 위해 토지임대세 운동을 벌였다. 토지세는 토지 소유권이 넓게 보면 소득 및 부와 일치하기 때문에 누진적일 것이다. 그리고 원리상 큰 금액을 거둘 수 있다. 『이코노미스트』가 인용한 추계에 따르면 미국의 모든 토지에 5퍼센트의 토지가치세를 매길 경우 1조 달러 이상을 거둘 수 있으며, 이는 매년 모든 미국인에게 3500달러를 지급하기에 충분한 액수다.[29] 이는 매력적인 아이디어이며, 특히 대부분의 나라에서 재산세가 엉망이고, 종종 역진적인 데다가 개혁이 필요하기 때문이다. 그러나 이러한 세금을 도입하는 데 따른 정치적 어려움이 상당할 것이다.

부유세·상속세·금융거래세·로봇세 등도 모두 가능한 기본소득 재원으로 언급되었다. 또다른 제안은 구글·페이스북이나 기타 기업에 지금은 사용자들이 무료로 제공하는 데이터(여기서 이 기업들은 막대한 이윤을 얻는다)에 돈을 지불하게 하고 기본소득으로 나눌 수 있다는 것이다.[30]

덴마크에서는 벤처 자본가인 쇠렌 이케룬(Soren Ekelund)이 운영하는 사회사상 싱크탱크(SamfundsTanken)가 독창적인 재원 마련 메커니즘을 제안했다.[31] 이를 '사회적 벤처 기금' 접근법이라 부를 수 있을 것이다. 기업이 지방정부와 이윤 분배 협정에 동의할 경우 지방정부는 피고용인 임금의 일부를 기본소득으로 지급한다(일자리가 없는 사람에게도 지급한다). 이는 이윤을 늘릴 것이고(기업이 임금에 덜 지출하기 때문이다), 또한 (이윤 분배 협정에 따라) 지방정부가 기본소득 재원을 마련하는 기금을 만들어낼 것이다. 이는 복잡한 계획이지만 새로운 체계를 구성할 수 있는 독창성을 보여주는 예다.

국부펀드와 사회배당

내가 선호하는 재원 마련 방식은 알래스카 영구기금이나 노르웨이 연금기금 같은 방식으로 국부펀드를 만들어 여기서 기본소득 재원을 마련하는 것이다. 노벨상 수상자인 제임스 미드의 책 『아가사토피아』(*Agathatopia*)에서 가져온 이 방식을 사용하면 어떤 나라든 여러해에 걸쳐 기금을 조성하고, 기금이 확대되어감에 따라 기본소득 혹은 사회배당으로 지급하는 액수를 높일 수 있다.[32] 우리의 집단적 부에서 나온 소득의 정당한 몫이라 할 수 있는 사회배당 접근법은 정치적으로 매력적이다. 기존 복지 체계를 해체할 필요도 없고, 소득세를 높일 필요도 없기 때문이다.

알래스카 영구기금은 1974년에 공화당 출신인 제이 해먼드(Jay Hammond)가 미국 알래스카의 주지사로 선출된 이후 개척되었다. 1976년에 수립된 이 기금은 석유 생산에서 나오는 주(州) 수입의 8분의 1을 받는다. 기금에서 나오는 돈으로 알래스카의 모든 합법적인 거주자에게 보편적인 '배당'을 지급하는 제도는 1982년에 시작되었다. 이 모델은 BIEN 내의 기본소득 옹호자들에게 오랫동안 호소력이 있었고, 기본자본급여나 기본소득 지급을 위한 최초 기금으로 간주할 수 있다.[33]

국부펀드 접근법을 선호하는 사람들 가운데 피터 반스(Peter Barnes)가 있다. 그는 알래스카 기금 모델에 기초한 '스카이 트러스트'(Sky Trust)를 제안했는데, 이는 '보편적 자산'을 사용하는 기업에 요금을 부과해서 재원을 마련하는 것이다. 여기에는 자연자산(공기·물·광물 및 기타 자원)과 사회적으로 만들어진 자산, 즉 지적재산권 체제와 법적·금융적 하부구조가 포함된다. 반스는 환경오염세, 자연자원 추출세, 주파수 사용요금, 금융거래세, 지적 재산에서 나오는 로열티와 라이센스를 포함해서 보편적 자산에 부과하는 요금으로 미국에서 매년 1인당 5000달러의 배당을 지급하는 재원을 마련할 수 있다고 추산한다.[34]

영국에서는 스튜어트 란슬리(Stewart Lansley)가 주식 소유에 부과해 재원을 마련하는 '사회적 부 기금'으로 기본소득을 지급하자고 제안했다.[35] 그는 영국 주식시장에 상장되어 있는 상위 100대 기업의 주식 소유에 매년 0.5퍼센트를 세금으로 부과할 경우 80억 파운드를 거둘 수 있고, 1퍼센트를 부과하면 두배를 거둘 수 있다고 추산한다. 이 액수의 절반 이상은 외국인 소유자에게 부과될 것이다.[36] 나는 사적 소유와 모든 유형의 재산(물리적·금융적·지적 재산)의 이용에서 오는 임대료 소득에 세금을 부과해 기금을 만드는 데 사용하자고 제안한 바 있다.[37]

거버넌스 구조가 민주적이어야 하고 윤리적 원칙 아래 운영되어야 하며, 수입 원천이 고갈되기 훨씬 오래전에 지속 가능한 기금을 만들어 세대 간 형평성을 확보해야 한다. 영국 정부가 2016년에 셰일 부 펀드(Shale Wealth Fund)를 만들자고 제안했을 때 노르웨이 연금기금의 예에서 드러난 바 있는 윤리적 거버넌스의 중요성은 주목받았다.[38] 기금은 셰일가스를 얻기 위한 프래킹(fracking, 수압 파쇄)에서 나오는 수입의 10퍼센트를 받는 것인데, 향후 25년 동안 10억 파운드에 달할 것이다. 이 돈은 프래킹이 수행되는 지역사회에 지급되고, 지역사회는 이 돈을 지역 프로젝트 사업에 쓸지 혹은 가구별로 현금으로 지급할지를 결정할 수 있다.

이것이 환경에 위협적인 프래킹 활동을 승인받기 위한 뇌물성 대가라는 결론을 내리지 않을 수 없다. 프래킹에 대해 상당한 대중적 반대가 있었던 것이다. 더 나아가 여러가지 형평성의 문제가 있다. 왜 셰일가스가 있는 지역에 사는 사람들만이 수급자가 되어야 하는가? 수급자 공동체를 어떻게 규정할 것인가? 프래킹이 시작될 시점에 특정 공동체에 살고 있는 사람들에게만 돈이 지불되어야 하는가? 돈을 한번에 줄 것인가, 정기적으로 줄 것인가, 또한 얼마나 오랫동안 줄 것인가? 현금 지급이 공기·물·풍경·생활에 해를 미치는 상태를 감수하는 데 대한 보상일 수 있는가?

이 모든 문제로 말미암아 모든 선별적인 체계의 형평성과 윤리를 의심하게 된다. 이 대목에서 보여주는 것은 국부펀드와 여기서 나오는 배당의 원칙이 시행되기 전에, 정부와 기업으로부터 독립된 거버넌스 구조가 수립돼야 한다는 것이다. 그러나 이러한 조건이 충족된다면 이 경로는 기본소득 혹은 사회배당의 재원을 마련하는 데 확실하고 지속 가능한 방법이 된다. 국부펀드를 조성하지 않는다든지 이를 기회주의적이고 역진적인 정치적 목적에 사용하지 않는 것은 아직 가보지 않은 또다른 길이다.

감당가능성은 정치적이다

감당가능성이라는 비판은 기본소득에 반대하고자 하는 사람들에게 표면상 호소력이 있다. 그러나 궁극적으로 쟁점은 정치적인 것이다. 산업화된 나라들에서 세율은 역사적으로 매우 낮았고, 그 세율이 최적의 수준이라고 생각할 이유는 없다. 게다가 선별적인 세금감면이나 정부와 초국적 기관이 주는 매우 광범위한 역진적인 보조금은 막대하며, 도덕적으로든 경제적으로든 대개 정의롭지 못하다.

동시에 기존 복지체제는 복잡하고 비효율적이며, 도덕적으로 의심스럽고 비용이 매우 많이 든다. 많은 나라에서 빈곤이 늘어나고 있다. 그리고 불평등은 급속하게 커지고 있는데, 엘리트, 금권정치가, 금권정치를 뒷받침하는 기업이 벌어들이는 지대소득은 어마어마하게 늘고 있다.[39] 소득을 낳는 모든 종류의 재산을 소유했다는 이

유만으로 가져가는 이 막대한 지대소득을 단순히 사회가 가지는 것만으로도 기본소득 기금의 많은 부분, 심지어 전부를 감당할 수 있다. 사회서비스를 없애거나 소득세율을 급격하게 올려야만 기본소득이 감당 가능하다고 주장하는 사람들은, 의도적이든 순진하든 간에 본질을 호도하고 있는 것이다.

결국 감당가능성이라는 쟁점은 사회가 사회정의, 공화주의적 자유, 경제적 보장 등에 우선순위를 두는가 하는 문제가 된다. 이러한 말을 생각하면 기본소득은 가능하기만 한 것이 아니다. 기본소득을 감당할 수 없다는 것을 우리는 감당(지지)할 수 없다.

8

일과 노동에 대한 함의

BASIC INCOME

일과 연계하지 않고 소득을 주는 프로그램은
분명 이느정도까지는 노동 의욕을 저하시킬 것이다.
— 2015년 카토연구소의 마이클 태너[1]

그렇게 분명한가? 일에 관해 말할 때 상당수의 논평가와 사회과학자 들은 상식을 잃는다. 역사상 매 시대마다 일인 것과 일 아닌 것을 자의적으로 나누었지만, 이에 관해 우리 시대가 가장 왜곡되었다고 할 수 있을 것 같다.

부불노동인 대부분의 일이 일 아니게 된 것은 20세기뿐이다. 이 우스꽝스러운 짓이 노동통계에도 고스란히 반영됐다. '일'은 시장에서 지불받을 때만 계산된다. 한세기 전에 피구(Arthur C. Pigou)가 자신이 가정부를 고용하면 국민소득이 올라가고 경제가 성장하며 고용이 늘고 실업이 줄어들 것이라 한 이야기는 유명하다. 만일 이후에 그가 가정부와 결혼해 그 아내가 똑같은 일을 계속한다면 국민소득과 경제성장은 떨어지고 고용이 떨어지며 실업이 늘어나는 셈이다. 이는 부조리한 (그리고 성차별적인) 이야기다.

오늘날에도 부조리가 지속되고 있다. 자기 아이를 돌보는 부모는 다른 사람의 아이를 돌보는 사람만큼이나 많은 '일'을 하고 있다(그리고 마찬가지로 '생산적인' 일을 할 것이다). 성장하고 있는 '기그' (gig) 경제*는 지불받는지 여부에 따라 서로 다르게 취급받는 수많은 활동의 예를 보여준다. 예를 들어 어떤 개의 소유주가 바로우마이도기(BorrowMyDoggy)라는 앱으로 누군가를 고용해 개를 산책시키거나 돌볼 수 있다. 통계 목적에서는, 개를 산책시키는 레크리에이션 활동이 다른 사람의 개를 산책시키는 '일'이 된다. 이는 국민소득과 고용을 늘리고 정부를 기쁘게 한다. 자기 개를 산책시키는 (자기 아이를 돌보는) 일은 경제에 해를 가하는 것이다!

한편 실제적이지만 지불받지 않는 다른 일의 양이 확대되고 늘어나고 있다. 영국에서는 보수를 받지 못하는 경제(아동과 노인 돌봄, 가사, 공동체 내의 자발적인 일 등)가 화폐경제 규모의 절반을 넘을 것으로 추산되며, 다른 나라의 사정도 비슷하다.[2]

이런 추산조차 정부를 상대할 때 하는 '일'(세금환급 청구는 '여가'로도 계산되지 않는다), 소비자로서 하는 '일'(셀프 체크아웃), 그리고 이른바 '노동을 위한 일', 즉 일자리를 찾기 위해 하는 지불받지 못하는 '일'(이는 '온라인 상시접속' 상태가 되면서 늘어나고 있다) 등은 계산에 넣지도 않는다. 특히 프레카리아트는 계산되지 않거나 보수를 받지 못하는 (그러나 자신들에게는 일로 비치는) 수많은 일을 해야만 한다. 일자리 찾기, 복잡하고 시간을 잡아먹는 신규 채용절차를 감수하는 일, 연락이 와야 하는 일자리를 기다리는

---

* 넓게는 임시직(temporary work)을 선호하는 경제 행태를 가리키는 말이다. '기그'는 1920년대 미국 재즈 뮤지션들의 라이브 연주를 지칭하던 말이지만, 이후 지불받는 노동을 가리키는 말로 확장되었다. 오늘날에는 일시적인 일을 가리킨다.

일, 얼마 안 되는 수당을 받기 위해 줄을 서고 서류를 작성해야 하는 일 따위 말이다.

이는 기본소득이 일과 노동에 미치는 실제적·잠재적 효과를 평가하는 것으로 연결된다. 기본소득을 지급하면 사람이 '게을러지고', 꼭 그래서만은 아니지만 노동공급이 줄어든다는 게 일반적인 주장이다. 이 맥락에서 '게으른' 사람이 기본소득을 받아야 하는가에 관한 철학적 논쟁이 끝없이 이어져왔다. 고전적 이미지는 말리부 해변의 파도에서 서핑을 하는 젊은이다. 그러나 이 젊은이가 얼마 안 되는 기본소득에 의존해 오랫동안 계속 서핑을 할 수 있을지는 모르겠다.

대개 사람들은 가능하다면 더 벌기를 원할 것이다. 그리고 소수의 사람들이 하루 종일 서핑을 하고 기본소득에만 의지해 살기로 선택할 경우 국가가 이들을 추적해 어떤 종류든 '일'을 하도록 하는 데에는 막대한 비용이 들 것이다. 게다가 위대한 사상가나 예술가 중에는 청년기에 '게을렀던' 사람이 많고, 때로는 부유한 부모에게 받은 '기본소득'으로 '게으를' 수 있었다. 그들이 워크페어라든지 따분한 일을 억지로 해야 했다면 그들의 창조적 천재성은 빛을 보지 못했을 것이다.

내 주장은 기본소득이 '일'의 양과 생산성 모두를 **증대**하고 고대 그리스의 스콜레(schole)라는 의미에서 '여가'의 질을 향상시킬 수 있다는 것이다. 이 말은 노동할 필요로부터의 자유를 의미했으며, 영어 단어인 'school'이 여기서 왔다. 아리스토텔레스는 이것이 문화적·정치적 삶에 완전히 참여할 수 있는 필요조건이라고 주장했다. 그 점을 차치하더라도 일부 사람들이 기본소득을 이용해 노동과 일, 노동이나 일의 양을 줄이는 게 사회적·경제적·생태적으로 그렇게 나쁜 것인가?

장시간 노동은 생산성, 산출물이나 서비스의 질, 의사결정에 꼭 좋은 것이 아니다. 장시간 노동이 건강에 안 좋을 뿐만 아니라 비생산적이라는 증거는 엄청나다.[3] 이를테면 나는 나를 치료하는 치과의사나 외과의사가 몸 상태가 좋고 잘 쉬기를 바란다. 이를 일상적인 활동에도 적용할 수 있다.

더 나아가 기본소득이 공급되는 노동의 양을 줄인다면 그렇게 하려는 집단은 잠재적 생산성과 소득능력이 상대적으로 낮은 사람들일 것이다. 따라서 경제에 손실이 있다 하더라도 이는 크지 않을 것이다. 이 논쟁을 5장에서 논의한 '일 없는' 미래에 대한 우려라는 맥락에서 보아야 한다. 과장이건 아니건 기술 비관주의자들의 예측은 기본소득에 따른 노동공급의 변화를 주변으로 밀어낸다.

제3의 시간

우리는, 노동과 일의 유형이 계절·날씨·빛에 의해 규제되는 '농업의 시간', 혹은 노동이 시계에 의해 규제되고 시간의 덩어리로 측정되는 '산업의 시간'에 기초한 사회와 생산 체계에서 벗어나고 있다. '산업의 시간'에서는 노동이 시계의 작동과 연관되어 하루 여덟시간이나 아홉시간, 일주일에 5일이나 6일, 운이 좋다면 은퇴 시기까지 40년 이상 일하는 게 당연했다.

21세기는 이른바 '제3의 시간'이 지배할 것이다. 여기서 '일'과 '노동' 활동의 경계는 흐려지고 공식 작업장의 경계와 정해진 노동 시간의 경계도 흐려질 것이다. 이렇게 경계가 흐려지기 때문에 노동의 측정은 점차 자의적이고 어긋나게 된다. 이에 따라 임금의 측정도 점차 자의적이게 될 수밖에 없다.

사람들은 자신이 한 일에 대해 일부만을 회사, 직업소개소, 노동 브로커로부터 지불받을 것이다. 우리 대부분에게 (지불받는) 노동에 대한 (지불받지 못하는) 일의 비율은 올라갈 것이다. 이렇게 지불받지 못하는 일에서 이득을 얻는 사람들은 실제로 매우 확장된 형태의 착취를 통해 지대소득을 올리고 있다.

이런 사태는 기본소득을 다른 측면에서 정당화한다. 기본소득은 근본적으로 사회적 성격을 띠는 일에 대해 보상하고자 모두에게 지급되며, 이득을 보는 개인·기업의 지대소득에서 재원을 마련한다. 앞서 말한 착취에 의도가 없을지 모른다. 다만 제3의 시간에 수반되는 '노동을 위한 일'을 모두 측정하고 적절하게 보수를 주는 것이 불가능할 뿐이다.

기본소득은 일을 줄이는가 아니면 늘리는가?

경험적 증거를 살펴보기에 앞서, 오늘날 국가수당 수급 자격에 대한 자산심사와 행위조사가 저임금 일자리에 매우 강한 역유인

(disincentive)을 갖는다는 점을 지적해야겠다. 기본소득이 '일'(비판자들이 말하는 것은 지불노동이다)을 줄일 것이라고 주장하는 비판자들은 현행 제도 역시 어느 정도나 그런지를 거의 인정하지 않는다.

그러나 현재 영국의 상황처럼 20페니만 받을 때보다(특히 일자리를 갖는 데 따른 추가 비용, 즉 교통, 육아, 적절한 옷차림 등에 20페니는 쉽게 나간다), 기본소득의 경우처럼 예컨대 1파운드를 벌 때마다 68페니를 얻는 게 보장된다면 사람들은 일자리를 가지려 한다는 것은 직관적으로 명확하다. 그리고 1파운드당 겨우 20페니를 얻기 위해 일해야 한다면, 대충 하거나 억울해하면서 그 일을 할 것이다.

유인이 문제라면 기본소득 경로를 확실히 선호할 것이다. 기본소득은 자산조사 수당의 철회에서 비롯하는 빈곤의 덫과 부분적으로 필요한 경우에 수당을 다시 받지 못할 수 있다는 두려움을 반영하는, 연관된 불안정의 덫을 극복할지 모른다. 따라서 기본소득은 낮은 수준의 기술이 있는 사람이 노동시장에 들어가도록, 지하경제가 아니라 노동시장의 합법적인 영역에 들어가도록 장려할 것이다. 또한 기본소득은 수당을 잃을 우려 없이 파트타임 일자리를 갖도록 할 것이다. 돌봄 의무가 있는 사람 혹은 풀타임 일자리를 갖기 힘든 장애인에게 특히 도움이 될 것이 분명하다.

경험적 증거로 돌아가서 많은 비판자들은 기본소득이 '일'을 줄인다는 주장을, 1968년에서 1980년 사이에 미국의 6개 주에서 실시된 지역 실험과 1970년대 캐나다에서 실시된 유명한 민컴 실험에 근거해 펼치고 있다. 실제로 이 실험들은 저소득층에게 돈을 주는, 기본소득 비슷한 음의 소득세에 관한 실험이었다. 표준적인 노동력 데

이터가 수집되었고, 이를 통해 게리 버틀리스(Gary Burtless) 같은 경제학자는 기본소득이 일을 약간 줄인다는 결론을 내렸다.[4]

그러나 어마어마한 계량경제학적 분석의 주제인 이 데이터는 지불고용 혹은 구직 노력만을 말할 뿐 수많은 다른 형태의 일은 말하고 있지 않다. 노동시간을 줄이고 그 시간을 아이나 친척 노인을 돌보는 데 사용한 사람은 자동적으로 '일'을 줄인 것으로 잡힌다. 게다가 버틀리스가 인정한 것처럼, 음의 소득세는 소득을 낮게 신고할수록 보충 소득이 높아지기 때문에 이 보상은 노동과 소득을 줄여서 보고한 바에 따른 것이다. 이러한 '비도덕적 해이'는 파악된 노동공급 감소가 거짓임을 말해준다.

이 분석은 그 개념적 결점을 차치하더라도 측정된 효과가 작다는 점이 문제다. 칼 와이더키스트는 수백개의 연구 가운데 최대한 많은 연구를 검토한 뛰어난 리뷰에서, 노동공급에 미치는 영향이 대개 통계학적으로 의미가 없거나 너무 작아서 정책입안자들이 진지하게 고려할 필요가 없다는 결론을 내렸다.[5] 그러나 이 연구들은 일의 감소를 보여주는 근거로서 널리 인용되고 있다.[6]

기껏해야 이 연구들에서 확인할 수 있는 것은 몇몇 집단에서, 특히 어린아이가 있는 어머니와 학교에 다니는 십대 청소년 가운데서 지불노동이 약간 줄었다는 점이다. 캐나다 민컴 실험에 따르면, "신생아를 둔 어머니는 아기와 더 오래 집에 머물기 위해 일을 그만뒀고, 십대 청소년은 가족을 부양해야 한다는 압박이 약해졌기 때문에 일을 적게 했고, 그 결과 학업을 마치는 십대가 더 늘어났다".[7]

마찬가지로 미국의 실험에서도 사람들이 더 나은 삶을 살 기회를 갖게 되었는데, 이를테면 학위를 따거나 스스로 사업을 하는 경우도 있었다. 뉴저지·시애틀·덴버에서는 고등학교 졸업자 수가 두자릿수의 비율로 늘어났다.[8] 오랫동안 기본소득을 지지해온 마이클 하워드(Michael Howard)가 지적하듯 "사람들이 노동시장에서 벗어났지만 그런 식으로 벗어난 것은 원하던 바였다".[9] 그들이 노동에서 일로 옮겨 갔다고 말할 수도 있다. 이것이 결과적으로 나쁘다고 할 수 있는가? 아니 그보다 먼저, 일이 줄었다고는 할 수 있는가?

두 실험에 분명하게 나타난 주된 변화는, 실업상태로 보내는 기간이 좀더 늘어난 사람들이 있다는 것이다. 그러나 이를 '게으름'으로 해석해서는 안 된다. 장기적으로 보면 그들의 필요와 능력에 맞는 더 나은 일자리를 찾게 된다는 긍정적 효과가 있었다.

기본소득이 일을 줄일 것이라고 주장하는 다른 사람들은 직관에 의존하거나 도덕적으로 접근하며, 혹은 둘 다에 해당한다. 한마디로 '공짜로 준다'(something for nothing) 논지다. 어느 논평가가 말했듯이 "교환할 수 있는 어떤 가치있는 것도 생산하지 않은 사람에게 물질적 보상을 해주는 것은 경제적·사회적·윤리적 관점에서 문제가 있다"는 이야기다.[10] 이는 노동시장에 있는 노동만이 가치있다고 보는 관점인데, 분명 난센스다. 모든 형태의 '일'은 가치가 있다. 비록 그 가격을 매기기가 어렵거나 불가능할지라도 말이다.

일부 비판자들은 기본소득이 노동과 일을 줄이리라고 주장하는 데서 더 나아간다. 프랑스의 가톨릭계 신보수주의자인 빠스깔에마뉘엘 고브리(Pascal-Emmanuel Gobry)는 미래의 디스토피아를 환기하는데, 여기서는 기본소득 탓에 수백만의 사람들이 "사회적으로 파괴적인 게으름에 물들고" "이 상실된 생산성이 사회 전체에 물들어 더 낮은 성장, 그리고 아마도 더 적은 고용을 낳는 결과"로 이어진다.[11] 이런 주장을 뒷받침할 증거는 전혀 없다. 이는 인간의 조건에 대한 모욕이다. 우리는 최소한의 수준으로 살기보다는 할 수 있는 한 우리의 삶을 개선하려고 한다.

바버라 베르그만(Barbara Bergmann)은 '편안한' 수준의 기본소득이 "일에 대한 유인을 약화할" 것이라고 주장하는 또 한 사람이다. 베르그만은 기본소득으로 노동공급이 줄어들어 조세수입이 감소하면 정부가 세율을 올릴 것이고, 이는 지불노동을 더 하지 않게 만들 것이라고 주장한다.[12] 이런 견해를 뒷받침하는 증거 역시 없다.

여러 나라의 여론조사를 보면, 기본소득을 받을 경우 일과 노동을 줄이겠느냐는 질문에 대해 압도적 다수가 그러지 않을 것이라고 대답했다. 그러나 다른 사람이 일과 노동을 줄일 것 같으냐는 질문을 받으면 그럴 것이라고 대답하는 경향이 있었다. 다른 사람은 게으르고 나는 그렇지 않다니! 비판자들은, 저소득층이 기본소득을 받으면 일과 노동을 줄일 것이라고 가정하는 데 반해 부유한 사람들에 대해서는 그러지 않을 것이라고 가정한다. 어쨌든 빌 게이츠, 워런 버핏, 마크 저커버그 같은 억만장자는 소득이 필요 없는데도 여전히 일할 것이라고!

억만장자를 제외하고 볼 때, 복권 당첨자들을 대상으로 한 1999년의 연구에서는 일의 종류가 무엇이든 모두 일을 계속했다(혹은 계속하기를 원했다). 그러나 예전에 하던 일을 하는 사람은 매우 적었다. 대신에 대부분은 돈을 받든 안 받든 스스로 즐거워하는 일을 하고 있었다. 복권에 당첨되면 뭘 하겠느냐는 질문을 던진 일련의 연구에서, 압도적 다수는 계속 일을 하겠지만 꼭 지금 하고 있는 일은 아니라고 말했다.[13] 자신이 하던 일을 계속하기를 원하는지 아닌지는 당연히도, 버는 돈과 상관없이 그 일을 얼마나 좋아하는가에 달려 있었다. 전문직과 '살라리아트'는 사회적 사다리에서 더 아래쪽에 있는 이들보다 동일한 일자리나 직무를 더 이어갈 것으로 보였다. 사다리 아래쪽 사람들은 더 지겹거나 불쾌한 일자리를 갖고 있으며 직무 만족도가 낮게 나타났다.

스위스에서는 2016년 6월의 기본소득에 관한 국민투표를 앞두고 실시된 여론조사에서 기본소득이 실시될 경우 경제활동을 그만둘 것인가에 관한 질문이 있었다.[14] 당시 이야기되던 1인당 2500스위스프랑(대부분의 사람이 '편안한' 것이라고 간주했다)의 기본소득이라는 전제하에 2퍼센트만이 경제활동을 그만둘 것이라고 답했다. 그러나 3분의 1은 본인 외에 다른 이들이 경제활동을 그만둘 것이라고 생각했다. 한편 절반 이상은 직업훈련의 기회를 가질 것이라 했고, 5분의 1 이상은 독립을 시도할 것이라고 답했다. 40퍼센트는 자원활동을 하거나 더 많이 할 것이라 했고, 53퍼센트는 가족과 더 많은 시간을 보내겠다고 했다. 기본소득은 아무것도 하지 않는 사람에게 돈을 주는 게 아니라, 사람들이 바라고 또 할 수 있는 일을 할 기회를 주는 것이다.

기본소득을 받을 경우 노동공급을 줄이는 사람도 있겠지만 늘리는 사람도 있으리라는 점을 잊지 말아야 한다. 지금까지는 근거 없는 부정적 효과에만 주목하는 경향이 있었다.

그래서 기본소득이 일의 양과 질을 향상시키는 경향이 있다고 보는 지지 입장이 덜 주목받았다. 이런 견해를 뒷받침하는 심리학적 증거가 국가를 막론하고 나타난다.[15] 일련의 실험을 통해 기본적 보장이 확보된 사람은 일을 적게 하는 게 아니라 더 많이 하는 경향이 있음을 알 수 있다. 사람들이 더 협동적이기도 한데, 이는 일하는 집단이 더 생산적일 수 있음을 말해준다. 기본적인 보장으로 더 큰 확신과 에너지, 타인에 대한 신뢰가 생기면서 일을 더 많이 더 잘하게 된다.

　이런 효과는 특히 저소득 사회에서 강하게 나타난다. 10장에서 이야기할 나미비아 기본소득 파일럿의 경우 기본소득을 실시하자 경제활동이 전반적으로 늘었다.[16] 마디야프라데시에서 이뤄진 더 큰 규모의 파일럿에서는 성인 특히 여성의 일과 노동이 증가했다. 많은 수급자가 자기 돈을 기반으로 부업 경제활동을 시작했기 때문일 것이다.[17] 유일하게 노동이 줄어든 집단은 학령기 아동이었다. 학교에만 다닌 아동도 있고, 가족의 농업이나 사업을 도우며 학업을 병행한 아동도 있는데 그 일이 임시 임금노동(casual wage labour)보다는 학업에 덜 방해가 됐다.

　산업화된 부유한 나라의 일에만 관심있는 사람이라면 이런 결과를 무시할지 모르겠다. 그러나 행동반응은 유사할 것이다. 보통 사람은 현재 자신의 처지보다 더 나은 삶을 원한다. 자기가 그렇다고 한다면 다른 사람도 그러리라고 여길 수 없겠는가?

프레카리아트의 일과 노동

기본소득 논쟁에서 중요한 주제가 소득 및 국가수당을 노동의 수행과 연결시킨 20세기 소득분배 체제의 붕괴다. 그 체제에서는 대체로 국민소득의 안정적인 몫이 노동과 자본으로 나뉘었다. 오늘날 일과 노동에서 필요하거나 필요하다고 기대하는 적절한 소득을 아무리 열심히, 아무리 오래 일해도 얻을 수 없는 사람들이 늘어나고 있다.[18] 지구화, 기술변화, '유연한' 노동시장 등은 산업화된 나라의 실질 임금이 평균적으로 예측할 수 있는 장래에 정체되어 있을 것이고, 많은 프레카리아트는 영구적으로 낮은 보수/수당 관계에 묶여 있을 것임을 암시한다.

일부 기본소득 비판자들은 국민소득 가운데 노동이 가져가는 몫이 떨어지는 것은 노동조합이 약한 나라에서만 그렇고, 노동조합이 강해지면 임금과 노동자의 생활수준이 올라갈 것이라고 주장한다.[19] 그런데 문제는 오스트리아처럼 노동조합과 단체협상 체계가 여전히 강한 곳에서도 국민소득에서 노동이 차지하는 몫이 떨어졌다는 것이다.

기본소득은 프레카리아트가 얻는 총소득을 뒷받침해줄 것이다. 또한 기본소득은 저소득층이 적은 금액을 받고 다른 저소득층을 위해 잡무를 해줄 수 있도록 한다. 현재 잠재적인 노동공급자는 특히 자산조사 수당을 잃을 위험을 감수하면서까지 적은 돈을 받고 일할 수가 없으며, 사용자는 노동자에게 적절한 임금을 줄 수 없는 형편이다. 기본소득은 저소득 일자리가 돌아가게 하고 이를 지하경제에서 빠져나오게 할 것이다.

일과 노동의 성별 분업

기본소득의 논쟁적 측면 가운데 하나는 남성과 여성의 노동 유형에 미치는 효과다. 잉그리드 로베인스(Ingrid Robeyns) 같은 일부 비판자들은 기본소득이 여성을 가사일로 '강등함'으로써 전통적 이원성을 강화할 것이라고 주장했다.[20] 그러나 이렇게 되리라 생각할 이유는 없다. 여성이 저마다 기본소득을 받으면 경제적 보장을 더 크게 확보할 것이고, 일과 노동의 분배를 결정할 때 더 나은 위치에 설수 있다. 따라서 캐럴 페이트먼(Carole Pateman)은 기본소득이 노동의 성별 분업을 약화할 것이라고 주장했으며, 알리사 매케이(Alisa McKay), 앤 앨스톳, 케이시 윅스(Kathi Weeks) 등도 마찬가지다.[21]

여성과 남성에게 각각 지급되는 개별적 기본소득이 가구나 가족 내의 수많은 젠더 불평등을 극복할 것이라고 가정할 수는 없다. 그렇지만 확실히 도움이 될 것이다. 현재 모든 나라에서는 사회보장의 필요를 개인이 아닌 가구에 근거해 평가한다. 이는 가구 내의 젠더 불평등을 간과하는 것이다. 서류상 '부유한' 가구라 할지라도, 가구 내의 젠더 불평등으로 여성은 돈을 쓰는 데 제한적일 수 있다.

자신의 파트너가 얼마나 부유한지와 상관없이, 여성이 기본적인 보호장치로서 돈을 독립적으로 쓸 수 있어야 한다는 문제제기가 지난 40여년간 가정폭력에 반대하는 운동을 통해 이뤄져왔다. 음의 소득세 실험의 가장 강력한 결과물 가운데 하나는, 돈을 지급하는 것이 일부 여성에게 폭력적인 관계를 끝내고 독립할 수 있는 수단이 되었다는 것이다. (아이러니하게도 두 실험에서 결혼관계의 해체가 가파르게 증가했는데, 이는 나중에 통계 오류임이 드러나긴 했지만, 미국에서 보장소득에 대한 정치적 지지를 약화시키는 주된 요인이었다.)

한편 가구를 기반으로 한 소득평가로 말미암아 국가는 개인의 사생활을 심하게 침해한다. 1970년대 영국에서 활동한 청구인 조합 여성 회원들은 국가가 "옷장까지 샅샅이 뒤지는" 일을 중단시키고자, 개별적으로 복지를 지급할 것을 (그리고 기본소득이라 할 만한 것을) 요구했다.[22]

모두에게 지급되는 기본소득을 통해 돌봄 제공자(care-givers) 특히 여성은 원한다면 지불노동 대신 자기 일을 할 수 있고, 친척의 선물노동에 의존하는 '돌봄 수취자'(care-recipients)는 돌봄노동서비스를 구매할 수 있게 된다. 브라질에서는 보우사 파밀리아(Bolsa Familia)라는 현금이전 제도로 여성이 육아와 대중교통에 돈을 쓸 수 있게 됨에 따라 여성의 가정 외부 경제활동이 늘어났다. 많은 개발도상국에서 기본소득은 의료의 경우 '부양자'(breadwinner)를 우선시하는 경향에 맞서 그와 동등한 지급을 요구할 수 있도록 여성에게 힘을 실어줬다. 더 나은 의료 덕분에 여성은 더 많은 일을 할 수 있고, 원할 경우 더 많은 지불노동을 할 수 있게 되었다. 단지 건강상태가 더 나아졌기 때문이다. 기본소득이 '명백하게' 일에 대한 유인을 줄이지 않는다는 또다른 사례인 것이다.

기본소득으로 줄어들 수 있는 노동 형태 가운데 하나는 매춘 혹은 성 서비스노동이다. 물론 인신매매와 강제 매춘은 처벌받아야 한다. 그러나 성 서비스노동 자체를 불법화하거나 처벌하는 것은 반자유주의적이며 반생산적이다. 이 관계의 어떤 측면이든 범죄화하는 것은 더 나쁜 형태의 착취를 조장하며, 그런 활동을 지하화한다. 그러나 기본소득은 성 노동자의 협상조건을 강화할 것이며, 그 일에서 탈출하고 싶어하는 사람들을 돕는 해방적인 길이다.

끝으로 기본소득이 '호혜성'이 없다는, 즉 아무것도 하지 않는데 소득을 준다는 주장에 대해서는, 전통적으로 남성 대부분이 여성이 수행하는 지불되지 않는 가사노동의 무임승차자였음을 지적함으로써 페미니즘적으로 적절히 대응할 수 있다. 기본소득은 이 일을 보상하는 것으로서 정당화될 수 있다.[23] 다시 한번 말하자면, 구조화된 불공정은 지불받지 않는 일보다 지불받는 노동이 우선한다는 자의성을 반영한다. 기본소득이 지불받지 못하는 일을 보상하기 위해 임금소득에 약간의 '세금'을 부과한다는 함의를 지닌다면 이런 호혜성의 결여를 수정하는 데 도움이 될 것이다.

일할 '권리'

오랫동안 '일할 권리'가 있다는 주장이 있어왔다. 그런 권리가 있는가? 만약 그렇다면 기본소득은 여기에 어떤 영향을 미치는가? 이 질문에 대답하기 위해 첫번째로 할 일은 '일할 권리'가 무엇인지를 명확히 하는 것이다. 권리란 인간의 자유를 증진하고 옹호하는 것이며 정의상 보편적이고 양도 불가능하다. 그리고 어떤 것이 권리라면 그 권리를 뒷받침하거나 그러한 목표에 도달하기 위해 상응하는 의무(통상 정부의 의무)가 있다. 여기서 '권리'는 최소한 원칙상으로 지켜질 수 있는 어떤 것이어야 한다는 결론이 나온다.

'일할 권리'의 옹호자들이 지켜져야 한다고 생각하는 것은 무엇인가? 이들이 '일'이라고 생각하는 것은 통상 종속된 고용에서 지불받는 일자리다. 그러나 피고용인에게 노동할 '권리'는 자유를 증진시키는 게 아니다. 말하자면 의무 같은 것이다. 일할 권리란 그것이 창조적이고 생산적이고 '재생산적인' 능력을 발전시킬 자유에 대한 권리라고 해석될 때만 맞는 말이다. 그리고 이러한 의미에서 일할 권리는 개인이 기본소득에 대한 사전적인 권리가 있을 때만 존중받을 수 있다. 왜냐하면 기본소득만이 모두에게 재능을 발전시키고 지불받든 그렇지 않든 원하는 일을 배분할 수 있는 자유와 보장을 줄 수 있기 때문이다.

일할 권리라는 개념의 진화는 교훈적이다. 19세기 초 유토피아 사회주의자인 샤를 푸리에가 주장한 '일할 권리'는 이후 맑스에 의해 묵살당했다. 맑스는 자본주의하에서 일할 권리란 "부조리하고, 터무니없이 독실한 바람"이라고 논평했다. 교황 레오 13세는 1891년에 발표한 그 유명한 회칙 「노동조건에 관하여」(Rerum Novarum)에서 일할 권리를 소중하게 취급했다. 유럽 전역에서 노동자의 불만이 커지고, 이와 연관되어 국제 사회주의 운동이 발흥하던 시기에 발표된 이 회칙은 고삐 풀린 자본주의의 병폐에 대한 가부장주의적 반응이었다. 여기서 '일할 권리'는 노동자가 사용자에게 져야 하는 일련의 의무와 함께 나열되어 있다.

20세기에 '일할 권리'라는 생각은 곧 '노동할 의무'라는 것과 섞이게 되었다. 이는 소련에서 절정에 달했지만, 1941년 교황 비오 12세가 노동이 모두의 권리이자 의무라는 터무니없는 주장을 하면서 서방에서도 반향이 있었다. '권리'와 '의무'의 혼합은 '책임 없이 권리 없다'와 '호혜성'이라는 주장으로 오늘날까지 이어지고 있다. 이는 수당을 받는 사람은 그 대가로 노동을 하거나 노동을 찾을 의무가 있다는 의미다. 즉 권리라는 생각 자체를 부정하는 것인데, 권리에는 호혜성이라는 조건이 있을 수 없기 때문이다.

2차대전 이후 '권리'는 1948년의 「세계인권선언」 23조에서 다음같이 규정되었다. "모든 사람은 일할 권리, 일자리를 자유롭게 선택할 권리, 공정하고 유리한 조건에서 일할 권리, 실업으로부터 보호받을 권리가 있다." 이런 약속은 정부가 '완전고용'(실제로는 남성만의 '완전고용'을 의미했다)을 만들어낼 수 있는 능력, 그에 따라 의무에 대해 갑작스럽게 생겨난 믿음과 함께 등장했다.

국제노동기구는 1964년 「122호 고용정책 협약」에서 한걸음 더 나아갔다. 이 협약이 '일할 권리'라는 표현으로 정부의 의무에 관한 사항을 담고 있지는 않지만 이후 이는 그런 방식으로 해석되었다. 1983년에 국제노동기구 고용위원회는 다음같이 말했다. "1964년의 고용정책 협약과 권고에 담겨 있는 완전고용, 생산적인 고용, 자유롭게 선택한 고용의 증진은 현실에서 일할 권리의 실현을 성취하는 것으로 간주되어야 한다."

이렇게 최고 국제기구 차원에서 고용과 노동은 동의어로 취급되었다. 모두의 노동할 의무라는 엄격한 독트린을 가진 소련, 노동 가치를 신봉하는 사회민주당이나 노동당, 그리고 빈곤에 가부장주의적으로 접근하는 가톨릭교회 사이에 구분이 없어졌다.

케인스주의적 거시경제 도구와 사회민주주의의 사회정책에 대한 믿음이 흔들리기 시작하자 1960년대 후반 이래 '일할 권리'는 좀더 신중하게 다루어지는 경향이 있었다. 유엔의 1966년 「경제적·사회적·문화적 권리에 관한 국제 규약」은 1948년 선언보다 좀더 세밀하고 미묘하게 말한다. "이 규약의 당사국은 모든 사람이 자유롭게 선택하거나 수락하는 일에 의해 생계를 영위할 권리를 포함하는 일할 권리를 인정하며, 이 권리를 보호하기 위해 적절한 조치를 취한다."

가톨릭교회 또한 자신의 선언을 수정했다. 1981년에 교황 요한 바오로 2세는 「노동의 수행」 회칙을 발표했는데, 이는 1963년 교황 요한 23세가 1963년에 했던 고용의 '자연권'이라는 혼란스러운 주장을 반복하는 것이었다. 그러나 고용과 일을 동일시하는 혼란이 「노동조건에 관하여」 회칙 100주년을 기념하는 1991년 「100주년」 (Centesimus Annus)에서 인정되었다.

「100주년」은 실업을 억제하기 위해 노동시장 정책의 사용을 지지하긴 하지만 다음같이 결론 내리며, 고용에 대한 권리를 옹호하는데서 한발 뒤로 물러섰다. "국가는 경제생활의 모든 측면을 통제하고 개인의 자유로운 창의성을 제약하지 않으면서 모든 시민의 일할 권리를 직접적으로 보장할 수 없다." 국가가 일할 권리를 보장할 수 없다면 누가 혹은 무엇이 그렇게 할 수 있는가? 이 회칙은 올바르게도 민간 사용자가 일자리를 제공할 의무가 있다는 터무니없는 생각을 말하지는 않았다.

2004년에는 유엔의 해당 기구들의 대표를 포함한(나도 포함된다) 국제 그룹이 「새로운 인권 헌장」[24]을 작성했는데, 이 헌장은 모든 형태의 일이라는 생각을 수용하고 노동할 의무라는 관념을 거부하고 있다. 이 헌장은 존엄하게 생존할 권리를 지지하고 있으며, 삶의 안전에 대한 권리, 인격적 통합성에 대한 권리, 기본소득에 대한 권리, 의료에 대한 권리, 교육에 대한 권리, 존엄한 죽음과 일에 대한 권리를 담고 있다. 일에 대한 권리는 다음과 같이 정의된다.

어떤 형태든, 보수를 받든 그렇지 않든 일할 권리는 삶의 질을 보장하는 가치있는 활동을 수행할 권리를 포함한다. 모든 사람은 공동체의 일반 이익을 존중하는 조건 아래 자기 활동의 결실에 대한 권리와 지적 재산에 대한 권리가 있다.

'일할 권리'가 의미가 있는 것은 이러한 맥락에서만이다. 젠더, 에스니시티, 카스트, 종교, 성적 지향 등과 상관없이 모든 사람은 자신이 선택한 '가치있는 활동'을 수행할 권리가 있어야 하며, 자신이 할 수 있고, 하고자 하는 일을 수행하는 데 자의적인 장벽(부담되고 불필요한 면허의 요구 같은 것) 때문에 못 하게 되어서는 안 된다.[25] 일부 주장과 달리, 기본소득은 일할 권리와 갈등을 빚는 게 아니라 일할 권리에 대한 필수 지지대다. 기본소득을 통해 능력을 개발할 수단을 누리는 것은 물론, 원하지 않는 일자리를 거부할 수도 있다. 궁극적으로 일할 권리는 일하지 않을 권리를 포함해야 한다. 극도로 불안전한 상황에서는 그런 권리가 있을 수 없다.

참여소득

빈곤과 기본소득에 관한 논쟁이 시작된 이래, 소득 지원이 "사회에 기여하는" 조건부여야 한다고 주장하는 이들이 있었다. 토니 애트킨슨은 오랫동안 '참여소득'의 지지자였으며[26] 앙드레 고르츠(André Gorz)도 일찍이 유사한 것을 제안했다.[27] 애트킨슨은 최근 저술에서 모두가 기본소득을 받아야 하지만 그 대가로 최소한 일주일에 35시간 동안 '인정받는' 일을 해야 한다고 제안했다.

이런 의무는 공정해 보여도 실상 그렇지 않을 것이다. 이 조건은 이미 풀타임 일자리가 있거나 소득이 좀더 나은 사람들에게는 영향을 미치지 않지만, 힘든 육체노동을 하거나 매우 낮은 임금을 받는 일자리만 가질 수 있는 사람들에게는 수행하기 어렵고 비용이 들고 까다로운 일이 될 것이다. 또한 이런 조건은 노동시장을 왜곡할 수 있는데, 노동공급을 늘림으로써 저소득층의 임금을 저하시키고, 따라서 '그럴 이유'가 없는 다른 사람들을 빈곤하게 만든다.

대중적 승인만 얻고 실제로 집행하지 않는 제스처에 불과한 것이 아니라면 이러한 제도를 감시하는 행정비용이 어마어마할 것이다. 그리고 이에 따라 어떤 활동을 계산에 넣으며 어떻게 넣을 것이냐는 곤란한 문제가 생길 것이다. 몸이 약한 할머니를 돌보는 것은 인정받는 일로 계산될 것인가? 그렇다면 누군가가 할머니를 돌보는지 텔레비전으로 축구경기를 보는지를 관료제의 공무원이 어떻게 결정할 것인가? 돌봄을 받는 사람에게서 보고서를 받는 게 돌봄 바우처를 얻기 위해 필요할 것인가?

관료가 임의로 판단할 수 있는 여지는 물론, 편법이 작동할 여지도 상당할 것이다. 인정받는 일이 자발적인 사회적 일에 한정된다 하더라도 주관적인 판단이 커질 것이다. 감독자는 어떤 사람이 35시간이 아니라 25시간만 일했다고 보고함으로써 자발적인 일을 하는 사람들을 소외시킬 것인가? 실제로 참여소득 제도는 불공정을 키우는 장치가 될 것이다. 앞서 언급한 것처럼 어떤 형태든 '호혜성'이라는 조건이 붙는다면 그 권리는 권리가 아니다.

왕립예술협회가 제시한 기본소득 제도에서는 18~25세 수급자에게 '기여 계약'도 제안하고 있다.[28] 친구·가족·공동체의 비구속적 계약하에서는 기본소득을 받는 대가로 몇가지 일을 기여하는 데 동의할 수 있다. 정부의 감시가 없고, 계약을 어기지만 않는다면 제재받을 위협도 없을 것이다. 그런 계약은 어떤 해도 미치지 않고, 기본소득이 정치적 정당성을 얻는 데 도움이 될 것이다. 그러나 자기 조카나 이웃이 계약을 지키지 않는다고 불평하는 사람도 있을 것이며, 적절한 절차 없이 인신공격을 가할지도 모른다. 이런 아이디어는 잊어버리는 게 낫다.

더 게으를 것을 찬양한다

나는 오늘 내 일을 하려고 했다—

그러나 갈색 새가 사과나무에서 노래 부르고 있었고,

나비가 들판에서 팔랑이고 있었으며,

나뭇잎들이 일제히 나를 부르고 있었다.

— 리처드 르 갤리언(1866~1947) 「나는 오늘 내 일을 하려고 했다」

따분한 노동주의자의 설교에 반해, 약간의 게으름은 본질적으로 아무 잘못이 없다. 여러 시대 위대한 철학자들은 게으름을 지지했다. 아리스토텔레스는 사색적인 사고를 위해 게으름(aergia)이 필요하다며 대놓고 인정했다. 버트런드 러셀은 유명한 에세이 『게으름에 대한 찬양』(*In Praise of Idleness*)을 썼다. 맑스의 사위인 뽈 라파르그(Paul Lafargue)는 『게으를 권리』(*Le Droit à la paresse*)라는 전복적인 책을 썼다. 공산주의자들은 『게으를 권리』가 모두들 더 열심히 일하는 데 반하는 책이라며 싫어했다. 오늘날 'idleness'와 'lazy'라는 단어는 나태, 시간 낭비, 부유(浮遊)를 의미하는 것으로서 경멸적으로 쓰인다.

게으름이 뭐가 문제인가? 현대사회의 우리는 그 어느 때보다 느려질 필요가 있으며 카토(Cato)의 지혜를 떠올려야 한다. "사람이 아무것도 하지 않을 때보다 활동적일 때는 없다." 우리는 성찰하고 숙고하며 곰곰이 생각한다든지, 진정한 의미에서 의사소통하고 배우는 능력마저 잃어버릴 위험에 놓였다.

갈릴레오부터 애덤 스미스까지 역사상 많은 위대한 인물들은 흔히 경제적 의미에서 '게을렀기' 때문에 문명에 기여할 수 있었다.[29] 찰스 다윈은 자기가 부유한 집안 출신이었기 때문에 비글호를 타고 역사적인 항해를 떠날 수 있었다고 인정했다. 부유한 집안 출신이었기에 "생계를 위한 일을 하지 않고 충만한 여가"를 누릴 수 있었다는 것이다. 르네 데까르뜨는 서양 철학과 수학을 혁신하는 돌파구를 열 수 있었던 까닭이 "고맙게도 재정상태 때문에 과학을 직업으로 삼지 않아도 된다고 느꼈기" 때문이라고 말했다. 물론 그들이 행한 것은 '일'이라 해야겠지만, 우리 노동통계에는 그들의 돈 안 되는 노력이 게으름으로 취급될 것이다.

이 '여유 있는 신사들'이 훗날 성취한 것은 거의 예측할 수 있는 바가 아니었다. 이는 모든 사람이 원한다면 게으를 자유가 있어야 한다는 주장을 뒷받침해준다. 열정과 재능이 있다면 나중에 더 크게 기여할 것이다. 그러지 못하더라도 사회와 경제에 미치는 손실은 얼마 안 될 것이다.

예를 들어 많은 사람이 즐거움과 레크리에이션을 위해 스포츠를 한다. 일부는 그 스포츠를 '잘하기' 때문에 같은 활동을 하고 돈을 후하게 받는다. 그들의 기술에 대한 수요가 있고 시장이 있다. 그러나 아직 잠재력이 드러나지 않은 다른 사람들을 무시한 채, 선택된 개인들에게 이들이 '잘할'지도 모르는 일을 하도록 하기 위해 공공의 돈을 주는 것은 불공정해 보인다. 영국 정부가 이런 일을 했는데, 국가 복권 기금을 잠재적인 올림픽 챔피언을 후원하기 위해 썼던 것이다. 실제로 정부는 그들이 스스로 선택한 스포츠를 가능한 한 많은

시간 동안 할 수 있도록 기본소득을 준 것이다.[30]

왜 다른 사람에게도 주면 안 되는가(잠재적 승자이건 아니건)? 왜 다른 사람들은 어떤 것이건 능력을 개발하기 위해 재정적 보장이 있으면 안 되는가? 올림픽 기금 마련 정책은 사람들이 재능·잠재력·직업을 개발하기 위해 기본적인 보장이 필요하다는 것을 인정하는 내용이다. 그러나 이 정책은 모두에게 동등하게 적용돼야 하며, 이것이 기본소득이 하고자 하는 일이다.

게으름에 대한 이 짧은 성찰은 경고로 끝난다. 기본소득 지지자들이 나태한 삶을 함축하는 '게으를 수 있는 권리'를 모두에게 주는 게 기본소득이라고 말한다면 이는 정치적으로나 지적으로 잘못을 저지르는 일이 될 것이다. 기본소득을 느리게 사는 것, 즉 슬로타임 운동을 용이하게 하고 시간에 대한 통제권을 더 많이 갖게 하는 것으로 봐야 좀더 매력적이다. 이 속에서 난처함, 비난, 징벌적 제재 없이 게으른 시간을 누릴 수 있다.

창조적인 일과 재생산하는 일

기본소득으로 말미암아 부유층뿐만 아니라 더 많은 사람이 자신의 열정을 추구할 수 있을 것이다. 이는 개인적으로 만족스러울 뿐만 아니라 기업가 정신의 장려를 통해, 창조적인 노력을 통해, 모든 수준에서 사회적으로 가치있는 일의 추구를 통해 사회에 커다란 배당을 창출할 수 있다. 존 오패럴(John O'Farrell)은 이렇게 썼다.

무언가 창조적인 일을 한 사람이라면 재정적 보장이 조금이나마 있었기에 그렇게 한 것이다. 이 점이 버지니아 울프가 '자기만의 방과 연 500파운드'를 필요로 한 이유다. 수세기 동안 영국인 가운데 소수만이 잠재력을 터뜨릴 수 있었다. 나머지는 자신의 진정한 재능을 펼치거나 발견할 수 있는 처지가 아니었다.[31]

우리 사회는 더 많은 여가를 가질 수 있는 사람이 필요한데, 이는 개인의 휴식을 위해서뿐만 아니라 가족·친구와의 유대를 강화하고 시민생활과 정치생활에 참여하기 위함이기도 하다. 학부모-교사 협회를 운영하는 것에서 연장자를 방문하는 것까지 지불되지 않는 일은 공동체가 기능하고 번성하는 데 핵심적이다. 그러나 모든 종류의 자발적 조직에 참여하는 일이 거의 모든 지역에서 쇠퇴하고 있다. 미국의 경우 이는 (전부는 아니지만) 대체로 한때 자발적 조직의 주된 운영자였던 여성의 노동력 참여가 늘어난 것을 반영한다.[32] 기본소득은 사람들이 정치적 참여와 논쟁에 시간을 쓸 수 있도록 할 것이며, 현재 대부분의 나라에서 심각하게 결여되어 있는 '숙의민주주의'를 회복하는 데 도움이 될 것이다.

친척을 돌본다거나 공동체 일을 하는 등 '재생산'의 일로 전환함으로써 환경적으로 긍정적인 효과를 기대할 수 있다. 이는 자원을 고갈시키는 활동에서 자원을 보존하는 활동으로 전환하는 것이기 때문이다. 더 적은 노동시간은 생태발자국(ecological footprints)*을 더 적게 만드는 것과 상관관계가 있다.[33] 그리고 기본소득을 통해, 데이비드 그레이버(David Graeber)가 '거지 같은' 일자리라고 한 것, 즉 혐오스럽거나 무의미하다고 생각하는 일을 거부하거나 거기에 더 적은 시간만 쓸 수 있게 된다.[34]

2장에서 언급했듯이, 기본소득은 정부가 오염을 방지하고 기후변화를 완화하기 위해 탄소세나 기타 환경적 조치를 시행하는 데에도 도움이 될 것이다. 관련 재화와 서비스의 추가 비용을 보상해준다든지 이런 조치 때문에 잃어버리거나 망가진 생계를 보상해주기 때문이다. 일부 '탈성장' 운동 지지자들은 기본소득을 최소한 전통적인 방식으로 측정된 '성장 없는 번영'을 증진시키는 다른 정책과 함께 경제적 재구조화의 통합된 일부로 본다.[35] 소득을 고용에 덜 의존하게 함으로써, 기본소득은 사람들이 일자리를 찾는 것에 의문을 갖게 하고 일자리·생산·소비의 관계에 대해 다시 사고하도록 한다.

장애와 일할 능력 심사

행위적인 '일' 심사는 그 내재된 어리석음 덕분에 계속 남아서 점차 전통적 사회보장 체계의 일부가 되었다. 많은 사람이 '장애'나 '손상' 때문에 일이나 노동을 못 하며, 하려고 해도 곤혹스럽고 비용

---

* 캐나다의 생태학자인 윌리엄 리스(William Rees)와 마티스 웨커네이걸(Mathis Wackernagle)이 만든 지표다. 인류가 소비하는 자원과 배출되는 폐기물을 처리하는 데 드는 비용을 토지 면적으로 환산한 수치인데, '한 사람이 밟고 선 땅의 넓이'라는 의미에서 '생태발자국'이라 부른다. 생태발자국 수치가 높을수록 생태계 훼손이 크다는 뜻이다.

이 든다. 정부는 이런 현실에 부딪혔다. 그러나 '자격이 있는 빈민'에게 국가수당을 맞추고 있기 때문에 정치가들은 '일할 능력' 심사를 적용해서 장애수당을 받을 자격이 있는 사람의 수를 줄이려 한다. 이는 필연적으로 자의적이고 차별적일 수밖에 없다. 이는 또한 장애인에 대한 대중의 의심과 적대감을 불러일으켰다. 영국에서 관련 규정이 엄격해진 이후 장애인에 대한 매우 불쾌한 신체적 공격이 일부 있었던 데서 알 수 있다.[36]

더 엄격하고 더 배타적인 규정이 유럽과 북아메리카의 많은 나라에서 도입되었다. 미국 연방대법원은 장애인이 일할 수 없다는 점을 증명하는 것을 더 어렵게 했고, 수당 자격이 있는 사람들의 수를 줄이는 데 기여했다. 모든 곳에서 일할 능력 심사는 특히 요통이나 우울증 같은 간헐적 장애가 있는 사람들에게 타격을 입혔다. '좋은' 날에는 고용될 수 있는 능력이 있다는 판정을 받는다. 심지어 '좋은' 날 다음에 '나쁜' 날이 올 수도 있다.

일할 능력 심사는 우스꽝스러운 도덕적 해이를 낳기도 한다. 어떤 사람이 장애라는 제약을 극복하고자 노력했고, '일할 능력'이 있다는 판정을 받았을 경우 이 사람은 수당을 잃는 한편 여전히 일자리를 얻지 못할 수 있다. 이런 노력을 하지 않았다면 수당을 잃지 않았을 것이다. 장애를 극복하고자 노력하는 것이 처벌을 받는 셈이다.

이런 정책은 이미 불리한 처지에 있는 사람에게 낙인을 찍고 이들을 처벌한다. 어떤 종류든 행위와 소득 보장을 연결시키지 않고 추가 생활비와 고용을 통해 벌 수 있었던 소득의 상실을 계산해서 특정한 장애수당을 제공하는 것이 도덕적으로나 행정적으로 더 나을 것이다. 이는 어떤 장애가 있는 사람이 노동으로 소득을 얻기 위해 노력한 데 대한 적절한 보상이 될 것이다. '일할 능력' 심사를 폐기하고 무조건적 기본소득을 제도화하는 것이 일할 능력을 개발하려는 유인을 증가시킬 것이다.

특정한 형태의 장애에 추가 생활비가 얼마나 필요한지, 그러한 장애가 소득에 어떤 영향을 미쳤을지에 대해 의학적 심사를 통해 결정해야 한다. 그러면 그 추가 비용과 상실된 소득에 근거하여 기본소득에 추가되어야 할 수당을 계산할 수 있다. 이것은 낙인효과를 줄이고 장애인이 사회적으로 정당한 보상을 받는 데 도움이 될 것이다.

일과 여가를 우선시하기

적당한 수준의 기본소득을 도입한다고 해서 일과 노동이 그치지는 않을 듯하다. 도리어 일의 양과 질이 높아질 듯하다. 기본소득은 '일할 권리'에 의미도 부여해줄 것이다. 우리는 일과 노동을 구별해야 하고, 레크리에이션과 여가를 구별해야 한다. 노동과 레크리에이션만이 아니라 모든 것이 인정되어야 하고 모든 것이 필요하다. 내가 제안한 프레카리아트 헌장의 스물아홉개 조 가운데 첫번째 조항이 일을 재개념화할 필요라고 한 게 이런 이유 때문이다.[37]

기존 사회보장 체계는 노동이 아닌 모든 가치있는 일에 대해 삼중의 벌칙을 부과한다. 첫째, 이 일을 하는 데 대해 보수를 받지 못한다. 둘째, 보수를 받는 노동을 수행하는 데 쓰이는 시간을 상실한다.

셋째, 노동에서는 기여형 사회수당을 받을 자격이 생기지만, 다른 대부분의 일에서는 그렇지 못하다. 기본소득을 통해 우리가 일자리와 노동에서 스스로 더 가치를 두는 다른 형태의 일로 초점을 옮긴다면, 또 자기를 도야하고 활기차며 어쩌면 정치적인 형태의 여가로 초점을 옮긴다면 이는 중요한 성취가 될 것이다.

불행하게도 일에 대한 편견 어린 관점이 주류 정치 담론에 퍼져 있다. 2016년 9월 영국 하원에서 있었던 기본소득 토론에서 고용부 장관 데미언 힌즈(Damian Hinds)는 이렇게 말했다. "가장 온건한 수준의 보편적 기본소득 체계일지라도 더 많은 세금이 필요해진다. (…) 동시에 시민들 사이에서 일의 동기를 현저히 약화시킬 것이고, 이는 국민경제에 예측할 수 없는 결과를 낳을 것이다."

힌즈 장관은 기본소득이 정부가 실시하기로 예정한 유니버설 크레디트와 비교할 때 '일할 유인이 적다'(disincentivise work)고 덧붙였다. 이런 진술은 어느 면으로 보나 틀렸다. 유니버설 크레디트 제도하에서 소득에 대한 한계 '세'율은 기본소득의 32퍼센트(현행 세율과 국가보험 요율)와 비교할 때 80퍼센트가 넘을 수 있다. 힌즈 장관은 일자리를 가지고 하는 노동이 아닌 다른 형태의 일이 있다는 것을 인정하지 않는다.

기본소득은 개인이 아주 중요시하는 일을 할 유인과 기회를 늘릴 것이다. 더욱이 기본소득은 스콜레의 정신에 따라 성찰적 게으름을 통해 더 생산적인 여가를 즐길 수 있는 욕망과 능력을 높일 수 있다. 끊임없는 노동과 소비주의에 기초한 경제체제에서 우리는 느리게 살 필요가 있다. 기본소득은 우리가 그렇게 하도록 자극한다.

9

대안들

BASIC INCOME

경제적 불안전·불평등·빈곤이라는 오늘날의 위기를 해결하기 위해 기본소득의 대안으로는 주로 어떤 정책이 제안되거나 실시되었을까? 이번 장에서는 국민 최저임금과 '생활임금'이라는 그 다양한 변종에 대해, 기여형 사회보험(영국의 국가보험)에 대해, 자산조사 사회부조에 대해, 바우처와 푸드스탬프 등 음식과 기타 기본재의 보조에 대해, 워크페어와 '복지에서 일로'(welfare-to-work) 계획에 대해, 영국에서 이제 실시된 '유니버설 크레디트'라는, 명칭이 잘못 붙은 제도를 비롯한 세금공제에 대해 논의한다. 모두 기본소득보다 더 나은 선택지로 언급되며 현재 전세계의 발전한 경제권에서 실행되고 있다.

공정한 비교를 위해서는 동일한 기준으로 평가해야 한다. 각각의 경우에 다음 질문이 제기될 것이다. 2장에서 논의한 것처럼 해당 정책이 사회정의를 증진하는가? 3장에서 규정한 공화주의적 의미의 자유를 증대하는 방법을 제공하는가, 아니면 자유를 침해하는가?

4장에서 대략 이야기한 넓은 의미의 불평등을 줄이는가, 아니면 확대하는가? 사회경제적 보장을 확대하는가, 아니면 불안전을 심화하는가? 실제로 빈곤을 감소시키는가? 이 모든 질문은 전세계 시장경제의 틀을 규정하는 지구화, 기술혁명, 신자유주의 경제정책의 맥락에서 고려되어야 한다.

앞서 개요를 제시한 사회정의 원칙들은 어떤 정책을 평가하는 데 유용한 체크리스트를 제공한다. 다시금 언급하자면 이렇다.

보장차등 원칙: 사회에서 가장 안전하지 못한 집단의 보장을 증진하는 정책이어야 사회적으로 정의롭다.

가부장주의 검증 원칙: 사회에서 가장 자유로운 집단에는 부과하지 않는 통제를 다른 어떤 집단에도 부과하지 않는 정책이어야 사회적으로 정의롭다.

자선이 아닌 권리 원칙: 수당이나 서비스 수급자의 권리를 증대하고 제공자의 자의적 권력에 제한을 가하는 정책이어야 사회적으로 정의롭다.

여기에 두가지 원칙을 추가할 수 있다.[1]

생태적 제약 원칙: 해당 정책의 영향을 직접 받는 공동체나 사람들이 부담할 생태적 비용을 부과하지 않는 정책이어야 사회적으로

정의롭다.

존엄한 일 원칙: 사람들이 존엄한 방식으로 일을 추구하는 것을 방해하지 않으며, 그런 관점에서 가장 불안전한 집단에게 불이익을 주지 않는 정책이어야 사회적으로 정의롭다.

각 정책은 이런 원칙을 염두에 두고 평가되어야 한다. 물론 상충되는 원칙들도 있지만 이들 원칙에 명백히 반하는 정책이라면 조심해야 한다.

법정 최저임금과 '생활임금'

지구화 시대의 거의 모든 정부가 노동시장을 좀더 유연화한다는 의제의 일부로 단체 협상을 약화하고 노동조합을 제약했다. 대부분의 정부는 이를 임금 기반(wage floor)과 결합시켜 임금의 실질 가치가 하락하도록 했다. 그러면서도 영국에서는 법정 최저임금을 전국에 도입했고, 독일에서도 최근 그렇게 했으며, 미국에서는 기존 최저임금 법률을 더 강화했다.

역설적으로 법정 최저임금은 안정적인 풀타임 일자리가 지배적인 산업 노동시장에서는 잘 작동할 수 있다. 유연성이 높은 제3의 노동 체계에서는 잘 작동하지 않을 것이다. 여기서는 일과 노동을 측정하는 것이 불가능하지는 않아도 쉽지 않을 때가 꽤 있다. 최저임금은 대개 시간율로 정한다. 그러나 예를 들어 제3의 경제에서 '시간당 일'을 어떻게 측정할 것인가? 여기서는 사람들이 더이상 고정된 작업장에 시간 맞춰 오가지 않고 서로 다른 장소에서 가끔씩 일하는 때가 늘고 있다. 기본소득과 달리 최저임금은 노동자들의 협상 위치를 바꾸지 못한다. 무언가가 뒤를 받쳐준다는 것을 아는 상태에서 최저임금 이상이건 이하이건 착취적인 임금을 제시할 때 '아니'라고 좀더 쉽게 말할 수 있다. 기본소득이 없다면 제시받은 임금이 마음에 들지 않을 때 사용자에게서 '받아들이라'는 소리를 들을 수 있다.

또한 최저임금은 복잡하며 감시하고 실행하는 데 비용이 든다. 영국의 전국최저임금법이 1998년에 도입된 이래 수백개 회사가 법을 어긴 것으로 드러났지만 겨우 아홉명의 사용자만 이 때문에 기소당했다. '비행폭로'에 응하지 않는 사람들은 법원을 통해 장기간의 소송을 진행해 조사해야 한다. 게다가 최저임금은 피고용인만 포괄하며, 일자리가 없는 사람은 말할 것도 없고 오늘날 산업화된 나라의 특징이 된 점증하는 자영업자와 이른바 독립계약자는 범위에 두지 않는다. 그리고 최저임금은 빈곤을 해결하는 데 효율적인 방법이 아니다. 최소한 영국에서는 최저임금을 받는 대부분의 사람이 가장 가난한 가구에 속하지 않는다.

최저임금에 반대하거나 그 수준이 '너무 높다'고 생각하는 사람들은 대개 회사가 임금 비용을 줄이기 위해 더 적은 노동자를 고용하게 될 것이라고 주장한다. 실제로는 실업에 미치는 영향이 작다는 것이 입증된다. 그러나 사용자들은 이전보다 미미하게 처우를 개선하거나 심지어 더 나쁘게 대우하는 방식으로 비용을 줄인다.

예를 들어 시간당 최저임금이 10파운드이고 어떤 회사가 청소서비스를 위해 주당 30시간씩 100명의 노동자를 고용한다고 하자. 최저임금이 12파운드로 오르면 회사는 임금 계산 시간을 25시간으로 줄일 수 있는데, 이렇게 하면 임금 비용은 변하지 않고 노동자들은 더 나아지지 않는다. (아마 노동자들은 더 나빠질 것이다. 더 적은 시간에 같은 양의 청소를 해야 하거나 임금을 받지 못하고 추가 노동을 해야 할 것이다.)

영국 정부가 2015년에 전국생활임금(National Living Wage)을 도입한 이후 이런 일이 일어났다.[2] 한 사례를 들자면 국세청(HMRC)에 청소서비스를 제공하는 어느 회사는 청소부의 주당 노동시간을 30시간 이하로 줄여 노동자를 심각한 빈곤의 덫으로 몰아넣었다. 노동자들은 적은 노동시간으로 시간당 임금 인상이 무효화됐고, 근로세금공제를 받을 자격도 상실했다. 이는 최소한 주당 30시간 이상 일하는 사람만이 혜택을 보는 것이다. 청소부들의 상황은 더 나빠졌으며, 차라리 일자리를 갖지 않고 수당을 제대로 청구하는 게 더 많은 돈을 받게 된다는 이야기를 들었다.

그러나 복잡한 사회부조 제도로 피해를 입은 사례를 보자면 세금공제를 받지 못하게 된 한 여성은 계속해서 그 일자리를 가지고 있을 수밖에 없었는데, 왜냐하면 사회부조 수당을 청구할 경우 가족이 살고 있는 집을 잃을 게 뻔했기 때문이다. 그 여성은 자기 아이들을 키우는 방 세개짜리 주택에 살아서 이른바 '침실 세금'(현재 가족에 따라 법정 최저 침실 수 이상을 가진 사람들에 대해서는 주택수당 금액을 줄인다)을 적용받아 임대료를 감당할 수 없었고 더 작은 주택으로 이사해야 했기 때문이다. 놀랄 일도 아니지만 얼마 후 그 여성은 스트레스에 따른 고혈압으로 병원에 입원했다.

사회정의의 원칙에서 최저임금은 보장차등 원칙을 만족시키지 못한다. 사회에서 가장 불안전한 집단, 특히 현대의 '유연한' 노동시장에서 가장 불안전한 집단에게 더 많은 보장을 가져다주지 못하기 때문이다. 최저임금이 가부장주의 검증 원칙과 자선이 아닌 권리 원칙에서는 당연히 높은 점수를 받을 수 있지만 자유를 증진하지는 못한다. 최저임금은 일부 노동에 좀더 가능한 재정 수준을 제공할 뿐이다. 기껏해야 최저임금은 자원보전적이고 '재생산적인' 일에 비해 자원사용 노동을 선호하긴 하지만 생태적 제약 원칙에 대해 중립적이다. 사회 노동시장 정책의 유용하고 주요한 수단으로서 최저임금의 시대는 확실히 지나갔다.

사회보험 혹은 국가보험

20세기 대부분의 기간 동안 복지체제는 베버리지나 비스마르크 모델에 기초한 사회보험 원칙에 토대를 두었다. 이 체제의 핵심은 연대였다. 보험 위험의 가능성이 낮은 사람이 위험성이 더 높은 사람과 교차 보조를 하는 것이다. 이러한 보험 위험을 '우발적 위험'이라고 하는데, 실업·질병·사고·장애·임신 등이 여기에 포함된다. 각각의 경우에 사건이 일어날 통계적 가능성에 근거하여 보험료와 보험금에 대한 보험 통계적 계산이 가능하다.

실제로 사회보험 체계는 그 옹호자들이 주장한 것처럼 연대적이지 않으며, 겉보기와 달리 보편적이지 않은데 특히 여성에게 불리하다. 그러나 기여의 토대가 확실하고 사람들이 이를 위한 기여금을 충분히 내는 한, 그리고 사람들에게 가장 우려스럽거나 영향을 크게 미치는 위험이 보험에 드는 한, 사회보험 체계는 광범위한 민주적 지지 속에서 합리적으로 잘 작동했다.

21세기에는 그전과 달리 이런 조건이 더이상 적용되지 않는다. 더 많은 사람이 불안정한 노동을 들락날락하게 되면서 기여의 토대가 침식당하고 있고, 의무가 있는 정부는 일반 수입을 사회보험 재원 부족분을 채우는 데 쓰고 있다. 같은 이유로 사람들은 점점 보험 혜택을 받을 수 있는 자격을 얻기 위한 적절한 기여 기록을 쌓지 못하고 있고, 그 때문에 어려운 시절에 자산조사 부조에 의존해야 한다. 그리고 더 많은 사람이 보험 혜택을 조금밖에 혹은 전혀 받지 못할 위험에 노출되고 있다.

한편 우발적 위험이 낮은 고소득층은 고위험군의 수가 늘어나면서 교차 보조를 점점 꺼리고 있다. 이 때문에 사회보험 수당의 정치적 정당성과 지지가 약화되고 있고, 수당과 기여율 축소를 요구하는 데 힘이 실리고 있다.

무엇보다 4장에서 서술한 것처럼 경제적 불안전의 성격에 변화가 있었다. 특히 프레카리아트는 점점 더 불안정한 소득을 올리고 있으며, 이들의 불안전은 불확실성의 하나라서 사회보험이 제대로 작동하지 않는다. 사회보험은 안정적인 산업적 풀타임 고용에 주로 기반을 둔 경제에서 적절하게 작동한다. 이는 손짓하는 미래는 물론 오늘날과도 동떨어진 것이다.

유연한 제3의 경제에서 사회보험은 가부장주의 검증 원칙과 자선이 아닌 권리 원칙을 통과할지라도 보장차등 원칙을 통과하지 못한다. 최저임금이 통과하지 못한 것과 같은 이유로 사회보험은 '일'보다 '노동'에 보상하기 때문에 생태적 제약 원칙에도 도움이 되지 못한다. 요약하자면 가장 박탈당하고 불안전 사람들에게 별로 혜택을 주지 못하면서 사회정의와 공화주의적 자유를 증진하는 데 실패한 셈이다.

자산조사 사회부조

사회보험이 사람들의 신뢰를 잃어가는 가운데 기본소득에 대한 주요 핵심 대안으로는 '빈민'으로 규정되는 사람들을 '타깃으로 하는' 자산조사 사회부조가 있다. 이것이 '핵심' 대안인 이유는 일단 자산조사 사회부조가 도입되면 다른 정책의 도입은 필연적으로 이를 뒷받침하기 위한 것이 되기 때문이다.

20세기 복지국가가 건설되자 리처드 티트머스(Richard Titmuss)의 유명한 격언이 널리 인정되었다. 즉 빈민(the poor)만을 위한 국가수당은 확실히 빈곤한(poor) 수당이라는 것이다. 이는 주로 사회의 나머지 사람들이 이런 제도를 옹호하는 데 관심이 없기 때문이다. 그러나 1980년대와 1990년대에 복지국가가 압력을 받으면서 모든 정부가 방향을 바꾸어, 궁핍한 시절에 복지국가를 '지키기' 위해 필요하다는 이유로 종종 정당화된 자산조사 사회부조 제도라는 틀을 만들었다.

자산조사라는 생각은 믿을 수 없이 간단하다. 돈이 가장 필요한 사람에게 제한된 돈만을 쓰겠다는 것이다. 한편 자산조사는 대중의 눈에는 복지지출이 정당한 것으로 보이게 한다. 왜냐하면 정치가들은 돈이 가장 필요한 사람에게 간다고 주장할 수 있기 때문이다. 그러나 여러 연구가 증명하는 바는 이 체제에 지독한 결함이 있다는 것이다. 자산조사의 진정한 동기가 가난한 사람을 돕는 게 아니라는 것이다. 여기 열가지 결함이 있다.

첫째, 소득 측정이 복잡하고, 자의적인 탈락 규칙이 있다는 것이다. 저축과 '부'를 고려하는 것 때문에 탈저축을 장려하며 이는 재정적으로 어려운 시기에 회복력을 줄인다.

둘째, 자산조사를 적용하는 것은 행정부와 청구자 모두에게 높은 비용을 수반한다. 청구자는 수당 사무실로 가서 기다리고 줄을 서야 하고 긴 서류 양식을 채워 넣어야 하고 관련 서류를 만들어야 하는데, 이 모든 것은 시간이 들고 종종 돈이 필요하다.

셋째, 자산조사는 사생활을 침해하는 질문을 하게 되는데, 여기에는 청구자의 친밀한 개인적 관계가 포함된다. 예를 들어 소득이 있는 동거인이 있는지를 확인하기 위해 직접 집을 방문해야 할 수도 있다. 이는 사생활을 캐는 체제이며, 사생활을 침해하고 무죄가 아니라 죄를 가정함으로써 청구자와 담당 직원 모두에게 모욕을 준다.

넷째, 결국 자산조사의 과정과 결과는 낙인을 찍는 것이다. 이것은 종종 의도적인데, 청구자가 단념하게 하여 복지비용을 줄이기 위한 것이다. 최근 영국 정부와 미국 정부의 자문이 말한 것처럼 청구자는 비천하게 다루어져야 하며, 자신의 어려움에 대해 스스로를 탓해야 한다.[3] 기독교인이 아니라 하더라도 맬컴 토리의 반박에 찬성할 것이다. "수급자에게 낙인을 찍는 자산조사 수당은 신의 이미지를 따라 창조되었고, 오직 신에 의해서만 더 나아질 수 있는 존엄성을 가진 우리의 지위를 인정하지 않는 것이다."[4]

이 다음에 나오는 것이 낮은 신청률이라는 다섯번째 결함이다. 자산조사 제도가 적용되고 있는 모든 나라의 거의 모든 경우를 살펴보면, 수당을 받을 자격이 있는 많은 사람이 수당을 받지 못한다는 증거를 반복해서 찾아낼 수 있다. 이는 두려움·부끄러움·무지 때문에 청구하는 것을 주저하기 때문이다. 아마 질문을 잘못 이해하거나 '잘못된' 대답을 해서 청구를 제대로 하지 못하기 때문이다. 사소한 이유(약속 시간에 늦는 것 등)로 일선 공무원에게 수당 지급을 거부당하기 때문이다. 공무원들 입장에서는 그게 자기 일이고 경력을 쌓는 일인 것이다.

영국에서는 자산조사 실업수당―구직수당(JSA, Jobseeker's Allowance)으로 이름이 변경되었다―의 수급률이 떨어졌으며, 지금은 받을 자격이 있다고 추정되는 사람 가운데 절반만이 청구하고 있다.[5] 2014~15년 회계연도에 구직수당 가운데 24억 파운드가 청구되지 않았는데, 자격이 있으나 받지 않은 가구당 3000파운드에 해당한다. 수급률이 낮은 또다른 수당은 연금 크레디트다. 이것은 완전한 국가연금을 받을 자격을 얻기 위한 국가보험 기여금을 충분히 납부하지 못했거나 국가연금을 보충할 다른 소득이 없는 저소득층, 특히 여성을 지원하기 위한 것이다. 2014~15년에 자격 있는 연금 수령자 열명 가운데 네명이 30억 파운드에 상당하는 크레디트를 청구하지 않았다. 이는 자격이 있지만 받지 않은 가구당 2000파운드에 해당한다.

미국에서는 자산조사 주거 보조를 받을 자격이 있는 사람 가운데 4분의 1만이 받았으며, 바우처를 받기 위해 수년 동안 대기자 명단에 있어야 했다. 매년 발행되는 바우처에는 제한이 있다.[6] 필요한 가족에 대한 임시 지원(TANF, Temporary Assistance for Needy Families) 프로그램은 빈곤한 가족이 늘어남에도 빈곤 가족의 4분의 1만 이용했다.[7]

여섯째, 자산조사는 '우리'와 '그들'을 분리하면서 사회적 연대를 약화시킨다. 스스로 살아가는 우리는 식객인 그들을 후원하기 위해 세금을 납부하고 있다. 이러한 공리주의적 관점은 오늘날의 슬픈 현실이다. 사회적 유동성이 약화되면서, 또 부유층이 일상적인 위험에 대해 사적 보험과 늘어난 자산으로 대처할 수 있게 됨에 따라 공리주의적 관점이 강화되고 있다. 이는 정치가들이 국가수당을 실질적으로 줄이고 국가수당을 청구할 수 있는 사람들의 수를 줄이는 방법을 찾는 데 하나의 요인이다.

일곱번째이자 가장 잘 알려져 있는 문제점은 악명 높은 빈곤의 덫이다. 이는 불안정의 덫에 수반되는 것이며, 4장에서 개요를 설명했고, 다른 여러곳에서도 면밀하게 검토되었다.[8] 미국에서는 자산조사로 생겨난 빈곤의 덫 때문에 35개 주에서 최저임금 일자리를 가진 사람들이 손실을 보았다('세'율이 100퍼센트가 넘는다).[9] 일부 논평자들은 저임금 일자리를 갖지 않으려는 경향을 줄이기 위해, 실업자가 일자리를 가질 경우 수당을 천천히 없애야 한다는 제안을 했다. 그러나 이것은 이전에 수당 수급 자격이 없으면서 같은 일자리 혹은 임금이 더 낮은 일자리를 가졌던 다른 사람들과 비교할 때 공정하지 못한 일이 된다.

이는 **여덟번째** 문제점으로 이어지는데, 아래에서 좀더 상세하게 논의할 워크페어로의 변화다. 얼마 안 되는 수당을 받다가 저임금 일자리를 가질 경우 80퍼센트 이상의 한계세율에 직면하게 된다는 것은, 심사 때문에 그런 일을 할 의욕을 크게 꺾는 일이다. 이런 상황에서 국가는 사람들에게 저임금노동을 받아들이도록 강제하는 것 이외에는 선택의 여지가 없다.

아홉번째 문제점은 자산조사 사회부조가 안정적인 가구 구성을 막는다는 것이다. 수당은 대개 개인이 아니라 가구를 기초로 해서 결정되며, 1인 가구보다 2인 가구의 경우 1인당 액수가 낮아진다. 손실을 보게 될 거라면 왜 가구를 구성해야 하는가? 이와는 대조적으로 개인별로 동등하게 지급하는 기본소득 체제는 원할 경우 가정생활을 장려하게 될 것이다. 기본소득은 관계 및 가구 구성에 대해 중립적이며, 이는 공평함을 고려할 때 요구해야 하는 것이다.

열번째 문제점은 가족소득 기준으로 결정되는 소득심사 구직수당과 관련이 있다. 커플 가운데 한 사람이 실업상태지만 다른 한 사람이 조금이라도 수입이 있는 노동을 하고 있다면, 이 커플은 재정적 손실을 본다. 따라서 남성 혹은 여성이 (대개는 아내나 여성 파트너가) 그런 노동을 그만두게 되는 것이다. 최근 영국의 가구가 노동-부자(labour-rich, 두명의 소득자)와 노동-빈민(labour-poor, 소득자가 없는 경우)으로 점차 분할되는 한가지 이유가 이것이다.[10]

자산조사 그리고 필연적으로 행위조사를 통한 사회부조는 사회정의 및 공화주의적 자유에 부합하지 않는다. 반복하자면 빈민만을 대상으로 하는 정책은 언제나 빈곤한 정책이다.

식량 보조와 바우처

특히 개발도상국에서 널리 채택되고 있는 정책은 '빈민'을 겨냥해 식량을 보조하고 기타 물품을 제공하는 것이다. 인도의 공공분배체제(PDS, Public Distribution System)가 그런 제도 가운데 가장 규모가 큰데, 다른 나라에도 많이 있다. 미국의 푸드스탬프 프로그램인 추가영양지원 프로그램(SNAP, Supplemental Nutrition Assistance Program) 같은 바우처 제도도 유사한 목표가 있다. 둘 다 그 근거는 빈민이 핵심적인 것이 부족하기 때문에 국가가 이를 지원하거나 이를 얻을 수 있는 수단을 제공해야 하는데, 그러한 물품만 지원해야 한다는 것이다. 개발도상국가에 널리 퍼진 또다른 정당화는 식량 보조가 식량 가격 변동으로부터 빈민을 보호한다는 것이다.[11]

이런 유형의 정책은 갖가지 반대에 부딪힌다. 첫번째로 가장 중요하게는 이런 제도가 가부장주의적이라는 것이다. 이런 제도는 '빈민'이 필요한 것을 빈민보다 더 잘 알고 있다고 전제한다. 더 나쁜 점은, 이런 제도가 '빈민'이 가질 수 있는 것을 규정하는 것을 목표로 한다는 점이다. 예를 들어 미국에서는 푸드스탬프가 식량을 사는 데만 한정된 것이 아니라 '건강에 좋다고' 간주되는 음식과 음료를 사는 데도 이용될 수 있다.

바우처 제도와 현물지원 제도는 명시적이지는 않지만 사람들이 현금을 받으면 불필요한 데, 특히 술·약물·도박 같은 '배즈'(bads)에 쓸 것이라고 암묵적으로 전제하고 있다. 실제로 수많은 연구가 보여주는 것은 현금수당을 받은 사람들이 '배즈'에 대한 지출을 늘리지 않았다는 것이다.[12] 그러나 이러한 전제가 옳다고 하더라도 이러한 제도는 자유를 증진하지 않는다. 빈민은 왜 약간의 추가소득을 자기가 즐길 수 있는 데 지출하면 안 되는가? 어쨌든 누군가가 '개인적 배즈'(혹은 우리 선량한 사람들이 '배즈'라고 선언하는 것)에 지출하기를 원할 경우 바우처나 식량 보조를 통해 생긴 돈으로 그렇게 할 수 있다. 혹은 이들은 바우처를 (할인 가격에) 팔아 현금을 마련할 수 있다.[13] 미국에서 푸드스탬프의 판매는 불법임에도 지속되고 있다. 사람들이 푸드스탬프로는 살 수 없는 기저귀 같은 다른 필수품을 사기 위해 현금이 필요하기 때문이다.

두번째로 바우처나 물품 보조의 경우, 이를 제공하고 행정 관리를 하거나 감시하는 데 비용이 많이 들며, 거대한 관료제를 반드시 필요로 한다. 인도의 공공분배체제하에서 1루피의 식량을 제공하는 데 정부는 3.5루피를 쓴다.[14] 인도가 극단적인 사례이긴 하나 식량 원조를 제공하는 데 드는 비용 때문에 유엔 인도주의 기구들은 점차 현금지원으로 바꾸고 있다. 식량, 바우처, 현금지원을 비교한 어떤 연구에 따르면 식량현물지원이 동일한 가치의 현금을 지원하는 것보다 거의 네배의 비용이 든다.[15]

세번째로 바우처는 동일한 현금보다 수급자에게 가치가 더 적다. 현금은 어디서나 쓸 수 있지만 바우처는 일부 장소에서만 받거나 가게 주인이 받기로 할 때만 쓸 수 있다. 이 때문에 바우처 소지자를 유치하려는 경쟁이 적고, 바우처를 받는 가게들은 가격을 올릴 수 있다. 따라서 바우처는 현금으로 살 수 있는 것보다 더 적게 살 수 있다. 어떤 연구에 따르면 시리아 난민에게 발급된 바우처를 받는 레바논 가게 주인들이 2014년의 어느 한달간 더 높은 가격을 받아

100만 달러를 손에 넣었다고 한다.[16] 그리고 바우처나 식량현물지원은 수급자에게 더 높은 비용을 부과하고, 정해진 가게로 가는 데 시간을 써야 하며, 이용하기까지 기다리게 만든다.[17]

네번째로 바우처나 식량현물지원은 자산조사를 수반하며, 이러한 접근법에서 나오는 모든 문제점을 갖고 있다. 비교적 효율적인 행정기구가 있을 것으로 생각되는 미국에서도 공식적인 소득 빈곤선에 사는 사람들의 4분의 1이 타깃이 설정된 푸드스탬프를 받지 못한다. 게다가 이를 받는 사람의 3분의 1이 푸드뱅크(food bank)에도 가야 하며, 나머지는 끼니를 거르면서 살아야 한다. 푸드스탬프는 한달에 3주 치 식량을 살 수 있는 만큼만 제공하기 때문이다.[18]

다섯번째로 바우처 혹은 현금지원은 의도적이든 아니든 수급자에게 낙인을 찍으며, 탄원자의 지위와 심성을 유도한다.

여섯번째로 이런 제도는 질 낮은 재화와 서비스를 제공하여, 이에 대한 행정 책임을 맡거나 이를 제공하기 위해 파견된 사람들이 수급자에게 경멸감을 느끼게 한다. 이와 관련해 미국에서는 집주인이 주택 바우처를 받는 가난한 지역에 모여 사는 빈민이 점점 늘고 있다.[19]

일곱번째로 이런 제도는 부패하기 쉽고, 특별 이자를 통한 지대 추구로 이어질 수 있다. 미국에서는 농업이 주된 산업인 주의 공화당 정치가들이 푸드스탬프를 주장한다. 인도에서는 정부가 공공분배 체제를 위해 구입하는 식량의 10퍼센트만이 빈민에게 간다. 거의 절반이 창고에서 배급 상점으로 가는 도중에 희한하게 사라지며, 나머지 대부분은 정부 창고에 남아 썩는다.[20] 목표로 정한 수급자에게 직접 현금으로 주는 것에 기초한 기본소득 제도로 바꾼다면 수많은 중 개인을 없앨 수 있고, 이들의 잠재적 로비를 단번에 없앨 수 있다.

식량과 기타 물품 보조가 사회에서 가장 불안전한 집단에게 지원 됨으로써 보장차등 원칙을 만족시키는 것처럼 보이지만 가장 취약한 집단의 일부는 이 제도에서 배제되어 있다. 이 제도는 분명히 가부장주의 검증 원칙과 자선이 아닌 권리 원칙에 부합하지 않는다. 또한 행정비용이 많이 들고, 비효율적이며, 부패와 지대 추구 경향이 있다. 현금지원, 식량 바우처, 식량현물지원을 동시에 실시한 에 콰도르의 실험에서, 현금을 받는 사람 가운데 겨우 10퍼센트 미만이 다른 형태의 지원을 선호한 반면, 다른 지원을 받는 사람의 4분의 1에서 3분의 1이 지원 형태를 바꾸기를 원했다.[21] 현금을 받은 사람들은 저축을 비롯해 다른 필수재를 사는 데 그 돈의 일부를 사용할수 있다. 관료가 생각하기에 사람들이 원하거나 필요로 하는 것보다 실제 사람들은 현금을 선호한다는 수많은 연구가 있고, 이 연구도 그 가운데 하나다.

일자리 보장

종종 '일자리 보장'(job guarantee)이 기본소득보다 더 낫다는 주장이 있다. 일자리는 거기서 나오는 소득 이상의 어떤 내재적 가치가 있으며, 이 때문에 사람들이 더 행복해진다고 믿는 것이다(공동체에 대한 소속감과 기여한다는 느낌, 잘 짜인 시간, 동료 노동자와의 상호작용 등). '일자리 보장' 지지자로는 영국 토니 블레어에게 '행복의 짜르'였던 리처드 레이어드 경(Lord Richard Layard)[22]과 미국의 하비(Philip Harvey)와 퀴글리(William Quigley)가 있는데, 이들은 일자리 보장의 초기 주창자인 민스키를 따르고 있다.[23]

이 정책에 대한 반박은 다음에 이야기할 정책 선택지인 워크페어에 훨씬 더 맞는 몇가지가 포함된다. 일자리 보장은 사기일 가능성이 크다. 어떤 종류의 일자리를 보장할 것인가? 어느 수준의 임금을 줄 것인가? '보장된' 특정한 일자리가 줄어들 때 어떤 결과가 나올 것인가? 모든 사람에게 각자 가진 기술을 사용할 수 있고 보수가 좋은 걸맞은 일자리를 보장하는 것은 완전히 비현실적인 일이기 때문에, 실제로 보장되는 것은 낮은 수준, 낮은 임금, 단기로 억지로 만든 일자리이거나 잘해봐야 생산성이 낮은 일자리일 것이다. 거리 청소, 슈퍼마켓 매장 정리, 기타 유사한 육체노동이 반드시 행복으로 가는 길 같지는 않다. 일자리 보장을 주장하는 사람들은 분명 이런 일자리를 원하지 않을 것이고 자기 자식이 이런 일자리를 갖는 것도 원하지 않을 것이다.

일자리 보장을 지지하는 한가지 이유는 여러 조사에서 보듯 일자리가 있는 사람보다 실업자가 덜 행복하기 때문이다. 이는 놀라운 일이 아니다. 실업이 비자발적이며, 특히 수당이 형편없을 뿐 아니라 수당을 받거나 유지하기도 힘들고, 수당 때문에 낙인이 찍히고 수당 자체가 불확실할 때, 이는 행복한 상황이 아니다. 이는 소득이 보장되고 낙인이 없이 자발적으로 일자리에서 벗어나 있는 경우와는 확실히 다른 것이다. 예를 들어 퇴직자가 특별히 불행한 것은 아니다. 케이트 맥팔런드(Kate McFarland)가 썼듯이 "일자리가 본질적으로 우리를 행복하게 하기 때문에 우리 문화가 일자리에 가치를 두는 것은 아니다. 일자리에 가치를 두는 문화에 빠져 있기 때문에 고용되어 있음이 우리를 더 행복하게 하는 경향이 있는 것이다".[24] 그렇다 하더라도 여러차례의 갤럽 조사를 보면 미국의 피고용인 특히 밀레니얼 세대(Millennial Generation)*와 지위가 낮고 반복적인 일자리에 있는 사람 가운데 3분의 1 이하만이 자기 일에 (열정적이고 헌신적으로) '참여하고' 있다는 것을 알 수 있다. 전세계적으로 보면 그러한 일자리에 있는 사람의 5분의 1 이하만이 참여하고 있다는 느낌을 받는다.

예를 들어 노동시간 단축을 통해 고용을 늘리자는 제안이 일자리 보장을 지지하는 사람들 사이에 파고들고 있다. 사회적 시장 재단(Social Market Foundation) 이사장인 에므란 미안(Emran Mian)은 "돈을 그냥 나누어주지 말고 경제적 효율성이 떨어질지라도" 노동을 재분배하자고 주장한다.[25] 신경제학재단(New Economics Foundation)에서는 노동시간 단축이 실업을 줄인다고 말한다.[26] 그러나 프랑스의 주당 35시간 노동 입법에서 알 수 있듯이 이것이 규제장치를 통해 어떻게 달성될 수 있는지를 알기는 어렵다. 기본소득으로 뒷받침되지 않은 법정 노동시간 단축이라는 방법은 저임금 일자리에 있는 많은 사람을 빈곤하게 만들고, 추가적인 일자리는 별로 만들어내지 못할 것이다.

---

* 대체로 1980년대 초부터 2000년대 초까지 태어난 세대를 가리키며, 베이비붐 세대의 자녀라는 뜻에서 '에코 베이비붐 세대'라고도 한다. 흔히 커뮤니케이션·미디어·디지털 기술에 익숙한 점을 이 세대의 특징으로 본다. 한편으로는 2007~2008년 경제위기가 이들에게 큰 충격을 준 것으로 본다.

대부분의 '일자리 보장' 옹호자들은 시장경제가 작동하려면 어느정도의 실업이 필요하다는 사실 또한 간과한다. 1958년 필립스(Alban W. Phillips)가 쓴 중요한 논문은 실업률과 인플레이션율의 반비례 관계를 보여준다. 그리고 비록 그 관계의 정확한 성격에 관해서는 여전히 논쟁적이지만 대부분의 경제학자들은 인플레이션이 대체로 안정적인, '자연적' 실업률이 존재한다는 것을 받아들인다. (이것은 종종 중립적 실업률을 가리킨다.) 따라서 시장경제에서 어떤 정부도 모두에게 각자가 원하는 일자리를 보장할 수 없다.

일자리 보장은 그것이 작동할 수 있는 범위 내에서는, 장애인이나 손상이 있는 사람들에게 적절한 일자리를 제공하는 것을 우선할 경우 보장차등 원칙을 만족시킬 수도 있다. 그러나 이런 일은 일어나지 않을 것 같다. 일자리는 청년의 '주변화'를 막기 위해서 청년에게 배분되는 경향이 있다. 이 정책은 확실히 공화주의적 자유와 사회정의의 관점에서 보면 실패할 것이다. 왜냐하면 가장 자유로운 사람들에게는 부과하지 않는 의무를 일부 집단에 부과하며, 권리가 아닌 자선의 규칙을 신성시하기 때문이다. 실제로 모든 사람이 원하는 혹은 자기 능력에 맞는 일자리를 보장받을 것인가? 상상하기 어려운 일이다.

워크페어

워크페어는 1980년대 이래 복지국가가 진행한 개혁의 자연적인 연장선상에 있다. 내가 오래전에 예측한 것처럼[27] 정부가 복지체제의 주된 부분으로 자산조사를 부활시키기로 결정할 경우 워크페어가 도입되는 것은 필연적인 일이다.

사회부조가 '빈민'을 겨냥하는 것에 기초한다면, 자기 잘못이 아닌데 가난해진 사람과 가난해지기로 '선택한' 사람 내지는 잘못이나 개인적 실패로 말미암아 가난해진 사람을 구분하게 된다. 이 지긋지긋한 이분법이 사회정책과 자선의 역사 전체에 걸쳐 어떤 역할을 했다. 그러나 정책입안자가 그러한 길을 따르려면 이들은 또다른 자의적 구별을 해야 했다. 수당에 대한 대가로 국가가 제공하는 일자리를 받아들이는 사람만이 수당을 '받을 자격이 있다'는 것이다. 그러지 않을 경우 이들은 '제재'를 받아야 했다.

현대적 형태의 워크페어는 미국 위스콘신주에서 1980년대에 시작되었다. 청구인이 수당을 받기를 원한다면 저임금일 수밖에 없는 일자리를 받아들이도록 공화당이 복지의 요구조건으로 도입했던 것이다. 당연히도 청구인의 수가 줄어들었고, 이는 많은 청구인이 허위이거나 실제로 국가수당을 필요로 하지 않는 사람들이었음을 보여주는 자료로 이용되었다.

의회의 공화당은 곧 이런 조치를 지지했고, 1996년 빌 클린턴 대통령의 획기적인 복지개혁의 기초가 되었다. 이 개혁은 그가 선거에서 "우리가 알고 있는 복지를 종식"하겠다고 한 공약을 지키는 것이었다. 「개인책임과 근로기회 조정법」은 자격에 엄격한 조건을 부과하고 일자리 혹은 일자리 관련 요구조건을 규정함으로써 복지를 청구할 수 있는 기간에 제한을 두었다. '복지에서 일로'는 이후 어디서든 제3의 길 정치인과 정당 들의 주문(呪文)이 되었으며, 모든 산업화된 나라에서 워크페어 규정이 확산되었다.

이 실험을 상세히 분석할 여지는 없지만, 미국에서 워크페어가 복지 수급자를 줄여 많은 가정이 더 심한 빈곤에 빠지게 되었다는 증거는 무수히 많다.[28] 사람들을 저임금 일자리에 몰아넣거나 그런 일자리를 받아들이지 않을 경우 수당을 주지 않는 다른 지역의 워크페어 프로그램도 마찬가지였다고 말할 수 있다. 그러나 이러한 증거와 상관없이 워크페어는 치명적인 정책이다.

워크페어는 강제적인 것이며, 수당 청구자에게는 다른 사람에게 부과하지 않는 '노동할 의무'를 부과한다. 워크페어는 가부장주의적이기도 한데, 개인과 사회에 가장 좋은 게 무엇인지를 국가가 안다고 보기 때문이다. 워크페어가 숙련기술과 '노동습관'의 발전을 증진한다는 주장은 실업자를 위해 준비된 일자리의 성격과 모순된다. 워크페어가 사회통합을 증진한다는 주장도 마찬가지인데, 일자리가 없는 사람은 사회적으로 주변화되거나 '배제'되기 때문이다.

워크페어는 사람들을 막다른 단기직에 몰아넣어 구직·학습·훈련 등을 방해할뿐더러, 빈곤 및 경제적 불안정에서 벗어날 수 있는 능력을 줄일 가능성이 크다. 사람들이 워크페어에 참가해 자격이나 경험에 맞지 않는 낮은 수준의 임시직 일자리를 경험하게 되면 생애소득이 줄어든다는 증거도 있다.[29]

워크페어는 노동시장을 작동하지 못하게 하고 왜곡하는 효과도 있다. 워크페어는 값싼 노동을 공급해 이를 공개 노동시장에서 유사한 일자리를 가진 사람들과 경쟁을 붙여 임금에 대한 하방 압력을 가한다. 이때 노동시장에서 취약하고 불안전한 상태에 있던 사람들은 워크페어 참가자들로 대체될 수 있기 때문에 해당 일자리마저 잃을 수 있다.

워크페어를 지지하는 주된 정치적 이유란 사람들을 '행복하게' 하는 것과 무관하다. 실제 정치적 이유는 취약한 사람에 대한 국가의 의무를 줄이려는 욕망이며, 정부가 저임금 일자리를 갖는 사람들에게 강력한 재정적 의욕 상실을 가져오는 자산조사 사회부조 프로그램을 운영할 경우 강제 이외에 다른 대안이 별로 없다는 것이 사실이다. 이는 잘못된 설계로 시작한 데서 발생한 추론의 연쇄작용이다. 워크페어는 보장차등 원칙을 침해하며, 가장 안전하지 않은 사람에게 해를 가한다. 워크페어는 가부장주의 검증 원칙을 일부러 침해한다. 워크페어는 자유와 사회정의의 전망에 반하는 정책이다.

세금공제

세금공제는 지구화 및 '유연한' 노동시장과 연관된 임금의 강력한 하방 압력이 나타난 이후에 산업화된 나라들의 사회민주주의 정부가 취하는 선택지가 되었다. 세금공제는 저임금에 얹어지며, 벌어들인 소득의 어떤 한계지점에서 중단된다. 이 제도는 필연적으로 복잡하고, 자격과 관련해 어느정도 자의적인 규칙으로 작동된다.

세금공제는 1970년대 미국에서 근로소득장려세제(EITC)와 함께 소박하게 시작됐다. 이 제도는 1990년대 빌 클린턴 정부에서 상당히 확대되었고, 이후 세계에서 비용이 가장 많이 드는 복지제도가 되었다. 1년에 거의 800억 달러가 든다. 미국인의 4분의 1이 세금공제 자격이 있으며, 2015년에 2600만명이 세금공제를 받았는데, 아동이 있는 가정당 평균 3200달러다. 아이가 없는 성인은 대체로 이 제도에서 배제되어 있다.

영국의 경우에도 세금공제가 1999년에 소박한 수준에서 시작되었다. 근로 세금공제와 저소득 부모를 위한 아동 세금공제가 2003년에 도입되었고, 신노동당 사회정책과 노동시장 정책 개혁의 중심이 되었다. 2013~14년이 되면 비용이 크게 늘어 1년에 300억 파운드에 달해 복지지출 전체의 14퍼센트를 차지했고, 세금공제에 의지하는 수가 10년 전의 200만명에서 330만명으로 늘어났다. 일자리가 있는 사람에 대한 주택수당과 시 조세 혜택을 포함해서 저임금을 보충해 주는 정부지출이 1년에 760억 파운드까지 늘어났다. 이는 복지지출 전체의 3분의 1이며, 연금을 제외하면 가장 큰 복지지출이다.[30]

영국의 세금공제는 일부 수당을 통합한 새로운 유니버설 크레디트 제도에 병합되고 있다. 그러나 이 제도도 근로 세금공제나 기타 자산조사 부조와 동일한 문제점이 있다. 이 가운데 가장 큰 것은 끔찍한 빈곤의 덫인데, 소득에 대한 한계 '세'율이 80퍼센트 혹은 그 이상에 달한다. 미국의 경우 유사하거나 더 높은 한계 '세'율이 공제가 끝나기 시작하는 지점에서 소득을 더 버는 데 대한 의욕을 떨어뜨리는 쪽으로 작용한다. 미국에서나 영국에서나 이 체제는 세금공제를 받는 가구 내에서 2차 소득자를 만들어내는데, 주로 결혼한 여성이다. 이들은 고용노동 시간을 줄이거나 노동시장에서 벗어난다.[31]

세금공제는 실수와 사소한 부정을 야기하기도 한다. 미국 국세청에 따르면 모든 세금공제의 약 4분의 1이 적절하지 않게 지급되며 1년에 140억 달러의 공금이 쓰인다.[32] 복지를 폄하하는 사람들은 부정(不正)을 지적하지만 부정이 아닌 경우에는 대부분 제도가 복잡해서 실수나 오해를 낳은 결과다. 영국의 경우 세금공제 수급자는 국세청(HMRC)에 소득 추정액을 신고해야 한다. 그러나 소득과 노동시간이 유동적일 때 이는 무척이나 어려운 일일 수 있다. 소득이 추정액보다 높을 경우 수급자는 저임금노동자만 해당한다는 규정에 따라 초과 지불금을 반환해야 하며, 이 때문에 더 심한 빈곤과 채무 상황으로 내몰린다.[33]

세금공제가 빈곤과 임금노동자의 소득에 영향을 미치긴 하지만 이는 자본에 대한 보조금이다. 미국의 어떤 연구에 따르면 근로소득장려세제에 1달러를 지출할 경우 저임금노동자는 73센트를 얻고, 사용자는 저임금을 지급함으로써 27센트를 얻는다고 한다.[34] 영국에 대한 유사한 연구에서 연구자들은 세금공제 가치의 4분의 3이 노동자에게 가고, 나머지는 사용자에게 간다는 결론을 내렸다.[35]

몇몇 예외가 있긴 하나 세금공제가 드러내는 문제점은 일자리가 있는 사람만 지원한다는 것이다. 어떤 이유에서든 일자리를 가질 수 없거나 일자리가 없는 사람은 배제된다. 그리고 세금공제는 기술 진보를 억제하는 쪽으로 작용한다. 노동비용을 값싸게 함으로써 사용자가 생산성을 향상하는 혁신을 하게 강제하는 압력을 약화시킨다. 세금공제는 사회정의와 자유 원칙에 도움이 되지 못하며, 노동시장과 경제효과를 왜곡한다.

유니버설 크레디트

이 글을 쓰는 2017년 초에 영국 정부는 이른바 '유니버설 크레디트'라는, 이례적으로 장기적이고 비용이 많이 드는 과정을 도입하는 중이었다. 이 제도는 2010년에 발표되었고, 2013년부터 매우 제한된 규모로 실시되었으며, 그후 지연과 후퇴를 반복하다가 2022년에 전면 실시하는 것을 목표로 삼아 돌아가고 있다. 이 제도는 영국에만 있는 것이긴 하지만, 전지구적으로 나타나는 사회정책 개혁의 특징적 요소를 많이 담고 있다.

유니버설 크레디트는 '유니버설'하지 않으며 '크레디트'도 아니다. 여섯개의 자산조사 수당과 세금공제를 통합하기 위해 만들어진 이 제도는 저임금을 받는 사람들만을 위해 설계된 것이기 때문에 전혀 '유니버설'이라고 부를 수 없다. 또한 광범위한 행위를 요구하는 조건부이며, 이 때문에 '유니버설'이라는 말을 비웃는 것이다.

개인과 가구는 특정한 날에 계산된 지난달의 소득에 더해지는 소득이전(income transfer)을 매달 받게 된다. 이 제도는 예를 들어 노동시간의 변화에 따라 매달, 매주 수많은 저소득층 가구의 소득이 변동한다는 것을 인식하지 않는다.[36] 미국의 한 연구에 따르면, 하위 소득 20퍼센트의 4분의 3이 매달 30퍼센트 이상의 소득 변화를 경험했다.[37] 나중에 주는 것이기 때문에 미리 액수를 알 수 없는 것은 물론이고 그런 의미에서 '크레디트'가 아니다. 그리고 전달에 근거하기 때문에 현재의 상황을 반영하지 못한다.

유니버설 크레디트는 63퍼센트의 '테이퍼'(taper, 축소)라는 제약이 있기 때문에 심각한 빈곤의 덫이 생길 것이다. 세금과 국가보험을 납부할 때 이것이 더해지며, 자산조사 시 세금 지원을 상실한 것이 유니버설 크레디트에 포함되지 않기 때문에 수급자는 총소득에 대해 80퍼센트 이상의 한계세율에 직면할 수 있다. 그리고 첫번째 지급에 대해 42일을 기다려야 한다는 규정 때문에 불안정의 덫이 더 악화된다(처리가 지연될 경우 최대 6일이 더 소요될 수 있다). 이 때문에 청구인은 필연적으로 채무를 지거나 임대료를 체불한다든지, 푸드뱅크를 이용한다든지 할 수밖에 없다.

유니버설 크레디트는 이 제도가 대체하려는 수당보다 훨씬 더 조건적이고 징벌적이다. 왜냐하면 실업자가 구직활동을 하고 일자리를 가져야 하는 데다가 파트타임으로 고용되어 있는 사람은 추가 노동과 소득을 적극적으로 찾아야 한다는 '청구인의 노력'을 부과하기 때문이다. 수급자가 풀타임 일자리를 열심히 찾고 있지 않다고 판단될 경우 이들은 최장 3년까지 수당을 받을 수 없게 된다. 그리고 이 제도는 조건부를 이전보다 더 많은 사람에게 확대하는데, 여기에는 일자리를 가진 사람의 파트너가 포함된다.

청구인들은 일자리에 관해서나 그밖의 일에서 조건을 잘 따르는지를 확인하는 '워크 코치'(work coach)와 '개선 지원 어드바이저'(advancement support adviser)에 의해 감시당할 것이다. 워크 코치에 드는 비용이 분명 막대할 텐데, 만약 비용이 적게 든다면 그 목적을 제대로 수행하지 않는 게 될 것이다. 정책입안자들은 이 전체주의적(Orwellian) 관념이 도움이 될 것이라고 착각하고 있다. 그러나 이것은 가부장주의적이고, 사생활을 침해하는 것이며, 낙인을 찍는 것이고, 일상의 모욕이며, 이 때문에 일부 청구인이 수치심을 느껴 이 제도에 참여하기를 포기할 것이다. 안타깝게도 이렇게 청구를 하지 않는 게 실제로 바람직하다는 증거가 있다.

공무원들은 '청구인의 노력'을 고용 계약과 같은 것으로 보지만 전혀 그렇지 않다. 왜냐하면 이는 청구인에게 부과되며, 빈곤을 강요하는 제재가 어떤 적절한 절차도 없는 관료제와 갈등을 일으킬 수 있기 때문이다.

게다가 유니버설 크레디트의 자산조사가 가구 소득에 근거하기 때문에 1인 소득 가구를 조장하는 경향이 있다. 커플 가운데 한 사람은 다른 한 사람보다 적게 받기 때문에 커플의 해체를 조장하기도 한다. 그리고 2016년부로 자녀 둘에게만 지급되고 세번째 자녀부터는 지급되지 않는다. 따라서 유니버설 크레디트는 필요가 더 많은 대가족에 대해 도덕주의적이고 징벌적이다.

유니버설 크레디트의 최악의 특징은 노동 유인이 아니라 위협과 제재에 의지한다는 것이다. 따라서 이는 전반적인 임금 하방 압력을 가하고 노동시장 불평등을 악화시키는 경향이 있다. "유니버설 크레디트가 저임금·고복지 사회에서 고임금·저복지 사회로 이행하겠다는 정부의 약속을 이행하는 것"이라는 정부의 주장을 진지하게 받아들일 수 없다.[38] 임금을 올릴 수 있는 어떤 방법도 없다. 그리고 기본소득과 달리 이 제도는 잠재적으로 더 가치있는 형태의 다른 일을 차별하고 노동을 명시적으로 선호한다.

유니버설 크레디트에 나타난 여러 심각한 문제점에 비추어, 이 일이 진행되는 동안 정치가와 사회과학자 들이 보인 수동적 태도는 더욱 놀랍고 부끄러운 일이다. 자유와 정의에 관심있는 사람이라면, 적절한 절차 없이 사람들을 빈곤하게 만들 수 있고, 취약한 사람들의 뒤를 캐는 체계를 도입하고, 자산조사와 행위 테스트를 통해 배제, 낮은 수급률, 낙인찍기 등을 유도하는 체제에 대해 비판해야 한다. 유니버설 크레디트는 더 많은 사람을 낮은 수준의 일자리로 몰아넣을 가능성이 있는데, 그렇게 함으로써 프레카리아트 전반의 임금을 낮출 것이다.

프랭크 필드(Frank Field) 의원과 동료인 앤드루 포지(Andrew Forsey)는 이렇게 결론 내렸다. "정치사가들은 위험으로 가득하고 잠재적으로 막대한 비용이 드는 프로그램이 대중과 내각의 논쟁도 별로 없이 어떻게 연립정부의 대표적인 복지개혁 정책이 되었는지에 대해 관심을 가질 것이다."[39]

음의 소득세

음의 소득세라는 제안은 기본소득의 한 형태로 곧잘 간주된다. 주창자인 밀턴 프리드먼도 그런 방식으로 음의 소득세를 제시하는 경향이 있었고, BIEN에 보낸 메시지에 이 점이 특히 잘 드러났다. 따라서 두가지 결정적인 차이점을 강조하는 게 중요하다. 음의 소득세는 가족 소득 혹은 벌이와 연결되며 (미국의 세금공제와 마찬가지로) 과세연도가 끝난 後에 사후적으로 저소득층에게 지급된다. 이 제도는 선별적인 자산조사 제도로서 문제점을 보여줄 것이다.

두번째 측면은 지급되는 액수를 미리 알 수 없으며, 이 돈이 즉각적으로 필요할 때 사용할 수 없다는 것이다. 이는 기본소득 보장과 같은 안정적인 자금이 아니라 우연한 소득(혹은 연간 자본급여)과 유사할 것이다.

음의 소득세가 빈곤에 대처할 유용한 장치이긴 하지만 공화주의적 자유를 증진하거나 경제적 보장을 제공하지 못할 것이며, 사회정의의 수단도 아닐 것이다. 이 제도는 일자리가 없거나 소득이 너무 낮아 세금을 납부하지 않는 사람들에게는 적용되지 않는다. 대략 미국의 2000만 가구가 연방세 환급을 받지 못하게 되어 있는데, 이는 소득이 너무 낮기 때문으로 추정된다. 이들은 음의 소득세의 주된 목적과 달리 음의 소득세 체제에 포괄되지 못할 것이다.

게다가 1970년대 미국의 음의 소득세 실험에 따르면, 사람들은 음의 소득세 지원금을 받기 위해 노동과 소득을 줄여서 보고할 이유가 있다. 기본소득은 이런 식의 비도덕적 해이를 수반하지 않는다. 대체로 음의 소득세는 기본소득이 사회정의 원칙에 부합하는 것과 달리 여기에 부합하지 못할 것이다.

사적 자선

끝으로 국가가 모든 형태의 복지를 없애고 필요한 사람을 지원하는 일을 개인과 '자선단체'에 맡겨야 한다고 주장하는 사람들이 있다. 우익 자유지상주의자들은 이상적으로라면 완전히 자선에 의지해야 하지만 감히 이를 제안하지는 않는다. 너무나 광범위한 대중적 관용이 필요하기 때문이다. 그러나 자선과 박애에 의지하는 것에 반대하는 좀더 근본적인 이유가 있다.

자선은 '연민'(pity)이라는 감정에 기초하고 있으며, 철학자 데이비드 흄(David Hume)이 말한 것처럼 연민은 경멸과 유사하다. 사회정책의 중심적인 특징으로서의 사적 자선은 자유지상주의자들을 만족시킬지 모르지만, 비(非)지배라는 공화주의적 자유의 중심적인 사상을 심각하게 침해한다. 타인의 선의에 의지하는 것은 완전한 자유와 양립할 수 없다. 반대로 이는 자선 탄원자뿐만 아니라 제공자의 자유도 위태롭게 한다.

　자선의 확산은 대체로 자산조사 사회부조의 여러 문제점을 반영한다. 바로 불공정한 조건성, 취약한 사람을 겨냥한 의도적인 제재, 경제적 불안전의 확산 등이다. 예를 들어 영국의 주요 자선단체인 트러셀 트러스트(Trussell Trust)가 운영하는 푸드뱅크에 위탁하는 사례의 40퍼센트 이상이 수당 지연과 제재 때문이다.[40]

대안들의 문제점

표 9.1 사회복지제도와 사회정의의 원칙

	보장차등 원칙	가부장주의 검증 원칙	자선이 아닌 권리 원칙	생태적 제약 원칙	존엄한 일 원칙
최저임금	×	∨	∨	–	–
사회보험	×	∨	∨	–	–
자산조사	×	×	×	–	×
보조금과 바우처	×	×	×	–	–
일자리 보장	×	×	×	–	×
워크페어	×	×	×	–	×
세금공제	×	∨	∨	–	×
음의 소득세	×	∨	∨	–	×
자선	×	×	×	–	×
기본소득	∨	∨	∨	∨	∨

표 9.1에 요약된 것처럼, 기본소득에 대한 대안은 대부분 사회정의 원칙에 거의 부합하지 않는다. 일부 대안은 몇몇 측면에서 논쟁의 여지가 있는데, 특히 생태주의적 함의와 관련해 그 대안이 가정하는 중립성이 그럴 수 있다. 예를 들어 일자리 지향적인 제도는 생태적 관심보다 단기직 창출을 우선하는 경향이 있다. 그러나 핵심은 모든 대안이 기본소득보다 점수가 낮다는 것이다.

기존 복지제도의 옹호자들은 그 제도에 드는 비용이 계속 증가함에도 빈곤율이 여전히 높고 사회적 유동성이 떨어지는 이유를 설명해야 한다. 미국의 경우, 1960년대부터 대략 1979년까지 크게 떨어진 빈곤율은 이후 별다른 변동이 없다. 자산조사, 세금공제, 워크페어, 푸드스탬프, 그밖에 전문가들이 열거하는 126개의 반빈곤 제도에 더 큰돈이 들어가는데도 별다른 개선이 없다.[41] 확실히 이 자체로 새로운 길이 필요하다는 신호다.

10

기본소득과 개발

BASIC INCOME

보편적 기본소득이 도입될 것인가 아닌가 하는 질문에 대한 대답은 '그렇다'이지만 '어떤 조건하에서' 그럴 것이다.
— 2016년 9월 인도 정부 수석경제자문 아르빈드 수브라마니안

21세기가 시작될 때까지 국제 개발원조는 주로 부유한 나라 정부가 개발도상국 정부에 돈을 주고 기술자문을 하는 것이거나, 국제기구 또는 비정부기구(NGO)가 정부에 주는 것이었다. 빈민에게 돈을 준다는 것을 좋은 아이디어라 여긴 사람은 별로 없었다. 사람들에게 직접 지급하는 유의미한 현금이전은 없었다.

그런데 이후 다자 원조로 재원을 마련한 개발도상국의 '조건부 현금이전' 제도(CCTs, conditional cash transfer schemes)와 명목상 '무조건적 현금이전' 제도(UCTs, unconditional cash transfer schemes)가 많아졌다. 후자는 주로 빈곤 가구의 노인과 아동을 겨냥한 것이다. 외국 정부와 기부자 들은 실험적인 '기본소득' 제도를 지지하기도 했으며, 유엔이나 국제기구 또는 비정부기구나 자선 기부자들이 재원을 마련하기도 했다.

세계은행은 2014년 다양한 형태의 현금이전 제도가 130개 개발도상국의 7억 2000만명을 포괄하는 것으로 추산했다.[1] 조사된 아프리카의 48개국 가운데 40개국이 무조건적 현금이전을 운영했다. 이는 2010년에 비해 두배가 늘어난 것이다. 전세계가 깨어나, 소득 빈곤을 해결하는 가장 좋은 방법은 사람들에게 더 많은 소득을 주는 것이라는 주목할 만한 아이디어를 받아들인 것처럼 보인다. 그리고 여러 증거를 통해 빈민에게 돈을 주면 낭비할 것이고, 성장과 개발에 기여하지 않을 것이라는 오래된 편견이 깨졌다.

현재 대부분 '빈민'을 타깃으로 하는 현금이전 제도는 기본소득으로 가는 길을 잠재적으로 준비하고 있다.[2] 그러나 지금까지는 네가지 요인이 이행을 방해하고 있다. 즉 '타기팅'(빈민만이 현금을 받아야 한다), '선별성'(일부 집단이 우선돼야 한다), '조건성'(수급자는 특정 행동을 하거나 특정한 방식으로 행위해야 한다), '무작위성'(무작위로 구성된 통제 실험에 의해 실험되고 평가되고 '증거에 기반할' 때만 정책이 도입되어야 한다)이다.

이번 장에서는 기본소득에 적실성이 큰 현금이전 제도의 연구 결과를 간략하게 살펴본 다음 진정한 기본소득 파일럿의 결과를 검토할 것이다. 그러나 네가지 요인을 먼저 다루고자 한다. 왜냐하면 특정한 방법의 평가에 대한 물신(物神)이 더 중요한 것을 보지 못하게 하고 정책 실시를 지연시키기 때문이다.

무작위 통제 실험(RCTs, randomized control trials)에서 일부는 현금을 받고, 다른 일부는 현금을 받지 못하며, 두 집단에 대한 결과가 시간을 두고 비교된다. 이 방법론은 의학 실험에서 온 것이다. 의학 실험에서 일부 환자는 처치를 받고, 일부는 처치를 받지 못하며, 또다른 일부는 플라시보 처치를 받는다. 그러나 정의상 현금이전을 무작위로 할당하는 것은 보편적 수당의 전사회적 효과를 검증할 수 없다. 그리고 무작위 통제 실험은 학교 출석의 개선과 같은 간단한 가정은 검증할 수 있지만, 자유나 사회정의의 증진과 같은 추상적인 가정에 대해서는 강력하거나 '과학적인' 것이 되지 못한다. 또한 선별성·타기팅·조건성 등을 둘러싼 윤리적 쟁점을 다룰 수도 없다.

이렇게 다소 강한 주의사항을 제쳐둘 경우 무작위 통제 실험이 많이 활용된 현금이전을 평가하는 광범위한 문헌은, 현금이전이 빈곤을 낮추고 학교 등록 및 출석을 개선하며, 더 나은 영양공급, 더 나은 건강과 더 많은 소득을 낳는 활동같이 정책입안자들이 바라는 여러 결과를 성취했다는 것을 설득력있게 보여준다. 무작위 통제 실험만이 '증거에 기반한' 정책을 위한 '과학적' 방법론을 제공한다는 '무작위주의자들'의 경향이 있긴 하지만, 다른 형태의 평가 역시 유사하면서도 마찬가지로 유효한 결론에 도달했다.

타기팅과 선별성

몇가지 형태의 타기팅(가구 자산조사, 대용 자산조사, 지리적 타기팅, 공동체 기반 타기팅, 이른바 '셀프 타기팅')이 있지만 모두 빈곤선이라는 개념을 이용해서 '빈민'에게 현금이전을 집중시킨다는 목표가 있다. 그러나 '빈곤선'은 자의적이고 주관적이다. 빈곤이나 빈곤 근처에 있는 많은 사람은 소득 변동을 경험하며, 어떤 주에는 빈곤선 바로 위에 있다가 어떤 주에는 빈곤선 바로 아래 있을 수도 있다. 인도의 경우 어떤 가구가 빈곤한지 아닌지를 결정하는 게 너무 어려워서, 수당 자격을 받는 데 종종 몇년이 걸리기도 한다.[3]

모든 나라에서 타기팅은 무지, 두려움, 실수, 관료적 무관심, 자의적인 의사결정 때문에 개념적·실천적 오류가 심하다. 자산조사는 항상 배제(수당을 받을 자격이 있는 사람이 받지 못하는 것)와 포함(자격이 없는 사람이 받는 것)을 수반한다. 함석이 아니라 초가지붕이어야 한다든지 하는, 소득 빈곤과 관련이 있는 일부 지표를 가지고 자격을 결정하는 대용 자산조사도 마찬가지다.[4]

인도의 경우 모든 빈곤 가구의 대략 절반이 빈곤선(BPL, below-poverty-line) 카드가 없으며, (규정에 따른) 빈민이 아닌 가구의 3분의 1이 빈곤선 카드가 있다.[5] 인도 카르나타카(Karnataka)주에 대한 연구는 빈곤선 카드 자격이 없는 사람들(예를 들어 물 펌프를 소유한 사람)에게 질문을 했을 때 응답자의 3분의 2가 실제로는 카드가 있었으며, 자격이 있는 가구의 6분의 1이 카드가 없었음을 밝혔다.[6] 구자라트·델리·마디아프라데시에 대한 연구를 보면 긴급한 필요가 있는 사람 가운데 많은 수가 빈곤선 카드가 없거나 근거 없는 이유로 자격을 거부당했다.[7] 종종 가장 가난한 사람이 이 카드가 없는 경우가 있었다.

타기팅은 도덕적 해이와 비도덕적 해이를 수반하는 빈곤의 덫을 만들어내기도 한다. 어떤 가구가 빈민으로 분류될 때에만 수당을 얻을 수 있는 경우 계속해서 가난한 상태에 머물게 된다. 빈곤 수준 바로 위의 소득은 추가소득을 상실하는 것 이상을 의미한다. 따라서 추가소득을 벌 의욕을 떨어뜨린다. 이러한 도덕적 해이는 비도덕적 해이를 낳는다. 소득이 약간 더 있는 사람은 수당 자격을 상실하지 않기 위해 이를 감출 유인이 있다.

게다가 자산조사에는 필연적으로 높은 행정비용이 든다.[8] 어떤 제도에 드는 비용을 평가할 때 행정에 드는 재원을 수급자에게 돈을 더 주는 데 쓸 수 있다는 사실을 고려해야 한다. 또한 타기팅은 과거의 빈곤은 해결하지만 미래의 빈곤을 해결하지는 못한다. 이 방식은 빈곤에 빠질 위험이 있는 사람이 아니라 이미 빈곤에 빠진 사람을 지원하는 것을 목표로 한다. 그러나 빈곤을 줄이는 가장 효과적인 방법은 빈곤을 예방하는 것이다. 빈곤을 예방하는 것이 빈곤에 빠진 사람을 빈곤에서 벗어나게 하는 것보다 비용이 덜 든다.

몇몇 연구는 빈곤을 줄이는 데 타기팅 제도가 효율적인지, 보편적 제도가 효율적인지를 검토했다. 배제의 오류 때문에 타기팅 제도는 효율적이지 못하다. 라틴아메리카의 가장 큰 네 나라에서 타기팅 제도는 평균적으로 인구의 가장 빈곤한 5분위 가운데 절반에도 미치지 못하는 사람들만 포괄한다. 유사한 문제점이 브라질 보우사 파밀리아와 멕시코의 오포르투니다데스(Oportunidades)에서도 나타났다.[9] 중국의 경우 타기팅 제도를 운영하는 도시들이 빈곤을 줄이는 데 더 나은 성과를 내지 못했다.[10] 보편적 제도가 빈민을 타깃으로 명시하는 제도보다 빈곤과 불평등을 줄이는 데 더 효과적이다.

조건부 현금이전 대 무조건적 현금이전

조건부 현금이전 제도는 1997년만 해도 시행한 나라가 두곳뿐이었지만 현재 60개 이상의 개발도상국에서 시행되고 있다.[11] 대부분 빈민을 타깃으로 하며, 여러 조건을 둔 많은 제도가 있다. 가장 보편적인 제도는 아동이 학교에 제대로 출석하고 건강검진과 예방접종을 하는 것을 조건으로 어머니에게 지급하는 것이다. 무조건적 현금이전 제도는 두배나 많은 나라에서 시행하지만 보통 해당하는 한 집단을 선별하며(예를 들어 노인연금·아동수당), 대개 빈민을 타깃으로 한다.

크게 논란이 되는 쟁점은 행위조건이 정당한가, 심지어 필요한가다. 이 조건은 특정 행동을 장려하는 것을 목적으로 하며, 따라서 정책입안자가 빈민에게 필요한 것을 가장 잘 알고 있음을 전제하는 것으로서 가부장주의적이다. 설사 설정한 목표가 충족되고 바라는 행위가 증진된다 하더라도 조건은 자유를 위태롭게 하며 도덕적 근거에서 정당화되기 어렵다. 실제로 조건을 적용하는 것은 대개 자의적이며, 진지하게 적용된다 하더라도 조건을 충족하지 못할 경우 일종의 제재가 가해진다.

조건은 언뜻 합리적으로 보일 수 있다. 그러나 어머니에게 아동이 학교에 85퍼센트 이상 출석하게 할 것을 요구하는 것은, 말하자면 여성에게 추가 부담을 주는 것이며 스트레스를 유발한다. 이 조건을 충족하지 못하면 수당이 철회된다는 뜻이기 때문이다. 조건부는 가부장주의적일 뿐만 아니라 잠재적으로 불공정하다. 가장 취약한 사람들, 즉 교육을 가장 적게 받고 학교와 병원에서 멀리 떨어져 사는 사람들이 가장 불리할 테니 말이다.

조건부 현금이전과 무조건적 현금이전을 직접 비교한 여덟개의 연구에 대한 리뷰를 보면 교육·건강·영양공급에 조건부 현금이전이 무조건적 현금이전보다 더 큰 영향을 주는 것을 알 수 있다.[12] 그러나 이것이 반드시 조건부 자체의 결과는 아니라는 것을 언급해야겠다. 마찬가지로 중요한 것은 "서비스와 관련 지원을 이용하는 것의 중요성에 대한 명료한 커뮤니케이션"일 수 있다. 모로코의 어떤 연구는 교육급여에 그저 **무조건적** 이전이라는 명칭을 붙이기만 해도 그러한 목표로 갈 가능성이 커졌다는 것을 알아냈다.[13]

서른다섯개의 프로그램에 대한 또다른 리뷰는 명백하게 강제된 조건부 현금이전이 학교 등록과 출석에 무조건적 제도보다 특정한 측면에서 더 큰 효과를 미쳤다는 것을 알아냈다.[14] 놀라운 결과는 아니다. 그러나 무조건적 현금이전도 학교 등록과 출석을 증가시켰으며, 유도하지 않더라도 가족은 아동을 학교에 보내기를 원한다는 것을 보여주었다. 그리고 무조건적 이전의 또다른 이점도 중요하다.

예를 들어 말라위에서 사춘기 여성에 대한 조건부 현금이전과 무조건적 현금이전 모두 높은 학교 출석률이라는 결과를 낳았다. 비록 조건부 이전이 이 측면에서 더 낫긴 했지만 말이다.[15] 그러나 무조건적 이전은 거의 전적으로 학교를 그만둔 여성에게 영향을 미쳐 십대 임신과 결혼률이 급격하게 떨어졌다. 장기적으로 어느 제도가 더 긍정적인 효과를 낳을지 누가 말할 수 있겠는가?

현금이전에서 찾아낼 수 있는 유효한 결과

현금이전 제도는 몇가지 점에서 기본소득과 다르다. 현금이전 제도는 전형적으로 '빈민'을 타깃으로 하며, 따라서 보편적이지 않다. 많은 현금이전 제도가 행위조건을 적용한다. 많은 현금이전 제도가 모든 개인이 아니라 가구 혹은 가구 내의 한 사람에게 지급한다. 모든 현금이전 제도가 그런 것은 아니지만 많은 제도가 단기 실험이었다. 그럼에도 현금이전 프로그램의 결과는 보편적 기본소득을 도입할 때 무엇을 성취할 수 있는지를 보여준다.

가장 중요하게는 직접적인 현금이전이 빈곤을 빠르게 줄인다는 압도적 증거가 있다는 것이다.[16] 이는 분명한 것으로 보이지만 오랫동안 개발도상국 사람들에게 돈을 주는 것은 낭비로 비칠 수 있다. 왜냐하면 이 돈이 '개인적 배즈'에 사용되거나 기본적인 상품과 서비스의 가격을 올릴 수 있으며, 이 때문에 빈민의 상황이 더 나아지지 못할 수 있다.

모든 연구가 보여주는 바로는 몇몇 예외를 제외하곤 현금이전을 받은 사람이 이 돈을 술·담배·약물 같은 데 쓰지 않고 가구의 복지를 개선하는 데 사용한다는 것이다.[17] 현금이전은 범죄와 가정폭력을 줄이는 결과도 낳았다.[18]

인플레이션에 대한 증거도 고무적이다. 예를 들어 멕시코 시골에서 직접적인 식량원조와 직접적인 현금이전을 대조한 연구 결과, 무료 식량을 제공하는 것이 식량 가격을 낮추는 경향이 있는데, 이는 다시 지역 농민의 식량 재배를 약화시키며 소득을 줄인다. 그러나 직접적인 현금이전은 가격에 영향을 미치지 않는다. 추가적 수요가 생산자들로 하여금 지역시장에 공급할 식량과 물품을 더 많이 생산하도록 자극하기 때문일 것이라고 추정된다.[19]

몇몇 사례에서 현금이전은 시장이 미발전했거나 이전한 금액이 지역의 생활수준에 비해 상대적으로 많을 경우 단기적인 인플레이션을 일으킬 수 있다. 그러한 상황에서는 보완적인 정책이 필요한데, 더 커진 수요를 예상할 수 있도록 상품과 서비스의 잠재적인 공급자에게 정보를 주는 것도 고려할 수 있다. 그러나 이러한 보완적인 정책은 상당히 어려운 일이다.

현금이전의 효과에 대한 많은 연구는 복지의 개선을 보여준다. 예를 들어 대부분의 경우 아동의 영양공급이 개선되는 결과를 확인했다. 콜롬비아에서는 조건부 현금이전에 따라 아동의 평균 신장이 커졌다.[20] 멕시코에서는 조건부 현금이전에 따라 여아의 39퍼센트, 남아의 19퍼센트의 발육부전이 줄었다. 스리랑카의 삼루디(Samruddhi) 현금제도 역시 아동 영양공급의 개선으로 이어졌다.[21] 좀더 일반적으로 말라위 농촌에서 현금이전은 식량 안전과 음식 다양성에 상당한 영향을 미쳤다.[22]

인도를 포함한 여러곳에서 조건부 현금이전은 유아 및 태아 사망의 감소로 이어졌다. 조건부 현금이전이 건강검진을 좀더 자주 받는 등의 예방의료서비스 이용을 촉진한다는 증거도 있는데, 이는 주로 라틴아메리카에서 나온 결과다.[23] 동일한 효과가 인도에서도 발견되었다.[24] 조건이 어떠하든 현금이전은 사람들이 의료서비스를 이용할 때 드는 자기부담금(그리고 병원까지 가는 교통비)을 감당할 수 있게 해준다. 어쨌든 이는 대부분의 개발도상국의 현실이다.[25] 그리고 사람들이 의료기관에 돈을 지불하면 공공병원과 민영병원이 의료의 질을 개선해야 한다는 압력을 받게 된다.

조건부 현금이전과 관련해, 조건부에 따른 효과가 어느 정도이고 현금에 따른 효과가 어느 정도인지가 종종 불분명하다. 다행히도 무조건적 이전이 동일하게 긍정적인 효과가 있는 것으로 나타난다.[26] 예를 들어 무조건적 이전은 음식의 다양성, 즉 아동의 영양공급과 연관된 발전으로 이어진다는 결과가 나타났다.[27] 그리고 이 장의 뒷부분에서 이야기할 나미비아의 기본소득 실험에서는 별다른 유도 없이도 사람들이 의료서비스를 더 많이 이용했다. 추가로 들어온 돈 때문에 지역의 병원을 가는 게 가능해졌기 때문이다.

학교 등록과 출석이라는 점에서 현금이전이 아동의 학교 교육에 미친 긍정적 효과에 대한 증거는 방대하다.[28] 조건부 제도와 무조건적 제도 모두 라틴아메리카와 아프리카 나라들에서 학교 등록의 증가를 가져왔다. 멕시코의 경우 국가 현금이전 제도인 오포르투니다데스가 (초기에는 프로그레사Progresa라는 이름으로) 도입된 이후 중등학교 등록이 3분의 1 증가했으며, 자퇴율은 20퍼센트 하락했다. 말라위에서도 유사하게 현금이전이 학교 등록을 증가시키고 사춘기 여성의 자퇴율을 줄였다.[29] 남아프리카에서는 특히 어린아이에게 효과가 컸으며,[30] 라틴아메리카·방글라데시·캄보디아에서 여성의 학교 등록에 강력한 영향을 미쳤다는 국제적인 증거가 있다.[31]

여기서도 마찬가지로 조건부의 효과와 현금의 효과를 분리하는 것은 어렵다. 그러나 사춘기 여성에 대한 말라위의 연구는 현금만으로도 교육에 긍정적인 영향을 미쳤으며, 비용 대비 효과가 컸음을 보여준다. 우연한 발견이었다. 실수로 한 지역의 수급자들이 조건에 대해 듣지 못해서, 조건이 강제되지 않았던 것이다. "가구당 매달 5달러를 무조건적으로 준 것이 학교 출석을 조건으로 매달 5달러를 준 것과 학교 교육에서 동일한 효과를 낳았다"는 평가가 있다.[32]

좀더 규칙적으로 학교에 출석한다고 해서 성적으로 나타나는 수학능력의 개선이 반드시 이루어진 것은 아니었다. 현금이전 프로그램이 시행된 많은 지역의 학교 수준이 질적으로 낮다는 점도 고려해야 할 것이다.[33] 그러나 인지능력의 개발에는 의미있는 긍정적 효과가 있었던 것으로 보인다.

한편 현금이전이 '일'의 의욕을 떨어뜨리고 여성이 추가적인 수당을 받기 위해 아이를 더 많이 갖게 한다고 비판하는 사람들의 주장을 결정적으로 반박하는 증거도 있다(이런 주장은 부유한 나라의 현금이전도 겨냥했다). 오히려 현금이전은 여성이 선택권을 가질 수 있게 함으로써 만혼, 낮은 출산율, 원하지 않는 성적 활동의 감소를 낳았다.[34]

또한 현금이전으로 일이 감소한 게 아니라 증가했는데, 특히 2차 활동을 포함할 경우 그랬다.[35] 현금이전으로 재봉틀과 도구 등을 갖추게 됐고 이는 소자본 창업에 이용되었다. 종종 사람들은 임시 임금노동을 줄이고 자기 농지에 더 많은 시간을 썼다. 현금이전을 비료·종자·가축 등에 쓸 수 있었고, 그 덕분에 농사일의 생산성이 높아졌다.

멕시코 시골의 현금이전 제도는 1달러를 줄 때 평균 2달러의 추가

소득이 나왔다는 것을 보여준다. 소규모 농민은 1달러당 3달러를 추가로 벌었으며, 소득 불평등이 감소했다.[36] 멕시코의 또다른 현금이전 제도는 이전된 돈의 4분의 1 이상이 소득창출 활동에 투자되었음을 보여준다.[37] 잠비아의 경우 현금이전을 받은 가구는 농업 생산과 비농업 생산에서 소득이 증가해서 이전된 돈보다 60퍼센트 더 많은 돈을 소비에 썼다.[38]

사람들에게 더 큰 소비력이 생기면 비록 약간의 인플레이션이 있을 수 있지만 '승수'효과를 통해 지역경제를 활성화하게 된다. 현금이전 프로그램이 좁거나 넓은 지역에 흩어져 있는 개인들에게 제공될 경우 효과를 측정하기가 어렵지만, 일곱개의 현금이전 제도에 대한 평가를 보면 1달러가 이전될 때마다 지역경제의 소득은 인플레이션 조정 후 1.10달러에서 1.85달러 증가하는 것으로 나타났다. 그리고 현금이전 프로그램 수급 자격이 없는 사람들도 수급자로부터 선물이나 대부를 통해 직접 이득을 얻을 수 있다.[39] 이는 기본소득이 공동체에 미치는 효과가 개별 수급자에 미치는 효과의 합보다 더 클 수 있다는 것을 보여준다.

개발도상국의 조건부 현금이전과 무조건적 현금이전에 대한 많은 연구가 밝혀낸 결과는 다음과 같이 요약될 수 있다. 통계적으로 소득 빈곤의 의미있는 감소, 식량 및 영양공급 지출의 증가, 학교 결석 감소, 인지 개발의 개선, 더 많은 의료서비스 이용, 특히 가축과 농업 자산의 투자를 위한 저축, 약간의 지역경제 성장 등이다.

기본소득 파일럿

타깃이 있고 선별적인 조건부 현금이전을 제외하면, 1장에서 정의한 의미에서의 진정한 기본소득을 실험하기 위해 설계된 두개의 파일럿이 있었다. 명백한 한가지 한계가 있었는데, 그것은 장기적 혹은 '영구적'인 것이 아니라 임시적 혹은 '단기적'이었다는 점이다.

나미비아

개발도상국의 첫번째 기본소득 파일럿은 2008~2009년 나미비아의 작은 마을인 오티베로오미타라(Otivero-Omitara)에서 1000명을 대상으로 실시되었다.[40] 이 연구는 나미비아기본소득급여연맹이 재단과 개인 기부자에게서 기금을 모아 실시되었다. 이미 사회 연금을 받고 있는 60세 이상을 제외하고 아동을 포함한 모든 마을 사람이 매달 100나미비아달러(당시 기준으로 12미국달러 혹은 빈곤선의 3분의 1)의 적은 기본소득을 받았으며, 그 결과를 이전 상황과 비교했다. 그랬더니 건강의 개선과 지역 1차 의료기관의 이용 증가, 높아진 학교 출석률, 경제활동의 증가와 여성 지위의 제고 등이 나타났다.[41]

여기서 사용된 방법론은 당시 유행하던 무작위 통제 실험을 선호하던 사람들을 만족시키지는 못했을 것이다. 외부 요인의 효과를 허용하는 통제 마을이 이 나라나 경제권에서 선정되지 않았다. 왜냐하면 파일럿을 실시한 사람들이 장기간의 조사라는 형태로 기본소득급여의 혜택을 받을 수 없는 사람들에게 어떤 요구를 하는 게 비도덕적이라고 생각했기 때문이다. 그러나 파일럿이 진행된 기간 동안 정책 혹은 외부 개입의 변화가 보고되지 않았고, 결과에 대한 신뢰는 관찰된 행위에 의해 그리고 연속적인 조사에 나타난 수급자의 견해에 의해 정당화되었다.

부모가 아동을 학교에 보내야 한다는 압력이 없었음에도 학교 출석률은 크게 올라갔다. 이런 동력은 흥미로운 사실을 드러냈다. 초등학교가 국립이었음에도 부모들은 아동마다 적은 금액이나마 수업료를 납부해야 했다. 파일럿 이전에는 학교 등록과 출석이 낮았고, 학교는 수업료 수입이 적었기 때문에 기본적인 것을 제공할 수 없었으며, 그런 탓에 학교는 매력적인 곳이 되지 못하고 교사의 사기도 떨어져 있었다. 현금이전이 시작되자 부모는 수업료를 지불할 돈이 생겼고, 교사는 종이·펜·책·포스터·페인트·붓을 살 돈이 생겨 학교를 부모와 아동에게 좀더 매력적인 곳으로 만들 수 있었고, 사기가 올라갔으며, 아마 교사의 능력도 제고되었을 것이다.

채소를 훔치거나 먹기 위해 작은 가축을 죽이는 일 같은 사소한 경제범죄도 상당히 줄어들었다. 마을 주민들은 더 많은 채소를 기르고, 더 많은 비료를 샀으며, 더 많은 가축을 키웠다. 이렇게 역동적인 사회 전체의 경제적 효과는 인습적인 평가에서는 대개 간과되며, 무작위 통제 실험처럼 무작위로 선별된 개인이나 가구에만 현금이 주어지고 평가될 경우 확인되지 않았을 것이다.

계획되지 않았음은 물론 예상 밖의 또다른 결과는 마을 주민이 자발적으로 기본소득자문위원회를 만들었다는 점이다. 초등학교 교사와 마을 간호사 들이 주도해, 사람들이 기본소득으로 받은 돈을 쓰거나 저축하는 것과 관련해서 자문을 해주려 만든 것이었다. 이렇게 보편적 기본소득이 집단행동을 유도했으며, 이러한 공동체 행동주의가 기본소득의 효율성을 증대시킨 것은 분명하다.

파일럿이 끝난 후에도 좀더 작은 규모의 급여가 지속되었고 유사한 결과가 나왔다. 실험이 국제통화기금 지역대표들의 지속적인 반대에도 불구하고 이 나라 내부에서 정치적으로 영향력이 있었다는 것이 입증되었다. 지지를 뒷받침하는 것은 부분적으로 제파니아 카미타(Zephania Kameeta) 주교 때문이었다. 그는 나미비아기본소득급여연맹의 전 의장이었고, 이 파일럿을 열정적으로 지지했으며, 2015년 빈곤퇴치·사회복지부 장관에 임명되었다.

2015년 12월 나미비아 대통령 하게 겡고브(Hage Geingob)는 기본소득이 자신의 반빈곤 전략의 일부라고 선언했다. 그러나 2016년 6월 정부는 푸드뱅크 프로그램을 시작했고, 기본소득은 뒷전으로 밀린 것처럼 보였다. 이 또한, 가지 않은 길의 또다른 예였을까?

인도

2009~13년 인도의 여성 노동자 조합인 자영여성협회(SEWA, Self-Employed Women's Association)가 조직한 세개의 기본소득 파일럿이 실시되었다.[42] 재원은 처음에 유엔개발계획(UNDP)에서, 이후 더 많은 액수를 유니세프에서 마련했다.

첫번째로 실시된 가장 작은 규모의 파일럿에서는 서(西)델리의 한 지역에 사는 빈곤선(BPL) 아래에 있는 수백개 가족에게 선택권을 주었다. 공식적인 공공분배체제(PDS, Public Distribution System)

하에서 쌀·밀·설탕·등유 등 보조를 받을 것인지, 아니면 1년 동안 거기에 해당하는 액수의 기본소득을 받을 것인지에 대한 선택권이 있었다. 절반 정도가 현금을 받기로 했다. 놀라운 일도 아니지만 많은 사람들이 익숙한 체제에서 익숙하지 않은 체제로 바꾸는 것을 주저했다.

그러나 몇달 후에 계속해서 배급을 받기로 했던 많은 사람들이 연구팀에게 기본소득으로 바꿀 수 있는지 문의했다. 하지만 실험이 제대로 이루어지지 않는다는 이유로 바꾸는 것은 허용되지 않았다. 그럼에도 사람들이 공동체의 다른 사람들 이야기를 통해 현금 지급의 이점을 알게 되었다는 것이 드러났다. 반면에 기본소득을 선택했던 사람들 가운데 배급으로 돌아가기를 원하는 사람은 없었다. 1년 후에 두드러진 결과는 기본소득 수급자의 경우 영양공급과 식습관이 개선되었지만 계속해서 배급을 받는 사람들의 경우에는 그렇지 않았다는 것이다.

마디야프라데시에서 실시된 더 큰 규모의 두번째 파일럿에서는 여덟개 마을의 남성·여성·아동 6000여명에게 18개월 동안 매달 기본소득을 주었는데, 다섯개 마을의 저소득층 가족에게는 대략 30퍼센트를 추가로 더 주었다. 이전 상황과 비교할 때, 그리고 기본소득을 받지 않지만 유사한 열두개 마을의 6000명 좀 넘는 주민들과 비교할 때 어떤 일이 벌어졌는지를 평가했다. 세번째 파일럿에서는 한 부족 마을에 사는 모든 사람에게 기본소득을 주었고, 그 12개월의 경험을 기본소득을 받지 않는 유사한 다른 부족 마을 사람들과 비교했다.

두번째 파일럿의 독특한 측면은 목소리(발언권) 실험이었다. 이는 취약한 사람들이 자신의 이해관계를 옹호하고 증진시킬 수 있는 조직에 접근할 경우 기본소득의 긍정적인 효과가 더 커질 것이라는 가정에 따른 것이다. '기본소득' 마을 가운데 네개 마을에는 개인과 가족을 대신해 이미 활동하고 있던 '목소리' 기관(자영여성협회)이 있었고, 다른 네개의 '기본소득' 마을에는 그런 기관이 없었다. 마찬가지로 6개의 통제 마을에는 자영여성협회가 활동하고 있었고, 다른 여섯개 통제 마을은 그렇지 않았다.

마을 사람들이 조언을 받고 은행계좌를 만들고 돈을 관리하는 데 도움을 받음으로써 큰 혜택을 보았다는 강력한 증거가 나타났다. 그러나 기본소득의 긍정적 효과는 자영여성협회가 활동한 마을과 그러지 않은 마을 모두에서 나타났다.

처음 석달 동안 기본소득을 개인에게 현금으로 주었다. 그런 다음 수급자에게 은행계좌가 없을 경우 기본소득을 위해 만든 은행계좌로 입금했다. (부족 마을에서 실시된 세번째 파일럿에서는 기본소득이 내내 직접 지급되었다.) 남성과 여성 모두 각자의 기본소득을 받았고, 성인에게 주는 금액의 절반이 어머니 계좌 혹은 양육자의 계좌를 통해 아동 각자에게 지급되었다. 앞서 언급한 현금이전 제도와 달리 이번 지급은 무조건적이고 보편적이었다. 파일럿이 시작할 때 공동체에 살던 모든 사람이 기본소득을 받았다.

마디야프라데시 파일럿의 주요 결과는 네가지 차원에서 요약할 수 있다.[43] 첫째로 위생의 개선, 아동과 성인의 영양공급 개선, 건강 개선, 의료 개선, 학교 출석과 교육효과 개선 등 관점에서 볼 때 복지

효과는 대단히 긍정적이었다. 대개 사람들은 추가로 생긴 돈을 합리적으로 썼다. 당시 여당인 국민회의당의 소냐 간디(Sonia Gandhi) 등이 예측한 것과는 정반대로 술과 담배에 대한 지출은 실제로 떨어졌다.

나중에 마을 사람들에게 왜 그렇게 했느냐고 물었을 때 가장 일반적인 대답은 남자들이 할 일이 더 많아졌기 때문이라는 것이다. 더 나아가 가족의 개별 구성원에게 지급된 현금이전은 '유혹 상품' (temptation goods)보다는 본질적으로 복지와 생산적인 사용(암묵적인 '낙인효과')을 위한 것으로 간주되었다고 할 수 있다.

둘째로 사회적 공평(social equity)이 개선되었다. 장애인, 그리고 남성보다는 여성, 상층 카스트와 비교할 때 지정(指定) 카스트와 지정 부족의 가족 등에서 혜택이 뚜렷했다. 구조적으로 불리한 처지에 있는 모든 사람이 각자의 소득을 갖게 되었고(다수에게는 처음 있는 일이었다), 어머니가 여아의 필요를 돌볼 수 있게 되었다. 남아의 학교 등록과 출석률도 개선되기는 했지만 여아의 학교 등록과 출석률이 크게 개선되었다. 이전에는 여아가 같은 연령대의 남아보다 저체중인 경우가 많았지만 파일럿이 끝났을 때 여아가 남아보다 체중이 더 늘었다. 젠더 평등이 분명히 개선되었다.

셋째로 비판자들의 예상과 달리 기본소득으로 일과 노동이 늘어났다. 학교에 가는 아동의 경우만 예외였다. 파일럿이 끝났을 때 특히 여성이 더 많은 부업(옷 만들기가 많았고 팔찌 만들기도 한건 있었다)을 하고 있었는데, 이는 '주요 활동'에만 초점을 맞추는 전통적인 연구에서 쉽게 간과한 것이다. 전반적으로 기본소득 마을에서는 경제활동이 상당한 정도로 더 많이 이루어졌으며, 그에 따라 소득 불평등이 줄어들고, 협동 양어장 개발과 마을 하수도 개선을 위한 공동활동 등 몇가지 측면에서 공동체의 개발이 촉진됐다.

넷째로 예상치 못했으나 가장 고무적인 결과가 나타났다. 기본소득이 해방적 효과가 있어서, 개인이 자신의 삶을 통제할 수 있도록 했다는 것이다. 누군가는 부채를 줄였다. 누군가는 세대로 이어진 채무 노동에서 벗어났다. 누군가는 가족이나 이웃에게 돈을 빌려주거나 빌릴 수 있어서 고리대금업자에게 의존하지 않아도 되었다. 처음으로 자기 돈을 가진 많은 사람들이 스스로 결정할 힘과 사회적 규준에 도전할 힘을 얻었다. 예를 들어 3장에서 언급한 것처럼 한 마을의 젊은 여성은 연장자들을 무시하고 베일을 쓰지 않은 채 공공장소에 나갈 수 있다고 생각했다.

따라서 기본소득의 해방적 가치는, 매우 평범한 수준이라 하더라도 화폐적 가치를 넘어서는 것이다.[44] 다른 상품과 마찬가지로 이런 마을에서는 화폐가 부족해 돈을 손에 넣는 데 비용이 많이 드는데, 이 때문에 대부업자가 50퍼센트의 이자율을 부과하고 때로는 채무자에게 자기 땅에서 노동할 것을 요구하는 등 가혹한 조건을 부과할 수 있다. 기본소득은 꼭 필요한 유동성을 공급하며, 화폐의 가격을 하락시키고 마을 사람들이 특히 개인적으로 어려울 때 재정을 통제할 수 있도록 해준다.

네가지 효과—복지, 평등, 경제성장, 해방—의 결합에 따라 이 연구의 저자들은 해당 마을에서 기본소득이 **전환**의 정책이며, 전국적으로도 그럴 수 있을 것이라는 매우 합리적인 결론을 내렸다.

감당가능성 문제

저소득 나라들은 기본소득을 감당할 수 없다고 주장하는 경우가 있다. 그러나 기본소득의 수준은 분명 이용할 수 있는 자원을 고려해서 정해질 것이며, 시간을 두고 점차 높아질 수 있다. 기본소득 파일럿에서 알 수 있듯이 매우 적은 금액이라도 보장되고 정기적으로 지급되는 기본소득은 가난한 사람들의 삶을 바꿀 수 있다.

볼리비아·보츠와나·모리셔스·남아프리카공화국을 포함한 많은 개발도상국들이 노인을 위한 보편적이거나 거의 보편적인 연금을 도입했다. 이 연금은 종종 손주를 포함한 가구 전체의 기본소득으로 기능했다. 손주들의 영양공급이 개선되고 학교 출석률도 높아졌다. 나미비아에서는 연금 소득의 70퍼센트 이상이 가족과 공유되고 손주의 식량과 교육에 지출된다. 아르헨띠나와 몽골 같은 몇몇 나라는 보편적인 '어머니와 아동 수당'을 지급한다. 따라서 정치적 의지만 있다면 자원을 찾을 수 있다. 개발도상국에서 이를 위한 네가지 가능한 방법이 있다.

첫번째로 기본소득 재원은 증세를 통해 마련될 수 있을 것이다. 대부분의 개발도상국은 부적절하고 낙후한 조세 체제로 악명이 높으며, 국민소득에서 세금으로 걷는 몫이 적은데 특히 소득세가 그렇다. 따라서 조세 방식은 상대적으로 세심한 조세 체계와 행정기구가 있는 발전한 나라들에서 더 쉬운 방식일 수 있다. 그러나 브라질은 금융거래에 대한 과세를 통해 사회 프로그램에 필요한 재원을 조달했다.

두번째로 공공지출의 전환을 통해 재원을 마련할 수 있다. 군사비나 '흰 코끼리' 프로젝트*에 대한 과도한 지출을 제외하더라도 많은 개발도상국은 식량과 연료에 대해 비용도 많이 들고 매우 역진적인 보조금 정책을 운영하고 있다. 2013년 국제통화기금은 화석연료 보조금이 이란에서는 정부수입의 절반에, 방글라데시에서는 43퍼센트에, 파키스탄에서는 31퍼센트에 달한다고 추산했다.[45] 그 이전에 국제통화기금은 부유한 20퍼센트의 가구가 하위 20퍼센트의 가구보다 연료 보조금으로 여섯배를 받는다고 추산했다. 왜냐하면 이들은 자동차·에어컨 등에 더 많은 연료를 사용하기 때문이다.[46]

인도의 경우 (빈민이 아니라) 부유층에게 가는 중앙정부 보조금과 주 보조금이 국민소득(GDP)의 9퍼센트로 추정되며, 추가 6퍼센트가 주로 기업으로 가는 세금우대 형태로 정부수입에서 빠진다.[47] 공식 빈곤선의 4분의 3에 해당하는 기본소득이 모든 인도인에게 지급될 경우 GDP의 10퍼센트일 것이다(경제성장에 미치는 효과는 무시한다). 빈곤선의 절반 수준만 하더라도 엄청난 다수의 생활수준에 상당한 차이를 낳을 것이다.

역진적인 보조금을 기본소득으로 전환하면 세율의 급격한 인상을 피하게 될 것이다(대부분의 개발도상국은 현재의 협소한 조세

---

* 비용은 많이 드나 기대하는 결과를 충족하지 못하는 사업을 가리키는 말로 쓰인다. 동남아시아의 불교문화권에서는 흰 코끼리를 신성한 동물로 간주하는데, 신성시되기 때문에 어떤 일도 시키지 않는 대신 돌보는 데 많은 비용이 들어가기만 한 점에서 유래한 말이다. 오늘날 대표적인 흰 코끼리 프로젝트로는 평양의 유경호텔, 미국 디트로이트의 순환통근열차(Detroit People Mover), 세계에서 가장 긴 사장교(斜張橋)인 러시아 블라지보스또끄의 루스끼(Russky)대교가 있다.

기반을 확대함으로써 수입을 좀더 올릴 수 있긴 하다). 우선 지역시장을 왜곡하고 보통 사람의 자유를 침해하는 보조금을 없애야 한다. 인도 그리고 다른 곳에서도 마찬가지이겠지만 기존 사회 프로그램의 대안으로 기본소득을 도입할 필요는 없을 것이다.

세번째 재원 마련 방법은 국부펀드인데, 7장에서 언급한 사회배당의 길이다. 이것은 석유나 기타 광물 혹은 목재와 같은 가치있는 상품이 풍부한 개발도상국에 매우 적합하다. 현재 여기서 나오는 수입은 주로 지대 추구 엘리트에게 간다. 많은 나라들이 이미 국부펀드를 설립했지만 주로 장래 정부 재정을 안정화하기 위한 투자수단으로 이용되고 있다. 인도의 고아(Goa)에서는 고엔치 마티(Goenchi Mati, '고아의 땅'이라는 뜻) 운동이 일어나 철광석이나 광산 채굴 이익금을 알래스카 영구기금과 유사한 영구기금으로 만들자고 압력을 가하고 있다. 이 기금은 시민배당의 재원으로 이용될 것이다. 볼리비아·잠비아·몽골 등은 이미 국가 자원에 대한 세금을 사회수당 지급에 이용하고 있다.

국부펀드 재원이 자연자원에서만 마련될 필요는 없다. 주된 자산이 카지노인 중국 마카오에서는 모든 거주자가 주로 복권 수입에서 나오는 국가 보너스를 매년 받는데, 최근에는 1000달러가 넘는다. 2008년부터 시행된 이른바 '부의 참여 제도'는 22세 개인에 대한 1250달러의 일시불 자본급여와 함께 시행되고 있다. 이는 해당 개인의 저축 예금 계좌로 지급된다.[48] 중국 본토의 흥미로운 예는 허베이성(河北省)의 '도시 마을'인 화이디(槐底)인데, 이곳은 토지 보상과 토지개발권에서 나온 자산을 통해 여러 현물수당과 공공서비스뿐

만 아니라 모든 거주자에게 주는 기본소득 재원을 마련한다.[49]

네번째 방법은 기부자를 통해 재원을 마련하는 것이다. 양자 원조나 다자 원조를 기본소득 제도로 바꾸는 일에 상당히 희망적인 전망이 있으며, 11장에서 드러나겠지만 기본소득 실험과 파일럿에 재원을 대는 데 상당수의 민간 박애기관이 관심을 보이고 있다.

빈곤, 경제적 불안전, 영양부족, 불건강 등을 줄이는 게 주된 동력이 되어야 하지만 다른 형태의 이주로 고통받는 오늘날의 세계에서 사회에 미치는 추가적인 요인이 강조되고 있다. 개발도상국의 빈곤하고 소득이 낮은 공동체에서 기본소득 체제는 사람들이 자기 지역에 머물게 하고 자기 공동체를 (재)건설하게 할 것이다.

보조금에서 기본소득으로

국제 금융기관의 압력을 받곤 하는 몇몇 나라들은 식량과 연료 보조금을 줄이고 타기팅 현금이전 계획으로 이를 보충하기 시작했으며, 절반의 성공을 거뒀다. 여기에는 이집트·인도·인도네시아·태국 등이 포함된다. 그러나 기본소득의 도입에 아주 가까이 다가간 나라는 이란뿐이다.

2010년 12월 이란 정부는 식량과 에너지 가격을 20퍼센트까지 올렸는데, 500~600억 달러로 추산되는 보조금을 없애고 낭비적인 에너지 사용을 억제하기 위한 것이었다. 동시에 각 가구는 늘어난 생활비를 보충하기 위한 정기적인 현금급여를 받기 시작했다. 이 급여는 보편적이고 무조건적이었으며 한가지 단서조항만이 있었다. 소득세를 내야 하는 사람은 납세신고를 해야 하는 것이었다. 이런 이유로 부유한 시민 다수는 '기본소득'을 받지 않으려 했고, 그에 따라 총비용은 줄었다.[50]

몇년 동안 이란 성인의 3분의 2가 정부에서 주는 돈을 받았는데, 세계 어느 나라보다 높은 비율이었다. 그리고 정부에서 지급하는 돈의 90퍼센트 이상이 은행계좌로 직접 지급되었다.[51] 에너지 가격 보조에서 별로 이득을 보지 못한 빈민에게 보조금 상실분보다 큰 급여는 특히 농촌 지역에서 빈곤과 불평등을 줄이는 데 의미있는 효과가 있었다.[52]

처음에 비판자들은 이 제도가 인플레이션을 유발한다며 공격했다. 시행 초기에는 인플레이션이 크게 나타났지만 정부의 임시 조치로 진정되었다. 그러나 안타깝게도 급여 제도에 드는 비용이 연료 보조금의 대략 절반이었음에도 예산 적자가 늘면서 정부는 2016년에 자산조사 체제를 도입했다. 그 결과 급여를 받는 사람의 수는 절반으로 줄어들 것으로 예상된다.

인도적 원조로서 기본소득

지난 10년간 난민과 자연재해 및 인재(人災)의 생존자를 돕기 위한 현금이전이 크게 늘어났다. 재난 직후에는 식량·물·피난처·의약품 등이 분명 우선적으로 필요하다. 그러나 이런 국면을 지나고 나면 사람들이 경제활동을 회복하고 재수립하며, 공동체를 재건할 수 있도록 하기 위해 자립수단을 제공하는 것이 가장 나은 방법이다.

전세계는 2004년 12월에 있었던 인도양 쓰나미 이후 엄청난 관대함을 보여주었다. 이 일로 23만명 이상이 죽었고, 14개 나라의 해안 지역에 쓰레기가 몰려왔다. 원조를 위해 많은 돈이 모였고, 여러 NGO가 구조팀을 보냈다. 당시 스리랑카에서 프로젝트를 진행 중이던 나는 끔찍한 재해 속에서 NGO가 말 그대로 지원을 제공하기 위해 얼마나 애쓰는지도 보았다. 관대함과 선의는 진실된 것이었다. 그러나 종종 지원이 공동체가 원하거나 필요로 하는 것이 아닐 때가 있었다. 쓰나미의 피해를 본 공동체의 모든 사람에게 기본소득 현금이전을 제공하는 것이, 그들이 원하지 않거나 장기적으로 쓸모가 없는 물건을 산더미같이 쌓아주는 것보다 그들의 삶을 어떻게 할지에 대한 더 많은 선택권을 주는 일이 된다.[53]

2003년 이라크 전쟁 이후 '국제사회'가 예컨대 3년 동안 보장된 기본소득을 주었다면 뒤이은 혼란과 유혈사태를 많은 부분 피할 수 있었을 터이며, 이라크인들이 자신들의 사회를 재건하는 데 밑천이 되고 극단주의의 유혹에 맞설 힘이 되었을 것이다. 기본소득은 2001년 미국의 아프가니스탄 침공 이후에도 주민들이 정치적 변화를 지지할 수 있는 물질적 근거를 제공했을 것이다.

네 나라에서 '식량 대 현금'을 비교한 유엔의 세계식량계획(WFP)은, 네 나라 가운데 세 나라(에콰도르, 우간다, 내전 이전의 예멘)에서 현금이전이 더 적은 비용으로 더 나은 영양공급이 된다는 것을 발견했다. 이는 동일한 지출로 더 많은 사람들이 도움을 받을 수 있다는 것이다. (네번째 나라인 니제르는 심각한 계절적 식량 부족 사태를 겪었고, 이는 현물 공급이 현금보다 음식 다양성을 개선했다는 것을 말한다.)[54] 이 때문에 세계식량계획은 현금이전에 더 주안점을 두게 되었다. 오늘날 세계식량계획이 전세계적으로 벌이는 원조의 4분의 1이 현금 기반이다.

100만명이 넘는 시리아 난민이 거주하고 있는 레바논에서는 유엔난민기구(UNHCR)가 제한된 '동결' 기금을 고도 500미터 이상에 사는 취약한 가정에 현금이전으로 지급하기로 결정했다. 수급자들에게 난방 연료를 사는 데 쓰라고 하기는 했지만 이는 무조건적인 지급이었다. 그후 고도 500미터 이하에 사는 통제집단과 수급 가정을 비교했다.

연구자들은 현금지원이 연료에 대한 지출을 늘렸지만 학교 등록도 증가시켰고, 아동 노동을 감소시켰으며, 식량 안전을 증대했다는 사실도 발견했다.[55] 눈여겨볼 만한 결과는 기본소득이 공동체 내의 수급자와 다른 사람들의 상호 지원을 증대하고, 수급자 가족 내의 긴장을 완화했으며, 지역사회와의 관계를 개선했다는 것이다. 유의미한 승수효과가 있었는데, 지원된 1달러당 레바논 경제에 2달러 이상을 기여했고, 대부분은 지역에서 지출되었다.

2016년 10월 유엔 난민고등판무관은 이렇게 말했다.

현금 기반 지원을 이용하는 것은 난민을 돕는 데 진정 판세를 뒤집었으며, 이제 우리는 이를 전세계적 정책으로 삼아, 가능한 곳에서 우리의 모든 활동으로 확대하기로 결정했다. (…) 난민에게 무엇이 필요한지는 그들 스스로 가장 잘 안다. 현금 기반 지원을 광범위하게 이용하는 것은 더 많은 사람이 자기 가족의 재정을 어떻게 운영할지를 결정할 수 있다는 뜻이다. 이것은 그들이 더 존엄하고 정상적인 삶을 사는 데 도움이 될 것이다.[56]

이런 정책이 갖는 더욱 실용적인 이점은 사람들이 고통과 절망에 빠져 이주하지 않아도 되게 한다는 점이다. 그리고 이 정책은 다른 형태의 대외 원조에 깃든 비용과 비효율성을 감소시킬 것이다.

갈등 회피를 위한 기본소득

높은 소득을 창출할 수 있는 자연자원을 가진 많은 나라들은, 종종 전제적 지도자들이 독점하고 있는 그 부를 둘러싸고 분파들끼리 경쟁을 벌이면서 내전에 빠져 있다는 점이 슬픈 아이러니다. 나라 전체의 자원에서 나오는 부를 공유하는 것은 정치적 갈등의 위험을 진정시키는 한가지 방법이다. 즉 석유든 다이아몬드든 그밖의 광물이든, 보통 소득의 일부를 지방정부 특히 자연자원이 개발된 지역으로 이전시키는 것이다. 이전하는 액수가 충분히 클 경우 이러한 재정 이전 방식이 갈등에 제동을 걸기도 한다. 그러나 지방의 반대파에게 반란을 일으킬 자금을 대주는 꼴이 되어 갈등을 촉발할 때도 있다.[57] 이를 통해 정치적 갈등을 진정시키거나 방지할 수 있는 최적의 방법은 모든 개인에게 직접 현금이전을 하는 것임을 알 수 있다.

이렇게 하면 분리주의 운동 혹은 지역 정당이 그 자원을 전유하는 것을 더 어렵게 할 것이기 때문이다.

본질적으로 기본소득인 이러한 '직접 배당'의 지급은 '자원의 저주' 혹은 '네덜란드 병'을 극복하는 데도 도움이 될 것이다. 네덜란드 병이라는 이름은 네덜란드 바다에서 천연가스가 발견되었을 때 환율이 올라갔고 수출 손실과 해외의 값싼 제조물품의 유입으로 지역 제조업이 망가졌기 때문에 붙여졌다. 글로벌개발센터의 '석유에서 현금으로 이니셔티브(initiative, 시민 발안)'가 주장하는 것처럼 배당은 민간 소비를 촉진할 뿐만 아니라 정부지출에 대한 시민의 감시를 강화함으로써 공공재의 공급도 촉진한다.[58] 이는 더 큰 성장과 개발로 이어지고, 나아가 갈등의 위험을 줄인다.

기본소득의 개발

2016년 말 멕시코시티 정부는 무분별하게 확대된 메트로폴리스에서 기본소득을 도입하기로 노력한다는 내용이 포함된 새로운 시 헌법의 초안을 작성했다. 이는 그해에 유엔 라틴아메리카와 카리브해 지역경제위원회가 회원국에게 기본소득 보장의 실시를 검토하라는 권고에 뒤이어 나온 조치다. 멕시코시티 헌법은 라틴아메리카 전역과 그밖의 지역에서 본받을 수 있는 선례를 마련했다. 이는 앞으로 규준이 될 경제적 권리의 발전에서 한걸음 더 나아간 것이다.

인도의 경우 잠무카슈미르(Jammu and Kashmir)주 재무부 장관이 2017년 1월 예산안을 발표할 때 기본소득을 도입하겠다는 의향을 밝혔다. 아마 타깃이 있는 기본소득이 되겠지만 그의 근거는 명확했다.[59] 그리고 연방정부가 전국 차원의 기본소득을 고려하고 있다. 2017년 1월 말 예산안과 함께 발표된 인도의 연례「경제 보고」는 기본소득에 대한 찬반을 다루는 특집이 포함되어 있다.[60] 오래 걸릴 일이지만 세계에서 가장 인구가 많은 중앙정부가 기본소득을 고려하고 있다는 사실 자체가 새로운 정당성을 입증한다. 얼마 후 인도 재무부 장관은 1년 이내에 좀더 많은 기본소득 파일럿이 시작되기를 예상한다고 말했다.

역설적으로 부유한 나라보다는 개발도상국에서 기본소득 체제를 도입하는 게 더 쉬울 수 있다. 이행 비용이 훨씬 적게 들 것인데, 수백개까지는 아니라 하더라도 수십개의 선별 제도, 타깃이 있는 제도, 유사 보편적 제도로 이루어진 복잡한 거대한 복지체제를 조정할 필요가 없다는 단순한 이유 때문이다.

그렇다고 해서 확고히 자리 잡은 보조금 제도를 해체하는 일이 중요하지 않다는 것은 아니다. 그러나 이 제도는 명백하게 왜곡되어 있고 역진적이어서 이를 옹호하는 사람들은 도덕적 기반과 사회적 기반이 취약해질 것이다. 이란은 보충적인 현금급여를 보조금 체제의 결함과 불공정함을 강조하는 여론전과 결합해서 식량과 에너지 보조금을 줄이는 결정을 대중이 널리 지지하도록 하는 데 성공했다.

전세계의 인도적 원조 공동체 내에서 현금으로 원조를 바꾸는 게 뚜렷이 보이는 한편, 현금이전과 기본소득이 주류 개발 정책으로 정당화되고 있다. 더 많은 자원이 그러한 제도로 흘러들고 개발도상국의 중앙정부와 지방정부 모두 기본소득에 대한 믿음을 갖게 된다면, 이는 경제적 불안전과 빈곤의 급격한 감소, 그리고 좀더 지속 가능한 발전으로 이어지는 신호가 될 것이다.

11

기본소득 이니셔티브와 파일럿

BASIC INCOME

나는 (…) 사람들이 어떻게 전투를 벌이고 패배하는지를 생각했다. 그들이 싸워서 얻으려 했던 것이 패배에도 불구하고 현실이 되며, 현실이 된 것이 그들이 원한 것이 아니었을 때 다른 사람들이 또다른 이름으로 그들이 원하는 것을 위해 싸워야 한다.
— 1886년 윌리엄 모리스

지난 몇년 사이에 소득 수준이 저마다 다른 나라와 공동체에서 기본소득 이니셔티브와 파일럿 계획이 급증했다. 이니셔티브의 목적은 일차적으로 기본소득에 대한 대중의 관심을 높이고 사람들이 '운동'에 참여하도록 하는 것이다. 파일럿의 주요 목표는 대안적인 기본소득 제도의 **설계**를 시험하고 지지자와 반대자가 주장하는 바와 관련한 결과를 평가하는 것이다. 예를 들어 '배즈'의 소비 혹은 노동시장 참여 말이다.

이번 장에서는 우선 최근의 시민 이니셔티브를 살펴본 다음, 과거에 진행된 바와 이 책을 쓰는 동안 계획되고 있는 바를 간략하게 살펴보면서 파일럿의 가치를 검토할 것이다.

기본소득지구네트워크

훗날 기본소득지구네트워크(BIEN)가 된 기본소득유럽네트워크
는 1986년 9월 벨기에 루뱅라뇌브의 모임에서 공식적으로 만들어졌
다. 1516년 토머스 모어의 『유토피아』가 루뱅에서 처음으로 출판된
것은 우연이긴 하지만 상징적이다. 2016년 루뱅라뇌브에서 『유토피
아』500주년 축하 행사와 BIEN 30주년 축하 행사가 열렸다.

이제는 전세계에서 온 BIEN 회원들은 사회의 모든 사람은 권리
로서 기본소득이 있다는 단순한 아이디어에서 나오는 수많은 쟁점
에 관해 뚜렷한 연구와 저술을 이어왔다. 회비로 운영되는 BIEN은
2년에 한번씩 국제대회를 열고 있다. 첫번째는 1988년에 안트베르
펜에서 열렸고 2016년 대회는 서울에서 열렸다.

2017년 초를 기준으로 기본소득을 고취하는 34개 지부 네트워크
가 아르헨띠나·오스트레일리아·오스트리아·벨기에·브라질·불가
리아·캐나다·중국·핀란드·프랑스·독일·아이슬란드·인도·아일랜
드·이딸리아·일본·멕시코·네덜란드·뉴질랜드·노르웨이·폴란드·
뽀르뚜갈·퀘벡(캐나다)·스코틀랜드(영국)·슬로베니아·한국·'남
아프리카'(여러 나라를 포괄한다)·에스빠냐·스웨덴·스위스·대만·
영국(시민소득트러스트와 영국기본소득)·미국 등에 있다.

BIEN은 정치적 경멸의 시기를 견뎌내고, 지적 논의를 가다듬으
려 했으며, 반대 의견과 맞서고, 전세계에서 증거 수집을 고취함으
로써 논쟁을 지속했다고 할 수 있다. 초기에는 여러 언어로 된 뉴스
레터를 통해 여러 나라의 활동에 대해 알렸고, 지금은 온라인 「기본

소득 뉴스레터」를 보내고 있다. 그리고 BIEN은 동료 검토 저널인 『기본소득 연구』(*Basic Income Studies*)를 출범시켰다.

그러나 핵심적인 사업은 2년마다 열리는 BIEN 대회였다. 1986년에 루뱅에서 시작된 이래 서유럽의 대도시 곳곳에서 대회가 열렸다. 1988년 안트베르펜에서 열린 다음 피렌쩨·런던·빠리·암스테르담·빈·베를린·주네브를 거쳐 2004년 바르셀로나에서 열렸다. 바르셀로나 대회는 세계사회포럼의 후원 아래 열렸고, 당시 다른 행사에 참여했던 수백명이 추가로 대회에 참석했다.

바르셀로나 대회 말미에 회원들은 압도적 다수로 BIEN을 지구적 네트워크로 바꾸기로 했고, 향후 대회를 한번은 유럽에서 한번은 유럽 바깥에서 여는 데 비공식적으로 합의했다. 이후 대회는 케이프타운·더블린·쌍빠울루·뮌헨·몬트리올에서 열렸다. 그러나 전세계 참가자들이 모여든 2016년 서울 대회에서 비공식적인 규칙이 살짝 어긋났다. 기본소득에 대한 관심이 커지고 있던 와중에, 서울에 모인 30개 이상의 국가별 네트워크는 2017년 9월 리스본에서 총회를 열고, 그다음 총회는 2018년 핀란드 탐페레에서 열기로 결정했다.

대회에서는 기본소득의 모든 측면에 대한 수백편의 글이 집필되고 발표되고 토론되었다. 처음부터 참여해온 사람들은 종종 매 대회마다 끊임없이 새로운 것을 얼마나 많이 배우는지를 말하곤 했다. 발표된 글 가운데 출판으로 이어지는 글은 적지만 관심이 있는 학자들은 수많은 맹아들을 찾을 수 있다.[1] BIEN은 처음부터 다양한 관점에 대해 개방적이었고, 기본소득의 다양한 관점을 드러내도록 고취했다. 네트워크가 계속해서 번성했던 것은 이런 정신 때문이었다.

2016년 6월 스위스 국민투표

2016년 6월 기본소득에 대한 스위스 국민투표는 열정적이고 광범위한 국제적 논쟁과 언론의 관심을 일으켰다. 국민투표는 가장 명백한 어느 한 수준에서 실패했다. 그러나 이것이 대의를 진전시켰다고 생각할 이유는 충분하다. 이 일은 자금이나 조직도 없이 몇몇 열성적인 사람들이 시작해 눈덩이처럼 커지면서 일련의 즐거운 행동이 되었다. 그 유산은 앞으로의 운동에 큰 도움이 될 것이다.

스위스의 독특한 '직접민주주의'로 말미암아 일군의 시민들은 특정 정책에 관해 국민투표를 요구할 수 있다. 이를 위해 해당 제안을 지지하는 스위스의 시민 10만명의 유효 서명이 필요한데, 이니셔티브 개시 1년 이내에 서명을 모아야 한다. 기성 정당의 어떤 자금 지원이나 지지도 없이 이니셔티브 조직자들은 스위스 전역에서 14만 1000명의 서명을 모았고, 그 가운데 12만 9000명의 서명이 유효한 것이었다.

자금도 별로 없었고 지지하는 정당도 없었기 때문에 조직자들은 텔레비전·라디오·신문 등에 광고를 낼 수 없었다. 이러한 약점을 극복하기 위해 스위스와 전세계에서 대중의 이목을 끌기 위한 영리한 일들을 벌였다. 스위스 은행이 협조하지 않았음에도 이 운동으로 5센트짜리 금색 동전 800만개(스위스 거주자 한명당 한개)가 스위스 국립은행 건너편에 있는 의회 앞에 쌓였다. 이 행사의 비디오는 널리 퍼졌다.

기네스 기록에서 세계 최대로 선정된 포스터가 제네바의 가장 큰 광장을 뒤덮으며 수사적으로 이렇게 질문했다. "당신의 소득이 해결된다면 무엇을 하겠습니까?" 이 포스터를 찍은 항공사진은 이 운동의 상징이 되었다. 그리고 아이들이 로봇 옷을 입고 거리를 화려하게 행진했다. 운동의 조직자들은 얼마 안 되는 기금의 일부를 취리히 역에서 출퇴근하는 사람들에게 10프랑짜리 지폐로 나눠주는 데 쓰기도 했다. 이는 확실히 뉴스가 되었다.

이런 일들은 확실히 양날의 검이었다. 언론의 관심을 얻는다는 주된 목적은 달성했다. 그러나 캠페인을 한쪽으로 치우치게 했고, 기본소득이 사람들이 일을 하지 않게 하는 것이며 운동가들은 로봇이 사람들의 일자리를 대체한다고 믿는 사람들이라는 인상을 주었다. 또한 주로 도시의 쟁점에 초점을 맞추었는데, 압도적으로 반대표를 던진 사람들은 농촌 유권자들이었다.

그러나 결정적인 실수는 캠페인이 한 것은 아니었다. 스위스 헌법 개정을 제안하는 캠페인 문구에 기본소득의 수준에 대한 언급은 전혀 없었다. 이는 의회의 결정에 맡겨진 것이었다. 그러나 어느 두 사람이 캠페인 초기에 매달 2500스위스프랑(대략 1700파운드 혹은 2500달러)의 기본소득을 주장하는 소책자를 썼다. 캠페인이 이 숫자를 인정한 것은 아니지만 국민투표 반대자들은 캠페인이 원하는 기본소득이 비현실적으로 높고 감당할 수 없는 것이라고 주장하는 데 이를 이용했다. 곧 전세계 언론이 국민투표가 "모든 스위스인에게 매달 2500스위스프랑, 매년 2만 파운드 이상을 주는 일"에 관한 것이라고 보도했다. 또한 반대자들은 기본소득이 스위스로의 이민을 급격하게 증가시킬 것이라고 주장하는 공포 전술을 썼다. 제안된 국민투표 안에서는 이민자가 기본소득을 받을 자격에 대하여 의회가 결정할 것이라고 되어 있는데도 말이다.

제안된 스위스 헌법 수정안의 문구는 다음과 같다.

제110조(a) 무조건적 기본소득

스위스 연방은 무조건적 기본소득의 도입을 보장할 것이다.

기본소득은 모든 주민이 인간의 존엄성을 누리며 살고, 공적 생활에 참여하게 할 것이다.

기본소득의 재원을 마련하는 방법과 기본소득의 수준은 법률이 정할 것이다.

결국 투표자의 4분의 1(23퍼센트)가량이 이니셔티브를 지지했다. 투표율은 46.4퍼센트였다. 해외에서는 이 결과를 사회정책으로서 기본소득이 완패한 것으로 그려냈지만 캠페인 지도자들은 정당하게도 이를 성공으로 간주했다. 캠페인은 언론·카페·가정 등 스위스 전역에서 진지한 논의를 확대시켰다. 더 많은 사람들이 기본소득이 무엇인지를 이해하게 되었다. 그리고 논쟁과 결과가 전세계적으로 보도되었다. 이는 정기적으로 일어나는 일인 스위스 국민투표에서는 드문 일이었다.

농촌 지역 투표자의 5분의 1 이하만이 이니셔티브를 지지했지만 주요 도시의 이야기는 사뭇 다르다. 제네바에서는 이 제안이 35퍼센트의 지지를 얻었고, 취리히에서는 54퍼센트 넘게 지지를 얻었다. 국민투표 다음주에 있었던 여론조사에서는 응답자의 3분의 2가 이

투표를 끝이 아니라 기본소득 도입에 관한 장기적인 논의의 시작으로 여겼다. 반대투표를 한 많은 사람들조차 나중에 재고해야 한다고 말했다. 그 결과 중기적인 전망은 확실히 더 강하다. 캠페인 지도자 가운데 한 사람은 예정된 패배였다고 말했다. "스위스의 논쟁은 본 행사를 위한 영화 예고편 같은 것이며, 예고편은 언제나 다음과 같은 말로 끝난다. 개봉박두…"[2]

스위스 국민투표가 대의를 뒤로 돌린 패배였는지, 아니면 결국 기본소득이 도입되는 데 디딤돌이 될 것인지를 말하는 것은 섣부른 일일 것이다. 그러나 스위스에는 이런 말이 있다고 한다. 주요한 개혁치고 한번에 국민투표를 통과한 경우는 없다. 대개 두번의 국민투표를 거쳤다.

UBIE 이니셔티브

스위스 국민투표 캠페인이 구성되던 시기와 거의 비슷한 무렵, 많은 수가 BIEN 회원인 유럽 전역의 열성적인 활동가 집단이 유럽연합 '인민 이니셔티브'를 개시하기로 결정했다. 2014년의 '무조건적 기본소득 유럽'(UBIE, Unconditional Basic Income Europe) 캠페인은 1년 이내에 유럽연합 시민 100만명의 서명을 받는 것을 목표로 했다. 이렇게 하면 유럽연합 집행위원회가 유럽연합에서 기본소득을 도입할 가능성에 대해 검토해야만 한다.

여기도 자금이 없었고, 초기에는 제대로 된 조직도 없었지만 이 캠페인은 유럽연합 27개 나라에서 수천명의 활동가를 동원하는 데 성공했고, 그 결과로 새로운 국가 네트워크들을 창립할 수 있었다. 최종적으로 30만명 이상의 서명을 받았고, 가까운 장래에 또다른 캠페인을 할 수 있는 단단한 토대를 만들었다. 새로운 캠페인은 2018년에 가능할 것이다.

한편 UBIE와 BIEN은 연례 국제기본소득주간(International Basic Income Week) 행사를 벌이고 있고 2016년 행사가 아홉번째다. 이 행사는 기본소득에 관한 공적 토론과 발표의 플랫폼을 제공하며, 지지자들을 고무하고 기본소득에 대한 인식을 확산하는 데 도움이 되고 있다.

과거의 파일럿

개발도상국의 현금이전 제도와 기본소득 파일럿은 10장에서 검토했다. 물론 타깃이 있든(사회부조·연금) 보편적이든(많은 나라의 아동수당), 이런저런 현금이전은 산업화된 나라에서 일반적인 것이다. 따라서 이 절에서는 기본소득과 확실히 연관된 북아메리카의 두 가지 실험에만 초점을 맞추려 한다.

마니토바주 도핀의 실험

위니페그(Winnipeg)의 파일럿과 동시에 벌어진 마니토바 기본연간소득 실험(민컴)은 완전한 기본소득 제도가 아니라 음의 소득세이긴 했지만 기본소득 지지자들 사이에서는 전설적인 지위를 차지하고 있다. 연방정부와 주 정부가 함께 돈을 댄 이 실험은 1975~77년에 마니토바주 도핀에서 실시되었다. 당시 자유당이 집권하고 있었고, 보수당이 집권한 뒤 중단되었으며, 데이터에 대한 평가가 이루어지지 않았다. 거의 40년이 지나 캐나다 국립문서고에서 원문서를 담고 있는 먼지 쌓인 1800개의 상자를 열었다. 이를 정리하는 것은 매우 힘든 일이었고, 에블린 포르제(Evelyn Forget) 등이 부분적으로 이를 분석했다.[3]

민컴은 '보편주의 내의 타기팅'이라고 불리기도 했다.[4] 왜냐하면 모든 거주자에게 민컴 수령 선택권이 있었을 뿐만 아니라, 보편적이고 무조건적인 제도였기 때문이다. 누구나 이 제도에 등록할 수 있었고, 이유가 무엇이든 가구 소득이 정해진 선 이하일 경우 수급 자격이 있었다. 노동소득이 없는 사람은 전액을 받을 수 있었는데, 이는 중위 가구 소득의 절반에 약간 못 미치는 것이었다. 1캐나다달러를 벌 때마다 민컴 액수는 50센트씩 줄어들어, 소득이 3만 9000캐나다달러에 도달하면 끝나게 되어 있었다. 이는 대략 당시 중위 가구 소득에 해당한다.

2000명 이상(도핀 인구의 5분의 1)이 3년의 실험 기간 동안 어느 시점에 수당을 받았다. 민컴은 '보장된 연간소득'이 고용에 미치는 효과를 검토하는 것이었지만 이 데이터를 통해 연구자들은 웰빙의 다양한 기준에 미치는 효과를 살펴볼 수 있었다. 민컴을 받는 가족은 그렇지 않은 가족보다 병원에 덜 가고 가정폭력을 포함해서 사고와 부상이 더 적으며, 심각한 정신질환에 더 적게 걸렸다. 청소년, 특히 남자아이들이 고등학교를 더 적게 그만두었다. 한편 풀타임 일자리에 있는 사람의 노동시간에는 큰 변화가 없었지만, 학생과 어린아이가 있는 어머니는 임금노동을 줄였고, 더 많은 시간을 학업이나 양육에 쓸 수 있었다.[5]

도핀은 모든 거주자가 원칙적으로 수급 자격이 있는 민컴 실험의 '포화 지역'이었기 때문에 공동체 효과를 검출할 수도 있었다. 남자아이가 학교를 더 오래 다니게 된 것은 부분적으로 또래의 영향 때문이다. 추가소득이 있는 가정의 학생은 예전에는 학교를 그만둘 위험이 컸지만 이제는 학교를 떠나 일자리를 찾아야 하는 압력이 줄어들었다. 그러나 수급을 받지 않는 가정의 학생들도 수급 가정의 친구들이 학교에 있기 때문에 함께 학교에 있었던 것으로 보인다. 수당이 보편적일 때 나타나는 또래 영향의 예라 할 수 있다.

더 나아가 기존 복지 프로그램과 달리 민컴은 낙인효과가 덜한 것으로 인식되었는데, 이는 사람들의 사회적 상호작용 때문인 것으로 보인다. 민컴 수급자는 복지 수급자보다 더 사회화되고, 더 높은 사회경제적 지위에 있는 비수급자와 유사하게 시간을 사용하며, 민컴이나 복지 수급자가 아닌 사람들과의 관계에서 복지 수급자보다 불쾌하거나 불편한 느낌을 받지 않는다고 말했다.[6]

우연적인 파일럿: 체로키 인디언과 카지노

1993년 노스캐롤라이나에 있는 듀크대학 연구자들은 저소득 가정의 학령기 아동 1420명의 정신건강을 추적하는 '그레이트스모키 (Great Smoky)산맥 청소년 연구'를 시작했다. 연구가 4년차에 접어든 1997년에 체로키 인디언 동부 밴드(band)가 보호구역에 카지노를 개장했고, 부족 지도자들은 수익의 절반을 모든 부족민에게 매년 동등하게 분배하기로 결정했다. 연구 기간 동안 지급액은 1인당 연간 대략 4000달러였으며, 가구마다 평균 20퍼센트의 소득 증가가 있었다. (여기에는 아동에 대한 지급은 포함되지 않는다. 아동에 대한 지급은 18세가 될 때까지 은행에 예치되었다.)

무조건적으로 지급된 '기본소득'은 우연하게도 독특한 종적(longitudinal) 파일럿의 기초를 제공했다. 연구된 아동의 약 4분의 1이 부족민이었고, 따라서 연구자들은 10년 동안 다른 아동과 이들의 발전의 비교할 수 있었다. 그 결과는 놀라웠다. 기본소득을 받는 가정의 아동은 다른 요인을 통제했을 때 학교에서 성적이 더 좋았으며, 청소년 범죄가 '극적으로 감소'했다. 이들은 행동장애와 정신장애의 발생률이 더 낮았고, '성실성'과 '친밀성'에서 더 높은 점수를 받았다. 두가지 성격은 일자리를 유지하고 인간관계를 유지하는 관점에서 장기적으로 긍정적인 삶의 결과를 낳는다.[7] 성실성은 조직화되고 책임감 있으며 근면해지는 경향에, 친밀성은 협동적이며 배려하는 방식으로 행동하는 경향에 닿는다.

아이들은 부모 사이가 더 나아진 데서 좋은 영향을 받았던 것으로 보이며(부분적으로 금전적 압박이 덜했고, 돈을 가지고 다투는 일도 줄었다), 이는 부모와 아이의 관계도 개선했다. 부모가 약물을 하고 술을 마시는 일도 줄어들었다. 가장 고무적인 점은 가장 불우하고 어렵게 시작한 아이들에게서 긍정적 변화가 가장 크게 나타났다는 것이다. 기본소득은 이것이 가장 절실한 사람에게 도움이 되었다.

나미비아 파일럿과 인도 파일럿

지난 장에서 논의한 것처럼 나미비아와 인도의 기본소득 파일럿은 주목할 만한 이야기를 들려준다. 연구 방법론이 무작위 통제 실험을 황금률로 여기는 순수주의자들을 만족시키지는 않겠지만 나미비아와 인도의 파일럿은 정성 데이터와 정량 데이터를 결합해서 기본소득이 공동체 전체에 미치는 효과에 대한 더 풍부한 해석을 이끌어낼 수 있다. 그리고 파일럿 설계는 단기 파일럿에 가능한 방식으로 진정한 기본소득에 가까운 것이었다. 지급 액수가 기본적인 것이었고, 지급이 현금으로 매달 개인별로 모두에게 무조건적으로 이루어졌다. 따라서 개인별 효과, 가구별 효과, 공동체 효과를 확인할 수 있었다.

현재의 파일럿과 계획된 파일럿

일련의 발표로 2017년은 '파일럿의 해'가 되었고, 초기에는 기본소득 지지자들 사이에서 행복감 비슷한 것이 형성되었다. 그러나 분위기는, 이후 소심함과 편의주의가 자리를 잡고 이면의 동기가 작동하면서 실망으로 바뀌었다. 파일럿은 불평등과 경제적 불안전을 줄이고 개인의 자유와 공동체의 응집력을 증진한다는 관점에서 기본소득 지지자들이 주장하는 효과를 검토하는 것을 목표로 해야 한다. 이것은 진정한 기본소득, 즉 보편적이고 무조건적이며, 공동체의 모든 개인에게 정기적으로 지급되는 기본소득을 검토한다는 것을 말한다. 안타깝게도 여러가지 이유로 계획된 '기본소득' 파일럿의 대부분은 이를 위해 설계되지 않았다. 이것이 2017년 초의 상황이다.

핀란드의 국가보험공단

2015년에 새로 선출된 핀란드 총리 유하 시필레(Juha Sipilä)는 기본소득 파일럿이 이른바 '실험적 거버넌스'의 일부로 시행될 것이라고 발표했다. 이 프로젝트를 위해 2000만 유로가 배당되었다. 2016년 3월 파일럿을 책임진 국가보험공단 켈라(KELA)는 그 목표를 다음과 같이 요약해 발표했다.

기본소득 실험은 핀란드 사회보장 체계를 개혁하려는 목적을 가진 여러 방책 가운데 하나다. 노동생활의 필요에 발맞추어 사회보장이 좀더 참여적이고 인센티브에 기반할 수 있게 하며, 일반 정부 재정의 관점에서 지속할 수 있는 방식으로 관료제를 축소하고 복잡한 수당 체계를 간소화하려는 것이다.

파일럿 설계를 최종 확정하기에 앞서 켈라는 다양한 선택지, 그리고 2017~18년에 시행하기 전까지 극복해야 할 입법적·법률적 과제를 요약하는 검토문서를 발표했다.[8] 여기에는 핀란드 헌법과 유럽연합 법률 아래서 복지를 할당할 때 집단 사이의 차별을 금지하는 규정들이 포함되었다.

완전한 기본소득은 비용이 너무 많이 든다는 이유로 일찌감치 배제되었다. 그 대신 켈라의 실업 관련 수당을 받는 25~58세의 등록된 실업자 가운데 무작위로 선발된 2000명에게 2017년 1월부터 매달 560유로(약 620달러)가 면세조건으로 지급된다. 이들은 이전보다 경제적으로 더 나빠지는 것을 막기 위해 주택수당같이 560유로가 넘는 현행 수당을 계속 받게 된다. 선발된 사람들은 의무적으로 참여해야 하며, 이 집단의 결정·결과가 무작위로 선발된 다른 실업자 2000명의 결정·결과와 비교될 것이다.

실업수당과 달리 해당자가 실업기간 2년 내 일자리를 얻게 되더라도 지급은 중단되지 않을 것이다. 그러나 실험의 의도는 현재 설계되어 있다시피 본질적으로 무조건적 지급이 일자리 인센티브에 미치는 효과를 검토하는 데 한정되어 있다. 따라서 사회건강부 장관은 이렇게 말했다. "기본소득 실험의 일차적인 목적은 고용을 증진하는 것과 관련이 있다."[9] 계획을 주도한 켈라 워킹그룹의 책임자는 언론에서 "실업수당이나 기타 수당을 잃을까 봐 걱정하는 사람들이 단기직을 갖도록 할 것"이라고 말했다.

이런 형태의 지급은 역진적인 임금 보조금으로만 기능할 것이다. 이 돈을 받고 일자리도 얻는 사람은 실업상태의 사람보다 더 나아질 뿐만 아니라 같은 일을 하는 다른 사람보다도 더 나아질 것이다. 그 결과 수급자가 저임금 일자리를 받아들일 준비가 된다면 대체효과가 있을 것이다. 즉 이미 그 일자리에 있는 사람을 대체하거나 임금에 하방 압력을 가할 것이다.

좀더 야심찬 계획도 정치적으로 가능했다. 여론에 따르면, 핀란드인의 거의 70퍼센트가 이 기본소득 아이디어를 지지했으며 이는 유례없이 높은 비율이었다. 재정적 소심함에 좀더 초점을 맞추면, 규모를 전체 인구로 확대할 경우 파일럿에 들어가는 금액은 정부가 사회수당에 쓰는 기존 지출보다 적다. 간단한 방식으로 계산하면 모든 핀란드인에게 매달 560유로를 지급할 때 1년에 대략 360억 유로가 든다. 현재 현금수당에 드는 돈은 420억 유로다.

기본소득은 국가가 생각하기에 사람들이 행동해야 하는 방식으로 행동하도록 유도하는, 얇은 베일로 감싼 시도인 사회공학의 도구가 아니며, 그런 도구여서도 안 된다. 실업자가 저임금·단기직 일자리를 갖도록 유도하는 것을 목표로 정해놓고 더 많은 실업자가 그런 일자리를 갖지 않는 결과가 나온다면 '기본소득'이 실패했다고 판단할 것인가?

기본소득 지지자들의 희망 가운데 하나는 사람들이 원할 경우 자기 시간을 더 많이 통제하고, '노동'이 아니라 '일'을 선택하도록 하는 것이다. 여기에는 임금을 받지 않는 돌봄노동, 공동체의 자발적 노동, 재교육, 교육 등이 포함될 수 있다. 지금 제안되어 있는 파일럿으로는 이런 유망하고 가치있는 결과를 전혀 평가할 수 없다. 그러나 정부가 실험에 할당한 자금 대부분이 2018년에 시작될 좀더 실질적인 파일럿을 위해 남겨져 있다는 점을 언급해야겠다. 이는 기본소득 원칙에 좀더 다가설 것이다.

네덜란드의 지방자치체

2016년에는 기본소득 파일럿을 실시하는 데 대한 관심이 다른 곳에서도 커졌다. 네덜란드에서는 여러 지방자치체가 새로 시행된 법률을 이용하려고 했다. 이 법률은 지방정부에 혁신적인 사회정책을 실험할 기회를 주는 것이었다. 2015년의 「참여법」(Participation Act)은 복지 지원을 받을 수 있는 '워크페어' 조건을 강화했다. 사람들이 일자리에 지원하고(일자리를 받아들이고), 일자리 복귀 프로그램에 등록하고, 의무적인 '자발적' 노동을 할 것을 요구하는 것이다. 이 법은 사회부조를 담당하는 지방정부에 그 조건을 정할 수 있는 권한도 주었다. 수당에 대한 대가로 자발적 노동이나 돌봄노동을 해야 한다는 조건 같은 것이다. 그러나 동시에 이는 실험을 위한 여지도 주었다.

2016년 후반기에 위트레흐트·흐로닝언·틸뷔르흐·바헤닝언 등을 시작으로 여러 네덜란드 지방자치체가 다양한 형태의 기본소득 실험 계획을 만들었다. 그러나 가장 큰 문제는 중앙정부의 승인을 얻는 것이었다. 연립정부의 주도 정당인 우익 자유민주당(VVD)은 계속해서 기본소득이라는 아이디어에 반대했다. 2016년 9월 정부는 2017년 1월에 시작될 파일럿을 25개 지방자치체 이상에는 허용하지 않을 것이며, 그것도 총 2만 2000만명의 복지 청구인만으로 이루어져야 한다고 말했다. 그리고 정부는 2년짜리 파일럿 시행 방법에 대해 엄격한 조건을 정했다. 이 때문에 예전에는 열정을 가졌던 지방정부가 일을 추진할 의욕을 잃었다. 2017년 초 여덟개 지방자치체만이 파일럿을 계획하고 있다. 다른 지방자치체는 2017년 3월의 총선 결과를 기다리고 있다.*

* 네덜란드의 이른바 '기본소득 실험' 배경에는 2015년 1월 제정된 「참여법」이 있다. 이 법은 기초생활수급자(social assistance recipients)가 복지 수급을 받으려면 노동 의무나 구직 노력이 있어야 한다고 규정해 이른바 '워크페어'로 전환하

초기에 파일럿 지지자들은 행위조건을 없애고 빈곤의 덫을 제거해, 수급자들이 불이익 없이 추가소득을 벌 수 있는 무조건적 수당을 지급할 때 어떤 결과가 나오는지를 보고자 했다. 근본적인 가정은 수당 자격을 위한 '워크페어' 조건과 이를 충족하지 못할 때 받는 제재가 불필요하며, 개인의 자유를 침해하고 불안전과 적대감을 조장한다는 것이었다. 일반적으로 사람들은 소득을 마련하는 것을 통해 자기 삶을 개선하고자 하며, 그렇게 하라고 강제할 필요가 없다는 것이다.

그러나 2017년 개시될 예정인 파일럿은 기본소득에 가까운 어느 것도 시험하지 않을 것이다. 지방정부가 실험을 알아서 하도록 허용하는 대신에 정부의 설계를 강제하기로 결정했는데, 이는 원래 위트레흐트(시)를 위해 마련된 복잡한 제안을 대체로 따르는 것이다. 이는 '베텐 바트 베르크트'(Weten Wat Werkt, 어떻게 작동하는지를 알자)로 알려져 있다.[10] 이 제안은 대상이 되는 수급자의 총 샘플을 여섯

려는 것이었다. 하지만 이 법은 복지와 관련해서 지방자치체의 의무와 권한도 강조하고 있었다. 각 지방자치체는 이를 이용해 수급자가 노동시장에 재진입하는 효과를 기본소득의 원리에 따라 실험하려는 계획을 세웠다. 그러나 중앙정부가 이런 실험 계획에 대해 복잡한 조건을 부가함으로써 위트레흐트와 암스테르담은 실험을 포기하기에 이르렀고, 흐로닝언과 틸뷔르흐 같은 도시는 정부의 기준에 따른 실험을 시작했다. 따라서 네덜란드 '기본소득 실험'은 기본소득 실험이라고 보기 어렵다.

그리고 2017년 3월에 열린 총선에서 자유민주당은 의석 수가 약간 줄긴 했지만 제1당의 지위를 유지했기 때문에 정치 지형의 변화는 없었다. 이런 상황에서 기본소득 지지자들은 2017년 11월, 55세를 넘긴 실업자에게 기본소득을 지급하는 실험안을 의회에 청원했다. 이와 관련해 아직 진행된 내용은 없다.

개 집단으로 나누고 일자리 수용과 복지 자격 탈락에 대해 다양한 수준의 조건이 미치는 영향을 시험하는 것이다.

첫번째 집단은 통상의 수당(독신자는 973유로, 결혼한 커플은 1390유로)을 받지만 일자리를 찾지 않아도 공식적인 제재를 받지 않는다. 두번째 집단은 '노동시장에 재진입하는 것'을 목표로 설계된 추가적인 의무가 있고 감시를 받는다. 세번째 집단은 복지 수급액을 넘는 소득의 50퍼센트를 가질 수 있게 되는데, 한도는 독신자의 경우 매달 199유로, 결혼한 커플은 142유로다. 네번째 집단은 앞의 세가지를 혼합한 모델에 따르며, 마지막 두 집단은 통제집단인데, 하나는 지방자치체 내에 다른 하나는 외부에 있을 것이고 기존 복지체제를 유지한다. 참여는 자발적으로 시작하지만 일단 시작하면 철회할 수 없다.

이렇게 복잡하기 때문에 설계대로 한다 하더라도 평가에는 심각한 문제가 있을 것이다. 그러나 정부는 더 나아가 6개월 후에 첫번째 집단이 자발적으로 일자리를 찾는 노력을 충분히 하는지를 지방자치체가 확인해야 한다는 규정을 마련함으로써 실험의 가치를 손상시켰다. 관료들이 판단하기에 구직 노력이 미흡한 경우에는 실험에서 배제되어 통상의 '워크페어' 조건으로 돌아오게 된다. 따라서 제재가 없어지기는커녕 여전한 위협으로 남아 있다.

이렇게 잡동사니 같은 설계였기 때문에 비판이 쏟아질 것은 예상할 수 있는 일이었다. 흐로닝언·틸뷔르흐·위트레흐트·바헤닝언의 네개 협력 대학 사회과학자들은 과학적 평가가 불가능하다는 의견을 네덜란드 의회에 보냈다. 루트 무펠스(Ruud Muffels) 교수는 이렇게 지적했다.

제재의 효과는 이미 광범위하게 연구되었다. 어떤 종류의 정보를 알고 싶은지 의심스럽다. 또한 파일럿 결과의 해석에 혼란을 줄 것이다. 자유라는 결과가 나올 경우(임금을 받는 일자리를 찾기 위해 '충분히 적극적이지' 않았을 경우 참여자들은 1년 후에 실험에서 배제될 수 있다), 이런 방식의 조사는 검증할 수 없다.[11]

또다른 비판자는 이렇게 탄식했다.

우리는 억압이 아니라 신뢰에 기초한 단순한 파일럿을 원했다. 우리는 수당 청구인들에게 더 많은 자유, 더 많은 선택권, 더 많은 구매력을 주고자 했다. 현재 우리에게는 복잡한 규칙 무더기가 있다. 남은 것은 퍼즐인데, 이는 실험 설계를 어렵게 하고 결과를 이해하기 어렵게 한다.

따라서 네덜란드 실험은 기본소득 제도도 아니고 자유주의적 가치와 양립하지도 않으며, 사회공학을 좀더 가부장주의적으로 실행하는 것이다. 게다가 이런 제약 때문에 예전에는 관심을 가졌던 대부분의 지방정부가 참여하지 않거나 참여를 연기했다. 가장 큰 문제점은 한 실험 집단에게 기존 체제보다 더 가혹한 일자리 관련 조건을 부과해야 한다는 요구다. 이는 사람들이 자발적으로 참여하는 것을 꺼리게 만든다. 왜냐하면 자신이 어느 집단에 할당될지 사전에 알 수 없기 때문이다.

캐나다 온타리오주

오랫동안 캐나다는 최초로 기본소득을 도입할 일순위 국가로 보였다. 음의 소득세를 통한 '보장된 최소소득'을 이미 1971년 상원의 위원회에서, 그리고 1985년에 왕립위원회(맥도널드 위원회)에서 권고했다. 2015~16년 캐나다 몇몇 주의 정치가들은 기본소득 실험을 후원하는 데 관심이 있음을 표명했다. 여기에는 앨버타·브리티시컬럼비아·프린스에드워드아일랜드·퀘벡이 포함된다. 2016년 총선에서 승리한 자유당은 그후에 있었던 당 대회에서 '최소 보장소득'을 지지하는 발의안을 통과시켰다.

온타리오주에서 일이 가장 빨리 진행되었다. 주 정부가 3년짜리 기본소득 파일럿 프로젝트 진행에 2500만 캐나다달러를 배정하면서 "기본소득이 소득 지원을 좀더 효과적으로 할 수 있으며, 온타리오 주민들의 건강·고용·주택을 개선할 것이라는 견해가 점점 커지고 있는데, 이를 시험하는" 것을 목표로 한다고 말했다. 보수당 전상원의원이며 오랫동안 기본소득을 지지해온 휴 시걸(Hugh Segal)이 파일럿 선택지에 대한 발제문을 준비하는 일을 맡았다.[12] 이는 2016년 말에 나온 정부의 자문 보고서의 기초가 되었다.[13] 어쨌든 2017년 중반에 파일럿이 개시될 것이다.*

---

* 2017년 4월 온타리오주 세개 타운(선더베이·린지·해밀턴)에서 4000명 이상을 대상으로 시작되었다.

시걸이 보고서에서 인정한 것처럼 이 파일럿이 제대로 된 기본소득을 검증하는 모든 기준을 충족시킬 것 같지는 않다. 그러나 네덜란드 실험과 핀란드 실험에 비해 전망은 더 밝아 보인다. 일차적인 목적은 여러 기본소득을 시험하는 것이며, 자문 보고서는 세가지 설계안을 권고했다. 온타리오 노동(Ontario Works)과 온타리오 장애인 지원 프로그램 하에 있는 기존의 주요 사회수당을 대체하는 기본소득. 음의 소득세로서의 기본소득. 추가소득에 대한 어떤 제한도 없이 18~64세의 노동 연령대에 있는 개인에게 지급되는 기본소득. 추가적으로 정부는 두가지 수당 수준과 모든 소득에 적용되는 두가지 교부율도 시험하고자 한다. 평가는 무작위 통제 실험에 기초해서 이루어질 것이며, 세곳의 '포화 지역'이 있을 것이다. 이는 공동체 수준의 효과를 시험할 수 있게 할 것이다.

이런 방향의 파일럿은 명백하게 과도한 문제 설정이라는 위험이 있으며, 특히 이전의 민컴 실험과 마찬가지로 어떤 수준 아래에 있는 개인들의 소득만을 보충할 것이다. 게다가 자격을 노동 연령대 성인으로 한정함으로써 소득이 취약한 두 집단, 즉 아동과 노인을 배제하는 것은 중요한 결점이다. 다섯명의 캐나다 아동 가운데 한명이 빈곤한데, 이는 OECD에서 가장 높은 비율에 속한다. 자격은 최소한 1년 이상 거주한 사람으로 한정될 것인데, 파일럿이라는 점을 감안하면 합리적인 것으로 보인다.

여러 결점이 있으나, 온타리오 기본소득 파일럿은 2017년에 시작하기로 예정된 파일럿 가운데 가장 전망이 밝다. 행위조건이 없고, 기본소득이 개인에게 지급되며(기본소득이 개인별로 지급될지 가구 구성원 수에 기초해서 계산될지는 명확하지 않다), 장애인과 지정된 돌봄 제공자에게는 추가 금액이 제공될 것이다. 시걸은 최소 3년 동안 매달 1320캐나다달러의 소득 보장을 권고했는데, 이는 온타리오주 빈곤선의 약 75퍼센트다. 장애인에게는 추가로 500캐나다달러가 지급된다.

캘리포니아의 Y컴비네이터

2016년에 스타트업 '엑셀레이터'인 Y컴비네이터는 캘리포니아주 오클랜드에서 소규모 기본소득 파일럿을 수행할 계획이며, 이를 위해 2000만 달러를 책정했다고 발표했다. 아마 여기에 다른 기부자의 돈을 보탤 것이다. 2016년 9월에 실행 계획을 검토하고 설계안을 연구하기 위한 '프리파일럿'(pre-pilot)이 개시되었으며, 3년 혹은 4년짜리 파일럿이 2017년 중반에 시작되기로 예정*되어 있다.[14]

젊은 벤처 자본가로 Y컴비네이터 회장인 샘 올트먼은 인공지능이 전통적인 일자리를 없애고 불평등을 확대할 가능성이 있기 때문에 기본소득에 관한 연구에 돈을 댈 생각이라고 말했다. 그는 많은 일자리가 없어질 것이기 때문에 고용에 미치는 효과를 연구하는 데는 관심이 없다. 도리어 그는 기본소득이 주어졌을 때 사람들이 무엇을 할지를 선택하는지 알고자 한다. "사람들이 빈둥거리면서 비디오게임을 하는지, 아니면 새로운 것을 만들어내는지? (…) 먹고사

---

* 책임연구원인 엘리자베스 로즈(Elisabeth Rhodes)에 따르면 2019년에 실험이 진행될 것이라고 한다.

는 데 걱정이 없을 때 더 많은 것을 성취하고 사회에 더 도움이 되는 것을 할지?"[15]

이 책을 쓰는 지금도 프로젝트 설계와 기본소득 지급 수준이 검토되고 있다. 최초의 아이디어는 오클랜드의 빈민 지역에서 100가구를 무작위로 선발해 5년 동안 무조건적 기본소득을 지급하는 것이었다. 이 계획은 이후 두 공동체 전체에서 수행되는 파일럿으로 변경되었는데, 모든 성인이 2년 혹은 3년 동안 기본소득을 받는 것이다. 이는 기본소득과 유사한 무언가에 대한 제대로 된 시험에 가까워질 것이다.

이 파일럿에서 기본소득 수준을 정하는 것은 쉽지 않은 결정이다. 국가 혹은 국민국가에서 일반화할 수 있는 수준 이상일 경우 재정적인 비현실성 때문에 기본소득이 거부될 수 있다. 더 적은 금액도 의미있는 긍정적 효과를 낳을 수 있으며 좀더 현실적인 것으로 간주될 수 있다. 프로젝트 팀은 파일럿 기간을 공개하지 않기로 했는데, 유효하고 유용한 실험의 궁극적인 결과를 해석하는 문제를 염두에 두고 있어야 한다.

케냐의 기브다이렉틀리

캘리포니아에 기반을 둔 크라우드펀딩 자선단체인 기브다이렉틀리(GiveDirectly)는 동아프리카에서 벌인 활동으로 언론의 주목을 크게 받았다. 기브다이렉틀리는 동아프리카의 저소득층 남녀에게 한번에 큰돈을 무조건적으로 이전하거나 매달 현금이전을 했다. 무작위 통제 실험을 사용해서 이루어진 평가를 통해 다른 현금이전

연구와 유사한 결과를 찾아냈다. 수급자들이 더 높은 생활수준을 누리고, 생산적 자산에 더 많이 투자하며, 식량 안전이 크게 개선되고 '심리적 웰빙'이 개선되었고 한다.[16] 사람들은 더 행복해졌고, 삶에 더 만족을 느꼈으며, 스트레스를 덜 받고, 우울증이 감소했다.

2017년 초에 기브다이렉틀리는 가장 큰 기본소득 실험이 될 것이라고 판단한 일을 위해 3000만 달러를 동원하는 계획을 세웠다. 무작위 통제 실험 방법을 계속 사용해서, 케냐의 두 군(郡)에 있는 마을들을 세개의 집단으로 나눌 것이다. 40개 마을의 모든 성인 거주자는 12년 동안 매달 기본소득을 받게 된다. 80개 마을의 모든 성인 거주자는 2년 동안 기본소득을 받게 된다. 또다른 여덟개 마을의 모든 성인 거주자는 2년 치 기본소득에 해당하는 돈을 한번에 받게 된다. 모두 합해서 약 2만 6000만명의 개인이 하루에 75센트에 해당하는 현금이전을 받게 된다. 유사한 100개 마을로 이루어진 통제집단에서도 데이터를 수집할 것이다.

기브다이렉틀리가 발표한 주된 목표는 '극단적 빈곤'을 없애는 것이다. 이는 가치있는 목표이긴 하지만 기본소득 체제의 일차적인 근거는 아니다. 이 책을 쓰고 있는 시점에서 어떤 가설을 검증할 것인지가 확정되지 않았다. 제안된 연구의 한가지 목적은 사업을 시작하는 것처럼 위험을 감수하는 일에 장기적인 기본소득이 미치는 영향을 살펴보는 것이고, 다른 하나는 마을 수준의 경제적 효과를 살펴보는 것이다.

계획된 실험의 규모 자체가 사회경제적 맥락을 왜곡함으로써 역효과를 낳을 수 있다. 이 프로젝트는 이미 하나의 군에서 참여율이 저조하다는 문제에 부딪혔다. 사람들이 아무런 조건 없이 베푸는 관대함이 이교나 악마 숭배와 연관이 있다고 믿으면서 거부했기 때문이다. 그렇긴 하지만 유럽에서 제안된 파일럿과 달리 이 실험은 공동체의 모든 개인에게 보편적·무조건적 소득을 제공함으로써 진정한 기본소득을 검증할 것이다. 미국의 유수 대학의 저명한 경제학자들에게 자문을 받는 연구자들이 적절한 질문을 던지기를 희망한다.

이와는 별도로 벨기에에 기반을 둔 또다른 크라우드펀딩 자선단체인 에이트(Eight)는 2017년 1월에 우간다에서 소규모 기본소득 파일럿을 시작하고 있다. 이 파일럿은 대략 50가구로 이루어진 포트포털(Fort Portal) 지역의 한 마을에 사는 모든 사람에게 2년 동안 매달 18달러(아동은 9달러)가 약간 넘는 무조건적 현금이전을 하게 된다. 이 결과를 이전에 수행한 기본 조사와 비교할 것이다. 에이트(우간다의 성인 한명과 아동 두명에게 매주 8유로를 지급하기 때문에 붙은 이름이다)는 기본소득이 여아와 여성의 교육 참여, 의료 이용, 민주적 제도에 대한 참여, 지역경제 발전 등에 미치는 효과를 살펴보는 파일럿이라고 말했다. 이 자선단체는 이후 더 많은 마을로 파일럿을 확대하고자 한다.

비영리기구인 캐시릴리프(Cashrelief)가 인도에서 유사한 실험을 계획하고 있다. 가난한 마을의 모든 거주자에게 2년 동안 기본소득을 주고자 하는 것이다. 이 실험은 소득, 자산, 의료와 교육에 대한 지출 등을 추적하고 공동체 효과도 살펴볼 것이다.

브라질에서는 2008~14년에 지역 NGO인 리키비타스 재단(ReCivitas Institute)이 개인 기부자에게 돈을 받아 쌍빠울루의 가난하고 작은 마을인 콰팅가벨루(Quatinga Velho)에 사는 100명에게 약 9달러의 기본소득 매달 주었다. 2016년 1월에 이 재단은 기부로 재원을 마련한 또다른 프로젝트인 기본소득 스타트업을 시작했다. 개인들은 '종신' 기본소득을 받게 되며, 1000달러를 기부받을 때마다 한명씩 늘어난다. 리키비타스는 이 아이디어가 브라질의 다른 지역과 국제적으로 확산되기를 바라고 있다.[17]

콰팅가벨루가 기본소득으로 혜택을 보게 된 것은 분명하지만 엄격히 말해 이 실험은 파일럿이 아니다. 평가하려는 시도가 없기 때문이다. 이 프로젝트의 조직자는 기본소득이 잘 작동한다고 확신하고 있었으며, 우선적인 관심은 이를 실행에 옮기는 일이었다고 말했다. 브라질에서 기본소득을 도입한다는 법률은 에두아르두 수플리시(Eduardo Suplicy) 상원의원 등의 끈질긴 노력이 있은 후 2004년에 룰라(Luiz Inácio 'Lula' da Silva) 대통령이 서명한 바 있다.

크라우드펀딩 기본소득

선발된 개인에게 기본소득을 주는 크라우드펀딩 계획이 조용히 시작된 바 있다. 독일에서 2014년에 시작된 '나의 기본소득'(Mein Grundeinkommen)은 50명 이상에게 1년 동안 1만 2000유로를 주었다. 이는 추첨 방식으로 이루어졌고, 질의는 없었다. 네덜란드에서는 경제와 공동체 혁신 협회(MIES)가 첫번째 기본소득을 2015년에 한 남성에게 주었다. 그는 공동체에서 무급으로 일을 했는데, 특히 가든시티(Garden City)라고 하는 공동 농업 프로젝트에 참여한 것 때문에 선발되었다. 그는 카피라이터로서 일하고 있었고 이 소득에

1000달러가 더해졌다. 기본소득으로 처음 구매한 게 무엇이냐고 묻자 그는 이렇게 대답했다. "시간을 샀습니다."

미국의 경우 기본소득 지지자인 스콧 샌텐스(Scott Santens)가 활동가·음악가·블로거·사진가, 그밖에 창조적인 일을 하는 사람들을 대상으로 하는 크라우드펀딩 플랫폼인 파트레온(Patreon)을 통해 자신이 받을 기본소득을 크라우드펀딩으로 모았다. 여기에는 143명의 기부자가 참여했는데, 벤처 자본가와 페이스북 엔지니어부터 여권활동가까지 있었다. 매달 1000달러를 기본소득으로 받은 샌텐스는 이제 전업활동가로서 모두를 위한 기본소득을 정착시키려 일하고 있다.

기본소득에 관한 또다른 이니셔티브는 그랜트코인 재단(Grantcoin Foundation)의 디지털 화폐 급여이다. 2016년에 70개 나라의 수백명의 신청자가 이를 받았고, 소액의 급여가 전자적으로 거래될 수 있다. 그러한 암호화폐 제도는 초창기 상태이며, 제2의 기본소득 제도에서 중요한 역할을 맡을지 말하기에는 너무 이르다. 그러나 관심을 갖고 살펴봐야 할 것이다.

다른 지역

2016년 말에 이르러 여러 나라의 정당과 운동 들이 기본소득 파일럿을 제안했다. 영국에서는 제러미 코빈(Jeremy Corbyn)이 노동당 대표로 재선출된 후 그림자 내각의 재무부 장관인 존 맥도널(John McDonnell)이 2016년 당 대회에서, 노동당이 2020년 총선 공약으로 파일럿을 첫 단계로 하는 기본소득을 내거는 것을 고려하고 있다고 발표했다. 스코틀랜드에서는 스코틀랜드 민족당이 기본소득을 지지하는 발의안을 통과시켰고, 파이프(Fife)와 글래스고의 시 의회는 지역 파일럿에 대해 논의하고 있다.

뉴질랜드에서는 야당인 노동당이 기본소득 파일럿을 지지하고 나섰다. 미국에서는 워싱턴 D. C. 시 의회가 파일럿을 하자는 발의안을 통과시켰고, 샌프란시스코는 파일럿 프로그램을 검토하고 있으며, 기본소득 지지자들은 정치행동 위원회인 기본소득전국캠페인(National Campaign for Basic Income)을 만들어 지역·주·전국 차원의 이니셔티브를 지지하고 나섰다. 2016년 12월에는 미국의 기업가·학자·활동가 등이 경제적 보장 프로젝트를 발족하면서 '발상 토론에서 의미있는 행동으로' 이행하는 것을 목표로 내걸었다. 대만에서는 신생 정당인 대만 공화당이 기본소득을 지지하고 있다. 한국에서는 몇몇 저명한 자유주의 정치가들이 기본소득을 지지하고 있는데, 여기에는 대통령 예비후보로 나선 이재명(李在明) 당시 성남시장이 포함되었다.

아이슬란드에서는 2016년 10월 총선에서 제3당이 된 신생 해적당이 기존 체제의 심각한 빈곤의 덫을 지적하면서 파일럿을 실시하는 것을 지지했다. 좀더 소수 정당인 독일의 해적당(2013년 연방선거에서 2퍼센트를 득표했다)도 기본소득을 지지하고 있으며, 신생 정당인 기본소득연맹(Bundnis Grundeinkommen)이 2016년 9월에 무조건적 기본소득 도입이라는 단일 목표로 창당되었다.

스위스의 경우 로잔(Lausanne)시가 2016년 4월에 시 의회에서 기본소득 파일럿 실시를 요구하는 발의안을 통과시켰다. 프랑스의 경

우 상원이 실험을 권고했으며, 아끼뗀(Aquitaine) 지역에서 기본소
득 실험을 실시하려는 움직임이 있다.

2016년 말 이딸리아에서는 반(反)기성정당인 오성운동(Movimento
5 Stelle)이 집권한 항구도시 리보르노(Livorno)가 이 도시의 가장
가난한 100가구에게 매달 무조건적으로 500유로를 주는 소규모 기
본소득 실험을 시작했다. 오성운동이 집권한 다른 두 지방자치체인
시칠리아의 라구사(Ragusa)와 나뽈리도 유사한 계획을 고려한다는
보도가 있다.

파일럿 이후는?

기본소득 파일럿의 목적은 주로 사람들의 행위와 관련한 주장과
이에 대한 반대 주장을 검증하고, 기본소득이 실현 가능한 정책이라
는 점을 입증하는 것이다. 그러나 정의상 파일럿은 단기적인 변화일
뿐이다. 이에 따라 두가지 문제가 제기된다. 변화가 장기적으로 '영
구적인' 것이 될 경우 효과가 달라질 것인가? 파일럿이 끝난 후에 효
과가 사라지거나 심지어 반대효과가 나올 수 있는가?

이 문제에 답하는 데 도움이 되는 경험적 자료는 상대적으로 별로
없다. 그리고 후속 연구에 자원을 투입하는 것은 바라는 변화를 추
구하는 것을 좀더 지연시킬 뿐이다. 게다가 단기 기본소득 파일럿도
파일럿이 끝난 후에까지 지속되는 효과를 미친다는 몇몇 잠정적인
증거가 있다. 파일럿은 금기를 깰 것이고, 한번 깨진 것은 쉽게 복원

되지 않는다. 파일럿을 통해 사람들은 채무의 굴레에 있거나 모욕적인 관계에 있는 재정적 곤란함을 타파할 수 있다. 파일럿을 통해 사람들은 경제적 리스크나 사회적 리스크를 감당할 용기를 얻을 수 있으며, 이를 계속 밀고 나갈 수 있게 된다.

10장에서 언급한 인도의 파일럿에서 파일럿이 끝난 지 6개월 후에 실시된 '유산 조사'(legacy survey)를 통해 어떤 변화가 지속적으로 유지되고 있으며, 특히 젊은 여성에게 미친 해방적 효과가 그러하다는 것을 알 수 있었다. 몇몇 현금이전 제도를 통해서는 긍정적인 경제적 효과가 이후에도 지속되고 있다는 것을 알 수 있었다. 이는 부분적으로 현금이전을 도구와 장비 혹은 가축을 사는 데 이용함으로써 소득 기회를 증대시켰기 때문이지만, 이 제도를 통해 새로운 가능성에 마음을 열게 되었고, 미래에 대한 희망을 가질 수 있었기 때문이기도 했다.[18] 스리랑카에서 이루어진 어떤 연구는 현금이전을 받은 지 5년 후 남성의 연간소득이 64~94퍼센트가 늘었다고 밝혔다.[19] 우간다에서 이루어진 또다른 연구는 한몫에 급여를 받은 지 4년 후에 급여를 받은 청년은 받지 않은 청년보다 평균 41퍼센트 이상을 더 번다고 밝혔다.[20]

이것은 생각을 자극한다. 단기 파일럿이 긍정적인 효과가 있다면, 예컨대 기본소득을 18개월만 받아도 지속적인 효과가 있다고 판단할 만한 근거가 분명하다면, 왜 지역 파일럿 계획을 단계적으로, 즉한 지역이나 두 지역에서 시작해서 무작위로 선택한 다른 지역으로 확대하고, 그런 다음 나라 전체를 포괄하는 것으로 나아가지 않는 것인가? 의심할 바 없이 일부 정치가들은 이를 꺼려하기 때문이다.

그러나 최소한 이는 재정적으로 행하기가 더 쉬운 일이다.

지급이 중단된 이후에도 의미있는 긍정적 효과가 지속된다는 것이 모든 연구에 나타나지는 않는다. 물론 장기적인 결과를 평가할 때 지급된 액수와 기간을 고려해나가야겠지만 말이다. 그리고 일부 비판자들은 단기 현금이전 파일럿이 이른바 "대물림되는 빈곤의 순환을 깬다"는 목표를 달성하지 못한다고 주장한다. 이것은 평가 기준을 너무 높게 잡은 것이다.

결론

파일럿을 통해 기본소득의 근본적인 정당성, 즉 사회정의, 자유, 경제적 보장을 검증하거나 평가할 수 없다. 이런 이유로 일부 기본소득 지지자들은 파일럿이 시간과 돈을 낭비하는 일이라고 생각한다. 기본소득이 도입되어야 하는가, 말아야 하는가라는 문제는 관찰 가능한 행위에 대한 경험적 검증으로 축소될 수 없다. 기본소득을 권리로 본다면 그것이 '잘 돌아가는가'를 질문하는 것은 노예제 폐지와 마찬가지로 난센스다. 그렇긴 해도 파일럿이 적절하게 설계되기만 한다면 이는 기본소득에 대한 불평과 비판에 맞서 정치적 지지를 획득하고, 기본소득을 시행할 때 드러날 수 있는 잠재적인 문제를 확인하는 데 유용할 수 있다.

이상적으로 볼 때 기본소득 파일럿은 국가나 지방정부에서 화폐 형태로 수행되어야 한다. 박애단체가 하거나 익숙하지 않고 법적 효력이 없는 통화로 할 경우 현실에서 모사될 수 없다. 그러나 모든 한계에도 불구하고 이미 완료된 파일럿은 기본소득이 다방면으로 긍정적인 효과가 있다는 점을 입증했다. 파일럿이 정치적 행동의 부재를 위한 변명거리로 이용되지 않는 한, 또다른 개입이 기본소득을 최선의 형태로 성공시킬 수 있음을 보여주거나 암시하는 것으로 영원히 하나의 힘이 될 수 있다. 오늘날 현실적 문제는 정치적 의지다.

이 유동적인 국면에서 기본소득 파일럿이 가질 수 있는 가장 큰 위험은 파일럿이 사회공학으로 변질되어 행동경제학에서 유래하는 도덕적으로 의심스러운 전술을 시험하는 일이 되는 것이다. '기본소득'이라는 말은 파일럿이 '일에 대한 유인'(원문 그대로)과 조건의 다양성을 검증하는 것으로 제시될 때 워크페어에 가까운 어떤 것을 포괄하게 될 수 있다.

적절한 검증이 되려면 '기본소득' 실험은 기본소득의 올바른 의미와 일치해야 한다. 지급은 보편적이고 무조건적이며 개별적으로 이루어져야 한다(부록 참고). 인센티브 제도로 시작된 것은 쉽게 온갖 종류의 제재와 자격박탈 장치가 있는 제도로 변할 수 있다. 마찬가지로 추첨 방식과 크라우드펀딩 방식의 계획도 질투와 분개를 자아낼 수 있으며 기본소득의 징표가인 중요한 공동체 효과라는 초점을 흐릴 수 있다.

파일럿의 동기는 자유, 사회정의, 경제적 보장을 제고해야 하며, 행위 측면을 검증하는 것은 또다른 개입을 필요로 한다. 파일럿이 자유를 침해하고 사회정의와 보장이라는 원칙을 침해한다면 이런 파일럿은 거부해야 한다.

12

정치적 도전

: 여기서 시작해서
어떻게 그곳으로 갈 것인가

BASIC INCOME

우리의 기본 역할은 정치적으로 불가능한 것이 필연적인 것이 될 때까지
기존 정책에 내한 내안을 개발하고, 이것을 유지해 활용할 수 있도록 하는 것이다.
— 밀턴 프리드먼

자주 언급되는 이야기가 있는데, 프랭클린 루스벨트(Franklin D. Roosevelt)에게 정책을 제안하러 백악관에 간 대표단이 있었다. 루스벨트는 그들의 말을 듣고는 답했다. "좋습니다. 여러분에게 설득당했습니다. 이제 나가서 그 일을 하도록 압력을 가하세요." 지속적인 정치적 압력 없이 근본적인 사회 변화가 일어나는 일은 좀처럼 없다. 그리고 정치가는 지적인 지도자도, 정책 주도자도 아니다. 비록 정치가들이 기회가 되면 공을 가로채려 한다 해도, 때가 되었을 때에만 이를 이끌 용기를 가지고 등장할 뿐이다.

압력이 문제다. 1970년대 미국에서 기본소득을 향한 진전이 있을 뻔했으나 아쉽게도 불발되었다. 여기서 얻을 수 있는 교훈은 결정적 순간에 대중의 압력이 있어야 하는데, 그렇지 못했기 때문에 민주당 내 보수파가 그 움직임을 막을 수 있었다는 것이다.

오늘날 기본소득 체제를 시행하는 데 주된 걸림돌은 경제나 철학이 아니라 정치적인 부분이다. 그러나 빠르게 변화하고 있다. 신생 정당이 기본소득을 정책에 포함했으며, 일부 오래된 기성 정당도 기본소득을 강령에 포함하려 하거나 파일럿을 실시하려고 한다. 여기에는 영국 노동당과 뉴질랜드 노동당, 스코틀랜드 민족당, 영국·캐나다·체코공화국·핀란드·아일랜드·일본·네덜란드·노르웨이·미국을 비롯한 대부분 나라의 녹색당, 해적당이 있는 곳에서는 해적당, 특히 아이슬란드의 해적당이 포함된다.

영국에서는 보수당이 전혀 관심을 보이고 있지 않지만 노동당 대표인 제러미 코빈과 노동당 그림자 내각의 재무부 장관인 존 맥도널이 기본소득 아이디어를 실험하는 데 우호적이며, 코빈의 전임자인 에드 밀리밴드(Ed Miliband)도 그렇다. 캐나다 집권당인 자유당도 기본소득을 정책에 포함했으며, 몇몇 주지사가 지지하고 나섰다. 앞서 언급한 것처럼 핀란드 총리는 파일럿을 위한 돈을 따로 마련했다. 프랑스에서는 원로 정치가들이 기본소득을 지지하고 있는데, 여기에는 전 총리 마뉘엘 발스(Manuel Valls)도 포함된다. 사회당은 기본소득 지지자인 베누아 아몽(Benoit Hamon)을 2017년 4월의 대통령선거 후보로 선출했다. 에스빠냐 포데모스 내의 일부 분파가 기본소득을 주장하고 있으며, 프레카리아트를 대표하는 신생 정당인 덴마크의 대안당과 폴란드의 폴란드함께당(Polska Razem)이 기본소득을 주장하고 있다. 이 모두가 새로운 정당성을 반영하고 있으며, 기본소득을 더이상 순진한 유토피아주의로 기각하지 않는다.

한편 여론조사를 통해 기본소득에 대한 인식이 점차 확산되어감을 알 수 있는데, 그 결과 정치적 공론화가 더 많이 이뤄지고 있다. 2016년 베를린에 기반을 둔 달리아 리서치(Dalia Research)가 유럽연합 전역에 걸쳐 여론조사를 했는데, 응답자의 3분의 2가 기본소득을 지지했다. 24퍼센트만이 반대했고, 나머지는 유보적 태도를 취했다.

무엇보다 사회보장을 내세운 다른 정책들이 난관에 부딪히면서 본래 목적을 거의 달성하지 못하고 있고, 커져가는 불평등과 경제적 불안전을 막을 수 없었기 때문에 기본소득 제안이 정치적 의제로 떠오르고 있다. 다른 정책들은 도리어 국가가 사람들을 더 형편없게 만드는 개입을 유도하는데, 이는 여러 텔레비전 프로그램과 켄 로치(Ken Loach)의 「나, 다니엘 블레이크」(I, Daniel Blake) 같은 참혹한 영화에 잘 드러난다. 자산조사와 제재, 그리고 약자를 '게으름뱅이' 혹은 그보다 못한 사람으로 악마화하는 정책은 성공하지 못했다. 우리 모두를 부끄럽게 할 뿐이다.

이렇게 비자유주의적인 정책을 미는 정당은 대개 방어적이고, 반복된 실패로 신뢰를 잃었으며, 21세기가 아닌 20세기의 문제에나 맞는 처방을 제시하고 있다.

다수의 눈에 소수의 '타자'만이 타깃으로 보일 때는 더 가혹한 제재, 적절한 절차의 부재, '넛지'와 워크페어를 통해서도 그럭저럭 해나갈 수 있을 것이다. 그러나 더 많은 사람들이 이 소수에 합류하거나 소수와 비슷해지면서 소수의 규모는 커지고 이런 정책의 부적절함과 불평등이 폭로된다.

하나의 아이디어로서 기본소득이 지닌 정당성은 과거 그 어느 때보다 큰 데 반해, 기존 정책의 옹호자들과 이들이 보여주는 흐름은 부정적인 증거와 상상력이 쌓여감에 따라 밀려나는 썰물이다. 그렇다고 해서 진보가 보장되지는 않지만 이는 진보에 필요한 두가지 조건이다.

이행의 걸림돌

내가 만일 그곳에 가기를 원한다면, 여기서 출발하지 않을 것이다.
— 아일랜드 농담

새로운 소득분배 체제의 기둥인 기본소득으로 가려면, 한세기 이상 임시변통으로 복잡해지기만 한 기존 체제를 해체할 방법을 찾아야 한다. 예를 들어 미국 정부는 자격·조건부·기간·탈락조건 등에 관해 공통의 규칙이 없는 126개 복지 프로그램을 운영하고 있으며, 50개 주는 저마다 프로그램이 있다. 영국의 경우는 2016년 9월 하원에서 벌어진 기본소득 토론 당시 스코틀랜드 민족당 의원 로니 코원(Ronnie Cowan)이 기존 체제에 대해 잘 말해주었다.

백지를 받아들고 복지체제를 설계한다면 아무도, 어느 누구도 현재 우리가 가진 체제를 제출하지 않을 것입니다. 지금처럼 하려면 수천장의 종이가 필요할 테고 폐기된 프로젝트 더미가 쌓일 것입니다. 잘못 실시되고 썩 내키지 않는 아이디어, 또 너무 복잡해서 가장 절실한 사람을 실망시키는 체제 말입니다.[1]

이 잡동사니를 처리하려면 정치적 의지가 있는 정부가 한결같은 에너지를 갖고서 어쩔 수 없이 생겨나는 좌절을 견뎌내야 한다. 영국 노동연금부 장관이었던 불운한 이아인 던컨 스미스(Iain Duncan Smith)가 몇몇 자산조사 수당을 단순화하고 강화해서 단일한 유니버설 크레디트로 통합하려 할 때 보여준 노력은 기본소득을 어떻게 잘 (혹은 잘못) 추진할 수 있는지에 대한 교훈을 줄 것이다.

유르겐 데 위스펠라레(Jurgen De Wispelaere)와 호세 안또니오 노게라(José Antonio Noguera)가 서로 겹치는 세가지 정치적 걸림돌을 제시한 내용이 유용하다.[2] 첫째, **정치적 실현가능성을 획득하는** 문제다. 기본소득 지지 동맹이 만들어져야 한다. 그러나 이 동맹은 편의로 만들어지는 게 아니라 강력한 것이어야 한다. 기본소득을 지지하는 사람들은 이것을 자신들의 이데올로기적 어젠다 혹은 전략적 어젠다로 보아야 한다. 그리고 동맹을 맺은 사람들은 지속적으로 정치 캠페인을 벌일 능력이 있어야 한다. 아마 설계의 특성이나 개혁 과정에 관한 이들 간의 차이는 미뤄둬야 할 것이다. 기본소득에 대해 자유지상주의자는 진보주의자나 평등주의자가 지지하는 측면을 강조해야 한다는 이야기를 들을 것이고, 진보주의자는 자신과 자유지상주의자 모두가 지지하는 측면을 강조해야 한다는 이야기를 들을 것이다.

둘째, **제도적 실현가능성을 입증하는** 문제다. 기본소득을 실시하면 행정적 혼란이 올 수도 있다고 생각될 경우, 무사안일주의에 빠진 관료제는 이를 개혁 전체에 문제가 있다고 보는 식으로 이용할 수 있다. 개혁가들은 이를 막을 방법을 찾아야 한다.

셋째, **심리적** 실현가능성을 획득하는 문제다. 정책입안자들은 대중 사이에서 기본소득을 광범위하게 사회적으로 수용하도록 해야 하며 그게 아니라 하더라도 최소한 개혁에 대해 공정한 태도를 보일 수 있도록 해야 한다. 이는 무엇보다 개혁의 배후에 있는 가치와 원칙을 설명하는 합리적인 캠페인을 벌여야 한다는 뜻이다. 개혁가들은 '호혜성'의 결여, 감당가능성, 게으름 유발, '공짜'로 받을 자격이 없고 불필요한 사람에게 지급되는 현금 등을 둘러싼 예상되는 비방을 예방할 수 있어야 한다.

이러한 면에서 무엇보다 개혁가들은 보통 시민이 자기가 낸 돈으로 살아가는 누군가를 위해 세금을 낸다는 시각과 맞서야 한다. 우익 미디어는 기본소득이 '납세자'의 돈을 가지고 방종을 조장한다는 증거로 가난한 사람이 삶을 향유하는 장면을 이용할 것이다. 안타깝게도 그렇게 편견에 찬 저널리즘을 막을 만큼 통계학적 증거가 충분하지는 않을 것이다. 예방전략이 필요하며, 그런 사태에 대한 인식이 학습 과정에 포함돼야 한다. 아니면 더 나은 방법으로 재원이 '자본'이나 지대에서 나온다는 것을 보여줌으로써, 미디어가 빌에게 세금을 거둬 잭에게 준다는 식으로 보도할 수 없게 해야 한다.

이러한 문제를 볼 때 기본소득을 빈곤 해결을 위한 더 나은 수단이 아니라 사회배당으로, 사회정의, 자유, 기본적 보장으로 프레이밍하는 것이 정치적으로 더 낫다는 것을 알 수 있다. 또다른 수사적 정당화 근거는 일자리와 고용에 대한 대규모 기술적 파괴의 가능성에 대한 **전략적 준비**, 국방 정책과의 유비, 기후변화를 완화하기 위한 준비와 방책 등이다. 역사를 보면 정치가들이 너무 늦게 반응한 때가 수없이 많다. 그러나 미리 합리적인 행동을 취할 기회가 있다.

대중의 압력

정치적 논쟁을 밀고 나가기 위해서는 기본소득을 지지할 것 같은 집단과 기본소득을 반대할 것 같은 집단을 확인하는 일도 필요하다. 전자의 경우 이들의 공적 캠페인에서 기본소득이 우선성을 가지도록 설득해야 하며, 다른 지지자들과 함께하도록 설득해야 한다. 오늘날 여기에는 장애인, 페미니스트, 노숙인, 다양한 생태적 관심을 가진 비정부기구, 일부 노동조합, 학생과 청년, 예술가, 심지어 의료인 조직까지 포함된다.

반대편에는 여러 사회민주당, 개혁공산당, 전통적인 노동조합주의자 들이 포함되는데, 이들은 더 나은 사회로 가는 길은 모두가 풀타임 일자리를 갖는 것이라고 여전히 믿고 있다. 이들은 원하지 않는 노동에서 벗어나는 자유를 주는 정책에 대해 의구심을 갖고 있으며, 기본소득 지지자들이 현행 복지국가를 해체하려는 사악한 욕망을 가진 채 움직이고 있다고 의심한다. 이러한 태도는 존중해주어야 하지만, 자유지상주의적 기본소득 지지자의 바람과 무관하게 단호히 반박해야 한다.

이들의 우려에 대한 한가지 대응은 그것이 심리학적으로 근거가 없음을 보여주는 것이다. 심리학 실험에서 알 수 있듯 기본적 보장이 있으면 사람들은 더 이타적이고 연대적이게 된다고 할 때, 기본소득 체제는 대중이 연대적인 사회정책 일반을 지키겠다는 결심을 더욱 강화할 것이다. 그러나 기본소득과 무관하게 특정한 목적이 있는 공공서비스나 수당은 지켜야 한다. 기본소득을 보장받으면 공공서비스를 지키려는 의지나 욕망을 상실할 것이라고 가정하는 데는 근거가 없다.

미국에서는 2016년 전국기본소득캠페인(NCBI)이 설립되면서 공적 논쟁이 새로운 국면에 접어들었다. 이 기구는 주로 연구와 홍보를 담당하는 기존의 미국기본소득보장네트워크(USBIG)를 보완하며, 미국 납세 코드 '527' 기구로 설립되었다. 이로써 미국기본소득보장네트워크는 선거와 정책에 영향을 미치는 정치 연합을 건설하려는 목적을 갖고 직접적 정치 행동을 할 수 있게 되었다.[3]

미국 노동조합 전 지도자인 앤디 스턴도 1930년대 사회보장법 지지를 동원해냈던 타운센드 클럽(Townsend Clubs) 같은 것을 통해 정치적 압력을 만들어낼 수 있다고 생각했다.[4] 그리고 그는 시장과 주지사가 연방정부에 파일럿을 실시하기 위한 웨이버(waiver)를 요청하기를 희망한다. 미국의 1만 9000개 도시와 타운을 대표하는 전국도시연맹(National League of Cities)이 발간한 보고서는 각 도시가 기본소득을 검토할 것을 권고했다.[5]

한편 새롭게 등장한 영향력있는 운동인 '블랙 라이브스 매터'(Black Lives Matter)는 50개 이상의 조직이 연합해 만들어졌으며, 2016년 8월 보편적 기본소득(UBI)을 포함하는 '공식 강령'을 발표했다. 이 조직은 현대의 식민주의 피해, 노예제, 특히 청년 흑인의 대량 투옥 등에 대한 보상으로 흑인에게 추가 금액을 지급하는 것도 요구했다(일종의 UBI+). 행정적으로 공정하게 다루기 힘든 이 특정한 요구가 수용되지 않는다 하더라도, 강령의 핵심은 과거의 불의에 대한 **보상**을 요구하는 것이다. 2장에서 말한 미들스브러 이야기도 같은 맥락에 있다.

유럽에서는 신생 정당의 에너지에 의해, 새로운 회원이 들어오고 있는 전국 네트워크에 의해, 연례 기본소득주간 행사와 같은 새로운 이니셔티브에 의해 대중적 압력이 더 커지고 있다. 노동조합과 프레카리아트 집단도 기본소득을 요구하기 시작했다. 2016년 9월 영국의 노동조합 우산 조직인 노동조합회의(TUC, Trades Union Congress)는 기본소득을 승인하는 다음과 같은 발의안을 통과시켰다.

대회는, 개별적으로 지급되고, 보편적인 공공서비스와 육아 지원을 보완하는 보편적 기본소득의 원칙을 포함하는 진보적인 체제를 노동조합회의가 주장해야 한다고 믿는다. 대회는, 그러한 체제가 점점 더 징벌적이고 실제로 수당 청구인들에게 낙인을 찍은 현행 체제보다 관리하기가 더 쉽고 사람들이 처리하기가 더 쉽다고 믿는다. 제재 조치는 사소한 이유로 사람들을 궁핍한 상태로 몰아넣는다. 대회는, 주택 위기가 해결되기 전까지는 높은 주거비용을 감당해야 하는 저소득층을 지원하는 보충적 수당이 필요할 것이며, 장애인에 대한 보충적 수당은 계속 필요할 것이라는 점을 인식한다. 현 체제에서 이러한 원칙을 포함하는 새로운 체제로 이행할 때 저소득층이 더 나은 상태에 있도록 해야 한다.

이렇게 놀라운 발의안을 다 인용하는 것은 지도적인 '노동주의' 조직이 마침내 어떻게 기본소득의 대의를 받아들이면서도 공공서비스와 추가소득을 유지할 필요성을 제대로 파악했는지를 강조하기 위해서다. 노동조합회의가 예전만큼 힘이 강하지는 않지만, 이 조직이 기본소득을 받아들인 점은 영국에서 기본소득을 주장하는 조직들에게 환영할 만한 일이다.

나는 기본소득을 지지하는 사람이라면 기본소득을 지지하는 압력단체에 가입하라고 촉구한다. 네덜란드의 이른바 '기초조직' (Basisteams)이 유망한 모델인데, 자기 지역에서 기본소득을 홍보하는 지역조직들이다. 우리에게 지식이 부족하다는 주장은 사실이 아니다. 앞서 제시한 숱한 근거 가운데 최적의 정당화 논리를 찾아내는 것이 오늘날 실질적인 문제이며, 이와 더불어 필요한 대중적 압력을 행사하는 게 문제다. 이런 맥락에서 으뜸패가 없었던 데는 이유가 있다. 이제 기본소득이 으뜸패가 될 수 있다.

정치적 요청

때를 만난 아이디어보다 강력한 것은 없다.
—빅또르 위고의 『범죄의 역사』에서 표현을 바꾸어

기본소득 같은 아이디어는 그 어느 때보다 강력한 정치적 요청이 되었다. 기본소득은 브렉시트, 도널드 트럼프의 미국 대통령 당선,

유럽과 곳곳의 민족주의적·극우적 운동의 발흥 배후에 있는 포퓰리스트 반란의 핵심, 즉 만성적인 경제적·사회적 불안전을 줄일 수 있는 하나의 정책이다. 토착주의 포퓰리즘이 이런 불안전에 대한 매력적인 대답은 아니라는 점이 곧 드러날지 모른다. 이민을 제한하고 무역장벽을 세우는 것은 포퓰리스트가 대변한다던 바로 그 사람들에게 궁극적으로 해가 될 것이다.

여기서 기본소득의 새로운 정치적 가능성이 열릴 수 있다. 지금까지 제3의 길이 보여온 소심함이 사고를 가로막았다. 예를 들어 미국 대통령선거에서 패배한 민주당 후보 힐러리 클린턴(Hillary Clinton)은 선거 전에 한 연설에서 기본소득으로 "갈 준비가 되어 있지 않다"고 말했다. 반대로 민주당 후보지명전에서 패배한 버니 샌더스(Bernie Sanders)는 이 아이디어에 "절대적으로 공감"한다고 말했다.

한편 도널드 트럼프는 일자리를 미국으로 가져오고 미국 기업이 일자리를 해외로 옮기는 것을 막겠다는 약속을 하면서 열정적으로 대통령 자리를 향해 나아갔다. 그러나 보호주의 조치를 도입하면 생산비가 올라갈 것이고, 자동화가 가속화될 것이며, 다음번 희생양은 "미국의 일자리를 미국의 노동자에게서 빼앗아가는" 로봇이 된다. 그렇다면 기본소득 같은 무언가가 정책 테이블에 다시 올라올 것이다.

수많은 하이테크 금권정치가들이 기본소득을 지지하고 나선 계기, 즉 예견된 기술적 디스토피아에 대해서도 회의적일 수 있지만, 이는 대중적 압력과 정치적 행동을 동원하는 데 강력한 요인

일 수 있다. 일자리가 없어지든 아니든 로봇의 행진은 분명 불안전과 불평등을 첨예화할 것이다. 기본소득이나 사회배당 체제는 최소한 이에 대한 부분적인 해결책을 제공할 것이다. 이에 대해서는 현재 더 많은 논평가들이 인정하고 있다.[6] 예를 들어 세계경제포럼의 창립자이자 집행 의장이며, 『제4차 산업혁명』(*The Fourth Industrial Revolution*)의 저자인 클라우스 슈바프(Klaus Schwab)는 기본소득을 노동시장 붕괴에 대한 '타당한' 대응이라고 말했다.[7]

버락 오바마 대통령은 임기를 마치기 직전에 한 인터뷰에서, 보편적 기본소득이 "향후 10년 혹은 20년 동안 벌어질 논쟁"이 될 것이라고 말했다. 그리고 이렇게 언급했다. "논쟁의 여지가 없는 것은 (…) 기업이 인공지능을 더 많이 이용하게 되어 사회가 잠재적으로 더 부유해지면서, 얼마나 일했는지와 상관없이, 얼마나 기여했는지와 상관없이, 생산과 분배의 연계는 점점 더 약해진다."[8]

기본소득의 윤리적·철학적 정당성—사회정의, 자유, 경제적 보장—은 잘 확립되어 있다. 이 정당화는 모든 문명사회의 계몽사상적 가치에 잘 들어 있으며, 서로 연관되어 있고, 궁극적으로 공감이라는 감정에 의지하고 있다. 이는 반동적 정신과 진보적 정신을 구분하는 감정이다. 공감은 인간조건에 대한 강한 믿음에서 나온다. 이는 다른 사람의 처지에 서볼 수 있는 능력이며, 사람은 타인에게 고의로든 부주의해서든 해를 끼치지 않는 한 자신이 원하는 대로 살아갈 권리가 있음을 받아들이는 것이다. 권위주의와 가부장주의에 직면해서 휘청거리고 있는 그러한 가치를 옹호하는 것은 현 상황에서 매우 어려운 일일지 모른다. 그리고 이것은 1980년대 이래 지배적이게 된 정책과 그 배경이 되는 이데올로기에서 등장한 '지대 추구 자본주의'를 근본적으로 개혁하는 일이라는 점을 인식해야 한다.

그러한 맥락에서 주요한 사회적 개혁이 직면한 가장 큰 문제 가운데 하나는 현 상황에서 매우 다른 상황으로 움직이는 가능한 방법을 찾는 것이다. 여기에 더 나은 미래를 그려보는 상상력의 도약이 필요하다. 과도기적 문제점을 두고 뚫을 수 없는 장벽이라 여기는 것은 정말이지 쉬운 일이다. 그러나 머지않아 프레카리아트 안팎에서 정치적 분노가 솟아오르면, 재선출되기를 원하는 어떤 정부라도 기본소득을 정치적 명령으로 받아들이게 될 수 있다. 더 고상한 동기를 원하는 사람도 있겠지만 편의주의가 유의미할 수 있다.

걸음마?

그렇다면 오늘날 복잡하고 수많은 행위조건이 있으며 주로 자산 조사에 기초한 체제에서 기본소득으로 뒷받침되는 사회보장으로 나아가는 가장 좋은 방법은 무엇인가?[9] 분명한 것은 이상적이거나 최적화된 접근법은 없다는 점이다. 각각의 사회에서 그것은 부분적으로 경제구조와 과거의 복지체제의 구조에 의존할 것이다. 제안된 접근법들에는 낮은 수준에서 출발하는 모두를 위한 '부분 기본소득'을 구축하거나, 선별된 집단을 위한 기본소득을 도입하고 점차 다른 집단으로 확장하는 것이 포함되어 있다.

후자의 전략은 남아프리카공화국에서 상세하게 발전했다.[10] 안타깝게도 이런 권고는 채택되지 못했다. 여러 라틴아메리카 나라의 현금이전 제도에 동일한 함의가 있다고 말할 수 있겠다. 특히 현재 8000만명이 넘는 사람들을 포괄하고 있는 브라질의 보우사 파밀리아, 그리고 멕시코의 오포르투니다데스를 들 수 있다. 이들 나라에서는 비기여형 현금이전 제도를 발전시켜, 현금을 주는 게 좀더 가부장주의적인 보조금 제도를 운영하는 것보다 정당하다는 사실을 입증하는 데 보탬이 됐다.

좀더 넓게 보면 주요한 선택지는, 미국의 자유지상주의자들이 특히 주장하는 것처럼 기존 사회보장 제도 전부를 대체하거나, 기존 사회보장 제도와 함께 기본소득 혹은 '사회배당'을 구축해서 점차 기본소득이 기저가 되는 층화된 사회보장 체계로 기존 제도를 통합하는 것이다.[11] 산업화된 나라들에서는 후자가 더 나은 전망이 있어 보인다.

자산조사와 행위조사 제도는 시간이 감에 따라 사라지고 지금까지 이 제도에 할당되던 재원은 기본소득이나 사회배당 기금으로 들어갈 수 있다. 현재 수당을 받고 있는 사람들은 이전보다 더 나빠지지 않을 것이다. 자산조사 수당은 사회배당이 이 수당을 대체하는 수준에 도달할 때까지 계속해서 지급될 것이다(사회배당이 자산조사 수당에 의존하는 가구 수를 점차 줄여간다는 것을 고려해야 하지만 말이다).

자산조사 주택 관련 수당은 왜곡된 주택시장이 있는 영국 등 나라에서 지속되어야 하며, 이 문제는 별도로 다뤄야 한다. 그러나 실업자를 겨냥한 행위조사, 장애인을 겨냥한 일 적합성 심사는 빨리 사라져야 한다. 장애인은 높은 생활비와 소득 기회의 감소를 감안해서 추가분을 받아야 한다.

정치적으로는 매우 낮은 수준에서 사회배당을 개시하는 것을, 토머스 페인의 논변에 기대어 사회와 선조가 만들어낸 사회적 부의 반환으로 제시할 수 있다. 여기에는 물리적·금융적·지적 자산의 사적 소유 혹은 개발에서 나오는 지대소득의 일부가 포함된다.

두번째 층위로 사회배당에 '안정화 급여'가 더해질 수 있다. 5장에서 개요를 설명한 것처럼 이는 경제상태에 따라 변동하는 것으로, 침체기에는 더 많이, 호황기에는 더 적게 지급된다.

사회배당과 안정화 급여 부분은 국민소득의 변화 및 경제성장률에 의해 조정될 수 있으며, 그 수준은 독립기본소득위원회나 사회배당위원회가 정한다. 위원회의 임기는 국회 임기 중간에서 시작해 다음 국회 임기 중간까지로 정할 수 있다. 이로써 사회배당 정책이 정당 정책의 영향을 받지 않을 것이고, 정당의 정치적 목적에 사회배당이 이용될 위험이 줄어들 것이다.

세번째 층위에는 질병, 비자발적 실업, 임신 등 우연적인 리스크에 대처하는 수당이라는 '사회보험'이 자리 잡을 것이다. 그러나 오늘날의 기여형 체제와 달리 지급되는 수당은 기여 기록과 연계되지 않을 것이다. 그 대신 사회적 연대의 에토스를 재흥시키기 위해 기본소득 수준 이상 (혹은 정해진 최저 수준보다 높은) 소득이 있는 모든 사람은 일정 비율을 사회보험 기여금으로 낼 것이다.

이는 현재처럼 사회보험 기금으로 갈 수도 있고, 일반 조세로 갈 수도 있지만 세금명세서에 분리된 항목으로 표시될 것이다. 이런 방식으로 상대적으로 필요성이 낮은 사람은 상대적으로 필요성이 높은 사람을 교차 보조하게 되는데, 이것이 사회보험 제도의 원래 취지다. 그리고 맨 위에는 사적이고 자발적인 제도가 있는데, 여기에는 추가 보험을 들고 싶은 사람을 위한 회사 연금제도가 포함된다.

이것은 너무 급진적이거나 너무 복잡하지 않은 일관된 체제이며, 기술변화의 속도와 정도에 따라 흔들리고 있는 21세기의 공개 시장 경제에서 필연적인 경제적 불안전에 대처하는 데 도움을 줄 것이다. 다른 경우라면 기술변화는 경제적으로, 사회적으로, 정치적으로 위협이 될 것이다.

시민배당… 혹은 보장배당?

개혁의 복잡성, 그리고 일과 노동에 기본소득이 미치는 영향과 감당가능성에 대한 편견어린 견해를 극복하는 어려움이라는 두가지 이유 때문에, 기본소득을 사회배당으로 프레이밍하는 것이 정치적으로 좀더 실현 가능한 길을 마련해준다고 할 수 있다. 대부분 사람들의 물질적 필요를 충족하는 것보다 낮은 수준의 금액으로 시작하는 보편적 사회배당 제도를 도입하는 것을 경제적으로 불가능하다고 반대하지는 못할 것이며, 좀더 대규모의 것을 지지하는 정치적 합의가 나올 때까지 시간을 벌 수 있다.

자산조사 수당과 달리 기본소득의 보편성은 그 자체로 광범위한 정치적 지지를 끌어낼 수 있다. 그것은 급진적이라는 말의 가장 홀

룽한 전통 속에서 (아주 다른 철학적 전통에서 나온 광범위한 사상가들이 공유할 수 있는 방식으로) 공화주의적 자유를 증진하며, 불평등·불공평, 경제적 불안전을 줄이는 것을 목표로 한다는 점에서 여전히 **급진적**일 것이다. 또한 그것은 정치적·이데올로기적 사고에 따라 제각각인 궁극의 목표를 제쳐놓는다는 점에서 **실용적**일 것이다. 그리고 이는 반복된 반박에도 지속되고 있는 표준적인 반대를 피할 것이다. 표준적인 반대란 기본소득이 실행 불가능하며 노동과 일을 줄인다는 것이다.

개혁가들은 경제적 불안전을 최소화하는 사회로 간다는 장기적인 이상을 말하면서도, 다음 단계는 새롭게 선출될 대표자들을 기다리는 것이라고 덧붙일 수 있다. 이런 방식으로 이들은 보수적이거나 다소 반동적인 주장에 맞설 수 있지만 이는 무모하고 신뢰할 수 없는 것이다.

사회배당의 길을 택하는 것은 민주적인 국부펀드 혹은 자본펀드의 수립으로써 강화될 것이다. 이는 공유자본보고(Commons Capital Depository)와 같이 다른 용어를 쓸 경우 나타날 이데올로기적 반응을 피하기 위한 것이지만 사실 자본의 부분적 사회화다.[12] 이는 지대소득에 대한 조세(혹은 공유)를 통해 만들어질 수 있으며, 탄소세, 금융거래세, 기타 '녹색' 재정 정책 등에 의해 증대될 수 있다. 그리고 이러한 두가지 구조 개혁과 함께 모든 시민과 합법적 거주자는 '사회배당 카드'를 발급받을 수 있다. 이 지점에서 다른 이름으로 목적을 성취한 윌리엄 모리스의 정신을 따르는 것인지도 모르겠다.

정치가들은 기본소득을 프레이밍할 방법, 혹은 서로 다른 집단을 위한 여러가지 방법을 찾아야 하며, 그렇게 해서 미디어와 기성 질서의 비판자들에 대해 선수를 쳐야 한다. 반대자들 대부분은 태어날 때부터 기본소득에 해당하는 것 이상을 갖고 있었다. 반대자들은 계속해서 호혜성─우리는 분명 공짜를 원할 수 없다─이라는 궤변을 사용할 텐데, 이들은 상속받은 부에 대해서는 이를 주장하지 않는다.

그들은 계속해서 게으름·의존·우려먹기 같은 이미지를 이용하면서도 게으른 부자들이 즐겁게 노는 데 대해서는 유쾌하게 알려줄 것이다. 그리고 그들은 기본소득을 제안하는 정책입안자나 정치가들에게 달려가 기본소득 재원을 마련하려면 부유한 사람들이 세금을 더 내거나 몇가지 조세 특권을 상실할지 모른다고 말할 것이다. 그러나 이들은 사회수당과 공공서비스를 줄여가며 부자들의 조세를 감면해주는 데 대해서는 의문을 제기하지 않는다.

이렇게 이중 잣대로 다루는 데서 한때 사회적으로 진보적이었던 사상들에 대한 비판을 떠올릴 수 있다. 그러나 기본소득 지지자들은 더욱 확신을 가지고 도전에 맞서야 한다. '혁명'이 아니라 진화가 메시지가 되어야 한다. 더 나아가 20세기의 소득분배 체제가 깨졌으며, 점점 더 많은 사람들이 만성적인 사회적·경제적 불안전에 직면할 것이며, 이 모든 것은 정치적 불안정과 극단주의로의 이동을 함의한다는 것이 모두에게 더욱 분명해지고 있다.

도구적인 이유로 기본소득을 지지하는 경우를 제외하면, 완전한 자유와 사회정의를 진전시키고, 노동과 소비의 명령 대신 일과 여가

338

의 가치를 진전시킨다는 것은 흥분되는 일이다.

시대가 변화하고 있다고, 밥 딜런은 노래했다. 그리고 시대가 성공가능성을 변화시킨다. 토머스 페인이 획기적인 『상식』(*Common Sense*, 1776)의 도입부에서 인상적으로 말한 것처럼 "시간은 이성보다 더 많은 개종자를 만들어낸다". 기본소득 혹은 사회배당에 그 시간은 바로 지금이다.

기본소득 파일럿을
실시하는 방법

BASIC INCOME

필리프 판 파레이스 같은 일부 기본소득 지지자들은 파일럿을 불필요하게 여기지만, 파일럿은 여러모로 유용할 수 있다. 여기에는 다음 같은 것에 대한 평가가 포함된다.

a. 실행 과정
b. 태도에 대한 효과
c. 행위에 대한 효과
d. 긍정적인 효과를 강화하고, 있을 수 있는 부정적 효과를 약화시키거나 회피할 수 있는 기타 **제도적 변화**나 **정책 변화**

'증거 기반 정책'에 대해 말하는 것은 매우 타당한 일이지만, 실험을 설계하고 수행하며 여기서 나온 데이터를 분석하는 사람들은 겸손한 태도를 취해야 한다. 모든 파일럿은 한계가 있다. 어떤 파일럿도 이상적이지 않으며, 이상적일 수도 없다. 그리고 파일럿이 개혁에 걸림돌이 되어서도 안 된다. 파일럿은 어떤 개입이 작동하는가, 작동하지 않는가가 아니라 어떻게 그리고 왜 작동하는가, 작동하지 않는가를 알아내는 데 더 적합하다.[1]

역사적 사례를 통해 그러한 위험을 잘 알 수 있다. 19세기 노예제가 사멸해가던 시기에 일부 노예제 옹호론자들은 노예 해방이 경제·생산 은 물론, 노예들 자신에게 지속적으로 혜택을 준다는 증거가 없다고 주장했다. 흑인과 노예제 폐지론자들은 자유가 우선이며, 그런 다음 해방이 제대로 작동하도록 하는 데 필요한 자원이 분배되어야 한다고 대답했다.

그렇긴 하지만 각각의 파일럿은 가정·편견·직관을 뒷받침하거나 반박하는 데 도움을 줄 수 있는지 여부에 따라 판단되어야 한다. 그리고 파일럿이 확산될 경우 가능한 한 객관적인 원칙을 고수해야 한다. 이 원칙을 다음같이 요약할 수 있을 것이다.

지급은 반드시 적절한 기본소득이어야 한다

진정한 기본소득을 시험하는 파일럿이라면 다음같이 지급되어야 한다.

—지급되는 액수가 **기본**은 돼야 하는데, 수급자에게 의미가 있을 정도로 충분해야 하지만 총체적인 보장을 제공할 정도로 높아서는 안 된다.

—기본소득은 현금 혹은 예를 들어 은행계좌·스마트카드·휴대폰 등 현금으로 쉽게 바꿀 수 있는 경로로 지급되어야 한다. 기본

소득은 **정액으로 예측 가능하게 안정적으로** 지급되어야 하며, **일정 기간 동안 매달** 지급되는 것이 좋다. 기본소득은 '의지의 박약함' 효과 때문에 한번에 지급되어서는 안 된다.

— 기본소득은 처음부터 파일럿이 실시되는 공동체에 통상 거주하는 모든 사람에게 지급되는 **보편적인** 것이어야 한다. 이를 통해 비경제적 효과를 포함해서 공동체 효과를 검출할 수 있다. 기본소득은 철회되지 않는 것이어야 한다.

— 이에 따라 **타기팅이** 있어서는 안 된다. 기본소득은 빈곤을 어떻게 규정한다 하더라도 '빈민'이라고 하는 사람에게만 주어져서는 안 된다. 기본소득은 권리를 겨냥하고 있으며, 권리는 보편적이다. 더 나아가 자산조사는 불공정하며 오류를 범할 가능성이 크고, 타기팅은 빈곤의 덫을 만든다.

— 또한 **선별성이** 있어서는 안 된다. '받을 만한' 하나의 집단에게 지급하면, 선별된 집단에게 이를 다른 집단과 나누어야 한다는 압력을 가해서 기본소득의 효과를 희석시킨다. 어머니에게만 소득을 지급하는 것은 가구 내에서 긴장을 자아낼 위험이 있다.

— 기본소득은 사전에 정해진 행위를 요구하지 않는 **무조건적인** 것이어야 한다.

— 기본소득은 **개별적으로** 지급되어야 하며, 남성과 여성에게 **동등하게** 지급되어야 한다. 기본소득 보장은 개인의 권리이며, '가족'이나 '가구' 같은 개념에 적용되어서는 안 된다. 가족이나 가구의 규모와 구성은 정책 자체에 영향을 미칠 수 있다. 아동이거나, 장애나 노쇠 때문에 자기 소득을 직접 받을 수 없는 성

인에 대해서는 대리인(아동의 경우에는 어머니)이 대신 받도록 지정할 수 있다.

—파일럿의 효과를 공정하게 평가하기 위해, 파일럿 개시 시점이나 파일럿 도중에 다른 **정책 변화**가 있어서는 안 된다.

자원이 한정된 탓에 이런 기준을 부분적으로나마 충족하는 기본소득 파일럿이라면 몇몇 측면의 유효성을 검사하는 데 쓰일 수 있다. 그러나 결과를 평가할 때 연구자는 해당 설계가 충분하거나 적절한 기본소득이 아님을 인정해야 한다.

파일럿 설계는 명확하고 지속 가능해야 한다

설계와 그 지속가능성에 대해 명확히 할 필요를 간과하기 쉽다. 다른 대안적인 설계도 가능한데 왜 특정 설계를 사용하는가 하는 문제다. 이는 첫번째 원칙에서 말한 모든 측면, 특히 기본소득의 액수 및 파일럿 기간에 적용되어야 한다. 설계의 모든 특성이 처음부터 기록되어야 한다. 그리고 지속가능성을 보장하기 위해 명확한 작업 계획과 적절한 예산이 있어야 한다.

설계를 변경해서는 안 된다

파일럿이 시작되면 파일럿을 진행하는 데 본질적인 것이 아닐 경우 설계를 변경해서는 안 된다.

파일럿의 규모가 충분히 커야 한다

너무 큰 규모의 파일럿은 합리적으로 관리될 수 없지만 너무 작을 경우 실질적인 기본소득 실험이 될 수 없다. 행위와 태도의 변화는 **경향성**일 수 있다. 일부 사람들은 바뀌고, 일부는 주저하며, 또다른 일부는 바뀌지 않는다. 종종 가설적 효과가 선별된 샘플의 일부 사람들에게만 적실성이 있는 경우가 있다(십대, 장애인 등). 확신을 가지고 효과(혹은 효과의 결여)를 평가하기 위해서는 통계학자들이 관심을 가질 만한 잠재성이 있는 사람들이 충분히 있는 게 핵심적이다. 일반 규칙으로 샘플 규모가 최소 1000명은 되어야 하며, 샘플이 더 많으면 좋다.

기간이 충분히 길어야 한다

분명 파일럿 기간이 너무 짧아서는 안 된다. 그럴 경우 일시불 자본급여나 마찬가지이기 때문이다. 기본소득의 효과는 시간이 흘러 사람들이 배우고 적응하면서 나타날 수 있다. 급여를 처음 받은 직후 **충격효과**가 있을 수 있으며, 개인들이 기본소득을 계속 받으면서 **동화효과**가 있을 수 있다. 또한 몇몇 측면에서는 **약효소진효과**(wearing off effect)가 있을 수 있고, 다른 측면에서는 **학습효과**가 있을 수 있다. 이런 이유로 파일럿 기간은 1년 이상이어야 한다. 2년이 합리적인데, 물론 더 긴 기간을 주장하기도 한다.

실질적으로 고려해야 하는 것으로 **프로젝트 피로도** 요인이 있다. 처음에 열광적으로 일이 진행될 때는 쉽게 간과하는 것이다. 그러나 어떤 파일럿 계획이든 정기적인 평가, 그리고 연구자 및 현장활동가

팀의 구성과 유지가 포함된다. 또한 **응답자 피로도**가 있음을 기억해야 한다. 파일럿을 평가하기 위해 응답자에게 질문을 던지고 몇가지 방식으로 이들을 관찰하기 때문이다. 다른 측면과 마찬가지로 이런 측면에서도 최선은 선(善)의 적일지 모른다.

파일럿은 다른 곳에서 반복할 수 있어야 하며 규모를 확대할 수 있어야 한다

파일럿은 다른 곳에서 반복할 수 있고 규모를 확대할 수 있게 설계되어야 한다. 다시 말하자면 다른 곳에서 유사한 파일럿을 수행할 수 있어야 하며, 더 큰 규모의 공동체나 국가 수준으로 파일럿을 확대해도 원칙상 실행 가능해야 한다.

무작위 통제집단을 이용해야 한다

기본소득의 효과를 알아내기 위해서는 비교할 수 있는 결과가 있어야 하는데, 사람들의 이전 행위 및 태도('처치'가 시작되기 전)와 비교해야 하고, '통제집단'과 비교해야 한다. 통제집단이란 다른 것은 유사하지만 '처치'를 받지 않거나 정책으로 포괄되지 않는 사람들이다. 일차적인 목적은 결과물이 기본소득에서 나온 것이며 외부에서 오는 변화에서 나온 게 아님을 보장하는 것이다.

현재 무작위 통제 실험(RCTs)이 유행이지만 기본소득을 평가할 때는 심각한 한계가 있다. 무작위 통제 실험을 뒷받침하는 원칙은 명칭에서 알 수 있듯이 '처치'를 받는 사람들이 넓은 인구 집단에서 '무작위로' 선별되어야 하며, 통제집단도 '무작위로' 선별되어야 한다는 것이다. 이는 대개 한 지역의 가구 목록을 만들고 샘플을 추출하는 것을 말하는데, 이렇게 함으로써 한 가족(혹은 한 가족 내의 개인)은 기본소득을 받는 반면 옆집에 사는 가족은 받지 못하는 결과가 나온다.

공동체 간 긴장과 가족 간 긴장을 낳을 위험을 제외할 때 나올 수 있는 한가지 결과는 가구들끼리 그리고 가족 구성원들끼리 기본소득을 나눠 갖게 될 경우에 무작위라는 토대가 무너진다는 것이다. 이는 기본소득의 보편성을 부정하여, 그 효과를 희석시키고 결과를 평가하기 어렵게 한다. 반면 인도 마디야프라데시 파일럿에서는 광역 단위에서 20개의 유사한 마을이 무작위로 선별되었는데, 이 가운데 여덟개 마을에서 모두가 기본소득을 받았으며, 남은 열두개 마을에서는 아무도 기본소득을 받지 못했다. 따라서 미시 수준과 공동체 수준에서 태도 변화와 행위 변화를 포함한 광범위한 효과를 탐구하는 게 가능했다.

기본 조사를 해야 한다

적절한 평가를 위해서는 예상 응답자에 대한 상세한 정보를 제공하기 위해 공동체에 대한 **기본 센서스** 혹은 **조사**가 필요하다. 여기에는 파일럿에 의해 평가될 수 있는 모든 측면이 포함되어야 한다. (센서스가 불가능하다면 샘플의 규모가 커야 한다.) 이는 **기본 공동체 조사**로 보충되어야 하는데, 이는 공동체의 구조적 성격에 기초한 데이터를 수집하는 것이다. 여기에는 인구학적 상세 사항, 인프라, 학교 및 병원과의 거리 등이 포함된다. 이 두가지를 행하는 이유는 기본소득이 효과를 발휘하기 이전의 조건·행위·태도 등을 확인하기 위해서다.

현금이전을 받기로 되어 있는 수급자는 기본 조사 데이터를 수집할 때 이 계획에 대한 정보를 미리 알아서는 안 된다. 물론 이들이 미리 알면 조사에 더 협조하겠지만 말이다!

평가자가 기본소득이 어떤 효과를 낳을지 미리 알 수 없고, 현실적으로 그 효과를 모두 예측할 수 없기 때문에, 기본 조사에서는 광범위한 데이터를 수집해야 한다. 기본 조사는 첫번째 급여가 지급되기 약 한달 전에 수행되어야 하며, 그렇게 함으로써 개시 시점에 지배적인 유형을 알 수 있다.

기본 조사를 위한 핵심적인 결정사항 가운데 하나는 응답자 혹은 응답자들을 선별하는 것이다. 즉 지정된 '가구 가장'은 어떤 쟁점에 대해 다른 가구 구성원이 대답하는 것과는 다른 응답을 끌어낼 가능성이 높다. 기본소득의 개별적 성격을 염두에 둘 때 응답은 젠더, 연령, 기타 개인적 요소에 따라 달라질 것이라고 기대할 수 있다.

이상적으로는 가구에 대한 배경적 사실에 해당하는 데이터와 구성원 각각의 데이터를 수집하는 게 바람직하다. 이는 필드워크 및 데이터 처리라는 관점에서 비용이 너무 많이 들기 때문에 비현실적일 것이다. 그러나 응답자로 선별된 여성의 수는 남성의 수와 동일해야 한다. 마디야프라데시 파일럿에서는 가구마다 한명의 남성과 한명의 여성을 인터뷰했다.

기본 조사가 끝난 다음에는 파일럿 과정에서 일어날 일에 대한 정보를 제공하는 공적 캠페인을 하는 게 좋다. 이 캠페인을 통해 의구심을 극복할 수 있고, 참여하는 응답자들에게 확신을 줄 수 있는데, 여기에는 지출조건이나 행위조건 없이 지급이 정기적으로 이루어질 것이라는 사실이 포함된다.

정기적인 평가조사를 수행해야 한다

파일럿의 의의는 효과를 검사하는 것인데, 그렇게 하기 위해서는 기본 조사에서 시작해 일련의 조사가 함께 이루어져야 한다. 파일럿이 시작되고 6개월 후에 또다른 조사가 이루어져야 한다. 이렇게 하는 것은 행위와 태도에 미치는 영향을 검출하기에 충분한 시간이 필요하기 때문이다. 더 나아가 파일럿의 기간에 따라 6개월 정도마다 중간 조사가 이뤄져야 한다. 파일럿이 끝난 다음에는, 기본 조사를 받았던 개인과 가구를 포함한 최종 평가조사가 마지막 현금이전 이후 가급적 한달 내에 이루어져야 한다. 각각의 경우 설문지는 기본 조사 때 사용한 것과 가급적 동일한 것이어야 하며, 비슷한 조사 기간 내에 이루어져야 한다.

핵심 정보원을 이용해야 한다

관심의 초점을 기본소득을 받는 개인에게 맞춰야 하지만 평가과정에서 **핵심 정보원**을 이용하는 게 바람직하다. 지역 당국, 지역의 교사와 의료인, 그밖에 공동체를 잘 아는 사람들에게서 추가 정보를 수집해야 한다. 수급자로부터 얻을 수 없는 정보와 기본소득이 행위에 미치는 영향이 어떠한지에 관한 정보를 이들에게서 얻어야 한다. 훌륭한 파일럿 평가에는 중립적인 방식으로 표현된 질문을 핵심 정보원에게 전달하는, 잘 짜인 설문지가 있어야 한다.

파일럿이 여러 공동체를 포괄한다면 구조적으로 유사한 지역들을 선택해야 하는데, 이는 특히 기본소득 지역과 통제 지역을 비교하기 위해서다. 그러나 평가설계에서는 파일럿 과정에 있을 수 있는 외적 변화를 고려해야 한다. 이를테면 학교 신설, 관개 체계의 도입 등으로 말미암아 공동체 구조가 변화할 수 있으며 더이상 공동체가 서로 유사하지 않게 된다. 이런 이유로 각각의 평가 시점에서 결과에 영향을 미칠 수 있는 구조적 변화를 확인하는 간단한 공동체 조사를 하는 게 바람직하다.

다층적인 효과를 분석해야 한다

파일럿에는 개인과 가구·가족공동체에 미치는 영향, 경제적 승수효과 등을 사정하고 평가하는 적절한 기술이 포함돼야 한다. 개인에게 미치는 효과만 살피면 오해를 낳을 수 있다. (가장 나쁜 예는 **사중死重효과** ─ 해당 개인은 보조금 없이도 일자리를 구할 수도 있다 ─ 와 **대체효과** ─ 보조금을 받는 개인이 보조금을 받지 못하는 개인을 대체할 수 있다 ─ 를 고려하지 않고 혜택을 보는 개인에게 미치는 효과만을 살펴보는 노동보조금 제도다.)

가장 큰 효과가 공동체 수준에서 일어날 수도 있다. 만일 공동체 수준의 효과를 동시에 연구하지 않을 경우, 개인에게 미치는 효과가 좋은지 나쁜지에 따라 기본소득이 좋다거나 나쁘다는 식의 평가 결론을 내려버릴 수 있다. 그러나 개인이 행위하고 다른 사람과 상호작용하는 것에 대해 공동체 수준의 **피드백효과**가 있을 수 있다. 기본소득 지지자들이 주장하는 것 가운데 하나는 기본소득이 공동체 내에서 이타주의와 사회적 책임을 강화한다는 점이다.

태도효과와 행위효과를 평가해야 한다

기본소득이 행위적·신체적·감정적 '웰빙'과 태도에 영향을 미치는 것으로 예상할 수 있다. 따라서 파일럿은 직접 측정될 수 있는 행위효과를 살펴보는 것을 넘어서서 가능하면 중립적인 방식으로 제기되는 태도에 관한 질문을 포함해야 한다. 수치평가를 하려면 리커트 척도(likert scale)에 따라 오지선다 안에서 응답자가 답변을 고를 수 있게 질문해야 한다(예를 들어, ① 강한 반대 ② 반대 ③ 찬성도 반대도 아님 ④ 찬성 ⑤ 강한 찬성).

파일럿을 시작하기 전에 가설을 명료하게 제시해야 한다

파일럿이 시작되기 전에 그리고 기본 조사가 수행되기 전에 검증할 가설의 명확한 목록이 있어야 한다. 파일럿 계획이 무엇을 기대하는지 모호한 상태에서 시작될 때가 너무 많다. 이는 아마도 서로 상충하는 주장과 반대 주장의 압력 아래 혹은 그 결과로 파일럿이 시행되기 때문일 것이다. 잘 언급되지 않는 또다른 문제는 검증해야 할 한두가지 가설로 파일럿이 시작될 때다. 무작위 통제 실험에서 이런 경향이 나타났다.

몇가지 표준적인 가설을 검토해보자.

a. 기본소득을 통해 어떤 가구나 가족이 아동에게 더 많은 음식을

제공할 수 있고, 이는 더 나은 영양공급과 건강으로 이어진다.

b. 기본소득을 통해 가구가 아동에게 노동을 강제할 압력이 약해져, 아동이 학교에 출석할 가능성이 커진다.

c. 기본소득을 통해 가구는 부채를 청산할 수 있다.

이런 가설은 기본 조사와 기본 공동체 조사에서 나온 벤치마크 데이터가 필요하다.

이제 또다른 가설을 검토해보자.

d. X라는 사람에게 주어진 기본소득으로 말미암아 Y라는 사람이 소득을 벌기 위한 활동에 들이는 시간의 양을 줄일 수 있고/있거나, Y가 자신의 소비를 변화시킬 수 있다.

e. 기본소득 제도를 통해 수급자가 돈을 어떻게 사용하는 게 좋은지에 관해 조언하는 지역 조직이 만들어질 수 있다.

f. 기본소득을 통해 공동체 외부의 비수급자와 기본소득을 공유해야 한다는 사회공동체의 압력이 수급자에게 가해질 수 있다.

이는 간접효과이자 외부효과로서 수급자, 가구, 가구 외부에서 정보를 얻어야 할 수 있다. 이것은 기본 가구 조사 설계에 영향을 미치지만, 또한 **공동체 수준 벤치마크와 모니터링 조사**가 필요하며, 가구와 공동체를 매칭하는 **평가조사**가 파일럿 기간에 수행되어야 한다.

다음으로 지역경제 및 지역사회에 미치는 효과와 관련된 가설이 있다. 이는 다음과 같다.

g. 기본소득을 통해 소득분배가 개선되고 소득 불평등이 완화되며, 이는 단순히 현금이전을 추가할 때 이상으로 일어난다.

h. 기본소득을 통해 지역 금융 기관이 수립되고, 금융 중개의 성장으로 이어진다.

i. 기본소득을 통해 지역 사업체의 발전 그리고 공동체 내의 고용 증가가 일어난다.

예를 들어 가설 (g)는 기본소득 체제를 평가할 때 핵심적이다. 파일럿 설계가 소득분배에 미치는 영향을 측정할 수 없다면 기본소득의 핵심 측면을 평가할 수 없는 셈이다. 그러나 공동체 내의 소수만이 기본소득을 받을 경우 이 핵심 가설을 전혀 검증할 수 없을 것이다. 따라서 기본소득은 모든 거주자에게 지급되는 게 중요하다.

비용과 예산이 현실적이어야 한다

파일럿을 착수할 때 현실적인 비용 견적을 내는 게 중요하다. 적절한 평가를 위해서는 적절한 재원과 기술적 전문지식이 필요하다. 그리고 기본소득 자체를 위한 비용, 행정과 평가를 위한 비용 이외에 우발적인 일에 대비할 돈을 어느정도 마련해둬야 한다. 조사를 하는 모든 경험적 연구에서 설계의 오류나 파일럿 수행 오류 때문만이 아니라, 불가피하게 예상할 수 없었던 사건과 차질 때문에 통상 실수가 발생하곤 한다.

샘플이 가급적 불변해야 한다

기본소득 파일럿의 핵심 원칙이자 유지하기 힘든 원칙은 샘플이 가급적 불변해야 한다는 점이다. 사회적 관점에서 볼 때 신참자에게 기본소득을 주지 못하는 것은 안타까운 일이지만, 신생아를 제외하면 파일럿이 시작될 때 포함되지 않았던 사람들은 이후에도 포함되어서는 안 된다. 파일럿이 시작된 뒤에 공동체로 유입된 이민자나 외부에 나갔다 돌아온 사람은 포함될 수 없다. 그러나 조사에는 포함시키는 게 바람직하다. 이들이 공동체의 태도와 행위에 영향을 미칠 수 있음을 고려해야 한다.

유출 이민도 또다른 쟁점이다. 이에 대한 해결책은 검증하고자 하는 가설에 따라 다르다. 마디야프라데시 파일럿의 경우 밖으로 이주한 사람들은 더이상 기본소득을 받지 않았다. 그러나 케냐에서 기브다이렉틀리가 계획하고 있는 파일럿은 그 개시 시점에 기본소득 마을에 있었던 유출 이민자에게도 기본소득을 계속해서 지급한다고 한다. 검증하려는 가설이 임금을 받는 일자리를 찾는 유인이기 때문이다. 분명 장기 파일럿에서는 일부 사망자가 있을 것이다. 따라서 샘플의 불변성을 유지하기란 거의 불가능하다. 가능한 한 불변에 가깝게 유지해야 한다는 게 요지다.

이전 메커니즘을 모니터링해야 한다

개발도상국가의 어떤 현금이전 제도든 가장 큰 문제 가운데 하나는 정교한 금융 기관의 부족과 은행 업무에 대해 대체로 무지하다는 것이다. 현금이전은 필연적으로 학습 기능을 수반하며, 제도적 실패는 행위 및 태도에 대한 효과를 왜곡할 수 있다(예를 들어 은행계좌로 지급된 현금에 접근하기 어려운 경우).

현금이전을 실시하는 몇가지 방법이 있긴 한데 모두 어느정도 아쉬운 면이 있다. 중요한 쟁점은 중개인의 관여 없이 사람들이 직접 돈을 받을 수 있게 하는 것이다. 그러나 다른 곳에서 모방하고 확대할 필요성을 염두에 두면 또다른 문제가 있다. 비용, 투명성, 사용자 편의성 등 관점에서 볼 때 국가 수준에서 가장 바람직하고 모방할 수 있는 선택지는 무엇인가?[2]

선택되는 방법은 지역 환경에 따라 달라지겠지만 대부분의 파일럿은 은행계좌를 만드는 것을 도와주고, 생체 스마트카드나 모바일폰을 제공하며, 지역에서 빠르고 쉽게 돈을 받을 수 있도록 함으로써, 사람들이 돈을 받는 데 드는 비용과 시간을 제공해야 한다. 그러나 모니터링을 위해 모든 거래는 은행 체계를 통해야 한다. 법률적 요건을 충족시켜야 하는 점도 마찬가지다.

행위자 혹은 '목소리' 효과를 고려해야 한다

합리적인 기본소득 지지자라면 기본소득을 만병통치약이라고 생각하지 않는다. 기본소득을 받더라도 많은 취약계층이 여전히 취약하고 억압을 받거나 착취당하기 쉬운 처지에 있을 수 있다. 이러한 취약함을 없애기 위해 이들은 행위자, 즉 자신을 방어하는 데 효과적인 '목소리'를 행사할 능력이 필요하다. 오랫동안 나는, 기본소득을 받는 사람들이 자신들의 이해관계를 옹호할 개별적 행위자 및 집단적 형태의 목소리가 있을 경우에만 기본소득이 제대로 작동할 것이라고 생각했다.

파일럿 사회정책 프로젝트는 언제나 행위자 효과를 고려해야 한다. 행위자나 목소리는 실험에 앞서 혹은 실험 도중에, 또 개입의 결과로 등장할 수 있다. 나미비아 기본소득 파일럿의 경우 파일럿이 시작한 뒤 몇달 지나 마을 주민들이 돈을 잘 사용하는 방법에 대해 조언하고, 취약한 사람들이 다른 사람에게 이용당하지 않도록 하는 위원회를 만들었다. 이것이 결과에 어느 정도까지 영향을 미쳤는가? 평가 팀은 영향이 긍정적이었다는 인상을 강하게 받았다. 그러나 그것이 얼마나 중요했는지를 말하는 것은 불가능하다.

다른 파일럿 현금이전 제도는 행위자의 긍정적 효과를 얻었다. 니카라과의 연구는 상대적으로 '공동체 지도자'가 높은 비율을 차지하는 지역에서 조건부 현금이전의 효과가 더 강하다는 것을 발견했다.[3] 이는 파일럿에서 측정할 수 있는 어느 한 유형의 행위자다. 샘플이 되는 지역을 선별할 때, 그리고 평가도구를 설계할 때 다른 유형의 행위자를 고려해야 한다.

국제조직(인터내셔널) Basic Income Earth Network (BIEN): http://basicincome.org

나미비아 Basic Income Grant Coalition: http://www.bignam.org/index.html

남아프리카 SADC-wide Basic Income Grant Campaign (SADC BIG): http://spii.org.za/sadcbigcampaign

  *남아프리카개발공동체(SADC, Southern African Development Community) 포함 국가: 앙골라·보츠와나·콩고민주공화국·레소토·마다가스카르·말라위·모리셔스·모잠비크·나미비아·세이셸·남아프리카공화국·스와질랜드·탄자니아·잠비아·짐바브웨

네덜란드 Vereniging Basisinkomen: http://basisinkomen.nl

노르웨이 BIEN Norge: http://www.borgerlonn.no

뉴질랜드 asic Income New Zealand (BINZ): http://www.basicincomenz.net

대만 Global Basic Income Social Welfare Promotion Association: https://www.facebook.com/GBI.SWPA.TW

덴마크 BIEN Danmark: http://basisindkomst.dk

독일 Netzwerk Grundeinkommen: https://www.grundeinkommen.de

멕시코 Red Mexicana Ingreso Ciudadano Universal: ingresociudadano@gmail.com

미국 U.S. Basic Income Guarantee (USBIG) Network: http://www.usbig.net/index.php

벨기에 Basic Income Belgium: https://basicincome.be

브라질 Rede Brasileira de Renda Basica de Cidadania: http://eduardosuplicy.com.br/
renda-basica-de-cidadania

뽀르뚜갈 Rendimento Basico: http://www.rendimentobasico.pt

스위스 BIEN Switzerland (BIEN-CH): http://bien.ch/en

스코틀랜드 Citizen's Basic Income Network (CBIN) Scotland: https://cbin.scot

슬로베니아 Sekcija UTD: http://utd.zofijini.net

아르헨띠나 Red Argentina de Ingreso Ciudadano (RedAIC):
http://www.ingresociudadano.org.ar

아이슬란드 BIEN Island: https://www.facebook.com/groups/1820421514854251

아일랜드 Basic Income Ireland: http://www.basicincomeireland.com

에스빠냐 Red Renta Basica: http://www.redrentabasica.org/rb

영국

— Citizen's Income Trust: http://citizensincome.org

— Basic Income UK: http://www.basicincome.org.uk

오스트레일리아 Basic Income Guarantee Australia (BIGA): http://www.basicincome.
qut.edu.au

오스트리아 Netzwerk Grundeinkommen und sozialer Zusammenhalt—
BIEN Austria: http://www.grundeinkommen.at

유럽 Unconditional Basic Income Europe (UBIE): http://basicincome-europe.org/
ubie

이딸리아 Basic Income Network Italia (BIN Italia): http://www.bin-italia.org

인도 India Network for Basic Income (INBI): http://basicincomeindia.weebly.com

일본 BIEN Japan: http://tyamamor.doshisha.ac.jp/bienj/bienj_top.html

중국 BIEN China: http://www.bienchina.com

캐나다 Basic Income Canada Network/Reseau canadien pour le revenu garanti:
http://www.basicincomecanada.org

퀘벡 Revenu de base Quebec: https://revenudebase.quebec

프랑스 Mouvement francais pour un revenu de base: http://www.revenudebase.info

핀란드 BIEN Finland: http://perustulo.org

한국 Basic Income Korean Network (BIKN): http://basicincomekorea.org

1장 기본소득: 의미와 역사적 기원

1 J. Cunliffe and G. Erreygers (eds.), *The Origins of Universal Grants*: *An Anthology of Historical Writings on Basic Capital and Basic Income*, Basingstoke: Palgrave Macmillan 2004, xi면.

2. B. Ackerman and A. Alstott, *The Stakeholder Society*, New Haven: Yale University Press 1999; B. Ackerman and A. Alstott, "Why stakeholding?" E. O. Wright (ed.), *Redesigning Distribution: Basic Income and Stakeholder Grants as Cornerstones for an Egalitarian Capitalism*, London and New York: Verso 2006, 43~65면.

3. G. Standing, "CIG, COAG and COG: A comment on a debate," Wright (ed.), *Redesigning Distribution*, 2006, 175~95면.

4. L. Bershidsky, "Letting the hungry steal food is no solution," *Bloomberg*, 4 May, 2016.

5. T. Paine (1795), "Agrarian justice," *Common Sense and Other Writings*, New York: Barnes & Noble 2005, 321~45면.

6. B. Russell, *Roads to Freedom: Socialism, Anarchism and Syndicalism*, London: Allen & Unwin 1920; E. M. Milner and D. Milner, *Scheme for a State Bonus*, London: Simpkin 1918; Marshall & Co. B. Pickard, *A Reasonable Revolution: Being a Discussion of the State Bonus Scheme: A Proposal for a National Minimum Income*, London: Allen & Unwin 1919; G. D. H. Cole, *The Next Ten Years in British Social* *and Economic Policy*, London: Macmillan 1929.

7. W. van Trier, "Every One a King," PhD dissertation, Leuven: Departement de Sociologie, Katholieke Universiteit Leuven 1995.

8. Russell, *Roads to Freedom*, 80~81면, 127면.

9. M. L. King, *Where Do We Go From Here? Chaos or Community?* New York: Harper & Row 1967.

10. 선정된 사람들의 진술과 분석에 대해서는 다음을 보라. J. E. Meade, "Poverty in the welfare state," *Oxford Economic Papers*, 24(3), 1972, 289~326면; J. E. Meade, *Agathotopia: The Economics of Partnership*, Aberdeen: Aberdeen University Press 1989; J. Tobin, "The case for an income guarantee," *Public Interest*, 4 (Summer), 1966, 31~41면.

11. M. Samson and G. Standing (eds.), *A Basic Income Grant for South Africa*, Cape Town: University of Cape Town Press 2003.

12. 예컨대 다음을 보라. A. Beattie, "A simple basic income delivers little benefit to complex lives," *Financial Times*, 3 June 2016.

2장 기본소득과 사회정의

1. T. Paine (1795), "Agrarian justice," *Common Sense and Other Writings*, New York: Barnes & Noble 2005, 332면.

2. 같은 글, 334면.

3. 같은 글, 335면.

4. 같은 글, 339면.

5. H. George, *Progress and Poverty*, New York: Schalkenbach Foundation 1879.

6. G. Standing, *The Corruption of Capitalism: Why Rentiers Thrive and Work Does Not Pay*, London: Biteback 2016.

7. 개요는 다음을 보라. G. Standing, *A Precariat Charter: From Denizens to Citizens*, London and New York: Bloomsbury 2014.

8. T. Shildrick, R. MacDonald, C. Webster and K. Garthwaite, *Poverty and Insecurity: Life in Low-Pay, No-Pay Britain*, Bristol: Policy Press 2012.

9. Standing, *The Corruption of Capitalism*.

10. P. van Parijs, *Real Freedom for All: What (If Anything) Can Justify Capitalism?* Oxford: Clarendon Press 1995.

11. 이런 접근법에 대한 필자의 주장 이외에 다음을 보라. P. Barnes, *With Liberty and Dividends for All: How to Save Our Middle Class When Jobs Don't Pay Enough*, San Francisco: Berrett-Koehler 2014.

12. J. Rawls, *A Theory of Justice*, Cambridge: Cambridge University Press 1971.

13. N. Frohlich and J. A. Oppenheimer, *Choosing Justice: An Experimental Approach to Ethical Theory*, Berkeley: University of California Press 1992.

14. International Labour Organization, *Economic Security for a Better World*, Geneva: ILO 2004.

15. Citizens' Climate Lobby, "Carbon fee and dividend policy," 2016, http://citizensclimatelobby.org/carbon-fee-and-dividend.

16. T. Meireis, "'Calling': A Christian argument for basic income," G. Standing (ed.), *Promoting Income Security as a Right*, London: Anthem Press 2004, 147~64 면; M. Torry, *Citizen's Basic Income: A Christian Social Policy*, London: Darton, Longman & Todd 2016.

17. C. M. A. Clark, "Wealth as abundance and scarcity: Perspectives from Catholic social thought and economic theory," H. Alford, C. M. A. Clark, S. A. Cortright and M. J. Naughton (eds.), *Rediscovering Abundance*, Notre Dame: University of Notre Dame Press 2006, 28~56면.

18. Pope Francis, "Encyclical letter Laudato Si of the Holy Father Francis on care for our common home," Vatican, 24 May 2015.

3장 기본소득과 자유

1. G. Standing, *A Precariat Charter: From Denizens to Citizens*, London and New York: Bloomsbury 2014.

2. R. Nozick, *Anarchy, State and Utopia*, New York: Basic Books 1974; C. Murray, *In Our Hands: A Plan to Replace the Welfare State*, Washington, DC: AEI Press 2006; C. Murray, *Guaranteed Income as a Replacement for the Welfare State*, Oxford: The Foundation for Law, Justice and Society 2012; P. van Parijs, *Real Freedom for All: What (If Anything) Can Justify Capitalism?* Oxford: Clarendon Press 1995; K. Widerquist, "Property and the Power to Say No: A Freedom-Based Argument for Basic Income," PhD dissertation, Oxford: University of Oxford 2006.

3. E. Anderson, "Optional freedoms," P. van Parijs (ed.), *What's Wrong With a Free*

Lunch? Boston: Beacon Press 2001, 75~79면.

4. M. Tanner, *The Pros and Cons of a Guaranteed National Income*, Washington, DC: Cato Institute 2015; M. Zwolinski, "Property rights, coercion and the welfare state: The libertarian case for a basic income for all," *Independent Review*, 19(4), 2015; J. Buchanan, "Can democracy promote the general welfare?" *Social Philosophy and Policy*, 14(2), 1997, 165~79면.

5. C. Murray, "Libertarian Charles Murray: The welfare state has denuded our civic culture," *PBS Newshour*, 10 April 2014.

6. Murray, *Guaranteed Income*.

7. B. Linley, "Gary Johnson is open to universal basic income and that's not bad," *Libertarian Republic*, 20 July 2016.

8. T. Prochazka, "US libertarian presidential candidate 'open' to basic income," *Basic Income News*, 18 July 2016.

9. Zwolinski, "Property rights, coercion and the welfare state."

10. 다음 인터뷰에서 인용함. T. Prochazka, "Zwolinski: Basic income helps 'protect freedom,'" *Basic Income News*, 24 August 2016.

11. R. H. Thaler and C. R. Sunstein, *Nudge: Improving Decisions about Health, Wealth and Happiness*, New Haven, CT: Yale University Press 2008.

12. P. Pettit, *Republicanism: A Theory of Freedom and Government*, Oxford: Oxford University Press 1997; P. Pettit, "A republican right to basic income?" *Basic Income Studies*, 2(2), 2007, 1~8면; P. Pettit, *Just Freedom: A Moral Compass for a Complex World*, New York: Norton 2014; D. Ravientos and D. Casassas, "Republicanism and basic income: The articulation of the public sphere from the repoliticization of the private sphere," G. Standing (ed.), *Promoting Income Security as a Right*, London: Anthem Press 2005, 231~54면.

13. D. Casassas, "Basic income and social emancipation: A new road to socialism," paper presented at the 16th BIEN Congress, Seoul, 7~9 July 2016.

14. K. Kipping, "Unconditional basic income as affixed rate of democracy: Safeguarding the social freedom and economic power of all people," paper presented at the 16th BIEN Congress, Seoul, 7~9 July 2016.

15. 이에 대해 상세한 것은 다음을 보라. G. Standing, *Work after Globalization: Building Occupational Citizenship*, Cheltenham: Elgar 2009, Chapter 9.

16. S. Davala, R. Jhabvala, S. K. Mehta and G. Standing, *Basic Income: A Transformative Policy for India*, London and New Delhi: Bloomsbury 2015.

17. G. Standing, "Why basic income's emancipatory value exceeds its monetary value," *Basic Income Studies*, 10(2), 2015, 1~31면.

18. C. Pateman, "Democratizing citizenship: Some advantages of a basic income," E. O. Wright (ed.), *Redesigning Distribution*, London and New York: Verso 2006, 101~19면.

4장 빈곤, 불평등, 불안전의 감소

1. K. J. Edin and H. L. Schaefer, *$2.00 a Day: Living on Almost Nothing in America*, Boston: Houghton Mifflin Harcourt 2015.

2. A. Case and A. Deaton, "Rising morbidity and mortality in midlife among white non-Hispanic Americans in the 21st century," *Proceedings of the National Academy of Sciences of the United States of America (PNAS)*, 112(49), 2015, 15078~83면.

3. G. Standing, *The Precariat: The New Dangerous Class*, London: Bloomsbury 2011.

4. G. Standing, *A Precariat Charter: From Denizens to Citizens*, London: Bloomsbury 2014; G. Standing, *The Corruption of Capitalism: Why Rentiers Thrive and Work Does Not Pay*, London: Biteback 2016.

5. D. Calnitsky, "'More normal than welfare': The Mincome experiment, stigma, and community experience," *Canadian Review of Sociology*, 53(1), 2016, 26~71면.

6. E. Martinson, "View from a Reg reader: My take on the basic income," *Register*, 29 December 2016.

7. H. Reed and S. Lansley, *Universal Basic Income: An Idea Whose Time Has Come?* London: Compass 2016.

8. C. Blattman and P. Niehaus, "Show them the money: Why giving cash helps alleviate poverty," *Foreign Affairs*, May/June, 2014, https://www.foreignaffairs.com/articles/show-them-money.

9. "Homelessness: Cutting out the middle men," *The Economist*, 4 November 2010.

10. G. J. Whitehurst, "Family support or school readiness? Contrasting models of public spending on children's early care and learning," *Economic Studies at Brookings, Evidence Speaks Reports*, 1(16), 28 April 2016.

11. J. Surowiecki, "Home free," *New Yorker*, 22 September 2014.

12. J. Furman, "Is this time different? The opportunities and challenges of artificial intelligence," remarks by the Chairman of the Council of Economic Advisers at AI Now: The Social and Economic Implications of Artificial Intelligence Technologies in the Near Term, New York University, 7 July 2016.

13. 크리스토퍼 피사리데스가 2016년 1월 다보스에서 열린 세계경제포럼에서 언급했다. https://www.youtube.com/watch?v=UnNs2MYVQoE.

14. Standing, *A Precariat Charter*.

15. M. L. King, *Where Do We Go From Here: Chaos or Community?* Boston: Beacon Press 1967.

16. N. Gabler, "The secret shame of middle-class Americans," *The Atlantic*, May 2016.

17. G. Tsipursky, "Free money is not so funny anymore: Confessions of a (former) skeptic of basic income," *Salon*, 21 August 2016.

18. S. Mullainathan and E. Shafir, *Scarcity: Why Having Too Little Means So Much*, London: Allen Lane 2013.

19. World Bank, *World Development Report 2015: Mind, Society and Behaviour*, Washington, DC: World Bank 2015.

20. M. Velasquez-Manoff, "What happens when the poor receive a stipend," *New York Times*, 18 January 2014.

21. N. N. Taleb, *Antifragile: How to Live in a World We Don't Understand*, New York: Random House 2012.

22. M. Abu Sharkh and I. Stepanikova, *Ready to Mobilize? How Economic Security Fosters Pro-Activism Attitudes Instead of Apathy*, Socio-Economic Security Programme Working Paper; Geneva: International Labour Organization 2005.

23. G. Herman, "Unions are changing and that should give us cause for hope," Union Solidarity International, 2016, https://usilive.org/opinions/36811.

5장 경제적 논거

1. G. Standing, *The Corruption of Capitalism: Why Rentiers Thrive and Work Does Not Pay*, London: Biteback 2016; G. Crocker, *The Economic Necessity of Basic Income*, Mimeo 2015, https://mpra.ub.uni-muenchen.de/62941/1/MPRA_paper_62941.pdf.

2. B. Nooteboom, "Basic income as a basis for small business," *International Small Business Journal*, 5(3), 1987, 10~18면.

3. M. Bianchi and M. Bobba, "Liquidity, risk, and occupational choices," *Review of Economic Studies*, 80(2), 2013, 491~511면; C. Blattman, "Can entrepreneurship transform the lives of the poor (and how)?" chrisblattman.com, 30 May 2013.

4. S. Davala, R. Jhabvala, S. K. Mehta and G. Standing, *Basic Income: A Transformative Policy for India*, London and New Delhi: Bloomsbury 2015.

5. S. Sorenson and K. Garman, "How to tackle U.S. employees' stagnating engagement," *Gallup*, 11 June 2013.

6. G. Standing, "Responding to the crisis: Economic stabilization grants," *Policy & Politics*, 39(1), 2011, 9~25면.

7. T. McDonald and S. Morling, "The Australian economy and the global downturn. Part 1: Reasons for resilience," *Economic Roundup Issue 2*, Canberra: Treasury, Australian Government, 2011.

8. Standing, "Responding to the crisis," A. Kaletsky, "How about quantitative easing for the people?" *Reuters*, 1 August 2012; G. Standing, *A Precariat Charter: From Denizens to Citizens*, London: Bloomsbury 2014; M. Blyth and E. Lonergan, "Print less but transfer more: Why central banks should give money directly to the people," *Foreign Affairs*, September/October, 2014; V. Chick et al., "Better ways to boost eurozone economy and employment," letter to *Financial Times*, 27 March 2015; A. Turner, *Between Debt and the Devil: Money, Credit, and Fixing Global Finance*, Princeton, NJ: Princeton University Press 2015.

9. 후자에 관해서는 다음을 보라. J. Authers and R. Wigglesworth, "Pensions: Low yields, high stress," *Financial Times*, 22 August 2016. 양적 완화의 일반적인 실패에 대해서는 다음을 보라. Standing, *The Corruption of Capitalism*, Chapter 3.

10. M. Friedman, "The optimum quantity of money," *The Optimum Quantity of Money and Other Essays*, Chicago: Aldine 1969, 1~50면.

11. P. van Parijs, "The Euro-Dividend," *Social Europe*, 3 July 2013, https://www.socialeurope.eu/2013/07/the-euro-dividend.

12. M. Ford, *Rise of the Robots: Technology and the Threat of a Jobless Future*, New York: Basic Books 2015; N. Srnicek and A. Williams, *Inventing the Future: Postcapitalism and a World without Work*, London: Verso 2015; P. Mason, *Postcapitalism: A Guide* *to Our Future*, London: Allen Lane 2015.

13. B. Gross, "Culture clash," Investment Outlook, Janus Capital Group, 4 May 2016.

14. N. Hines, "Robots could make universal basic income a necessity," *Inverse*, 11 August 2016; J. Furman, "Is this time different? The opportunities and challenges of artificial intelligence," 경제자문위원회 의장이 2016년 7월 7일 뉴욕대학에서 열린 「AI 나우: 인공지능 기술의 단기적인 사회적·경제적 함의」에 참석해서 한 언급; Executive Office of the President, *Artificial Intelligence, Automation, and the Economy*, Washington, DC: White House, December 2016.

15. A. Stern, *Raising the Floor: How a Universal Basic Income Can Renew Our Economy and Rebuild the American Dream*, New York: PublicAffairs 2016.

16. 다음에서 인용함. N. Lee, "How will you survive when the robots take your job?" *Engadget*, 19 August 2016.

17. C. B. Frey and M. A. Osborne, "The future of employment: How susceptible are jobs to computerization?" Oxford: University of Oxford 2013, http://www.oxfordmartin.ox.ac.uk/downloads/academic/The_Future_of_Employment.pdf.

18. M. Arntz, T. Gregory and U. Zierahn, "The risk of automation for jobs in OECD countries: A comparative analysis," OECD Social, Employment and Migration Working Papers, No. 189, Paris: Organisation for Economic Co-operation and Development 2016.

19. K. Schwab, *The Fourth Industrial Revolution*, Geneva: World Economic Forum, 2016.

20. "Basically flawed" and "Sighing for paradise to come," *The Economist*, 4 June 2016, 12면, 21~24면.

21. 다음에서 인용함. Lee, "How will you survive?"

22. C. Weller, "The inside story of one man's mission to give Americans unconditional free money," *Business Insider UK*, 27 June 2016.

23. Standing, *The Corruption of Capitalism*.

24. T. Berners-Lee, interviewed by *The Economist*, "The Economist asks: Can the open web survive?" *Economist* podcast, 27 May 2016.

25. A. C. Kaufman, "Stephen Hawking says we should really be scared of capitalism, not robots," *Huffington Post*, 8 October 2015.

26. A. Berg, E. F. Buffie and L.-F. Zanna, "Robots, growth, and inequality," *Finance & Development*, 53(3), 2016.

27. N. Yeretsian, "New academic research shows that basic income improves health," *Basic Income News*, 11 November 2016.

28. A. Aizer, S. Eli, J. Ferrie and A. Lleras-Muney, "The long-run impact of cash transfers to poor families," *American Economic Review*, 106(4), 2016, 935~71면.

29. E. L. Forget, "The town with no poverty: Using health administration data to revisit outcomes of a Canadian guaranteed annual income field experiment," Winnipeg: University of Manitoba 2011, https://public.econ.duke.edu~erw/197/forget-cea%20(2).pdf.

30. R. Akee, E. Simeonova, E. J. Costello and W. Copeland, "How does household income affect child personality traits and behaviors?" NBER Working Paper No. 21562, Cambridge, MA: National Bureau of Economic Research 2015, http://www.nber.org/papers/w21562.

6장 표준적인 반대

1. A. Hirschmann, *The Rhetoric of Reaction: Perversity, Futility, Jeopardy*, Cambridge, MA: Harvard University Press 1991.

2. 2016년 개인적인 대화.

3. I. V. Sawhill, "Money for nothing: Why universal basic income is a step too far," *Brookings*, 15 June 2016.

4. V. Navarro, "Is the nation-state and the welfare state dead? A critique of Varoufakis," *Social Europe*, 4 August 2016.

5. W. Korpi and J. Palme, "The paradox of redistribution and strategies of equality: Welfare state institutions, inequality, and poverty in the Western countries," *American Sociological Review*, 63(5), 1998, 661~87면.

6. G. Standing, *The Corruption of Capitalism: Why Rentiers Thrive and Work Does Not Pay*, London: Biteback 2016.

7. K. Marx (1844), *Economic and Philosophic Manuscripts of 1844*, London: Lawrence & Wishart 1970, 149면.

8. Kenya CT-OBC Evaluation Team, "The impact of the Kenya Cash Transfer Program for Orphans and Vulnerable Children on household spending," *Journal* *of Development Effectiveness*, 4(1), 2012, 38~49면.

9. S. Davala, R. Jhabvala, S. K. Mehta and G. Standing, *Basic Income: A Transformative Policy for India*, London and New Delhi: Bloomsbury 2015, 96~97면.

10. M. Friedman, *Capitalism and Freedom*, Chicago: University of Chicago Press 1962; H. L. Minsky (1969), "The macroeconomics of a negative income tax," H. L. Minsky, *Ending Poverty: Jobs, Not Welfare*, Annandale-on-Hudson, NY: Levy Economics Institute, Bard College 2013.

11. Davala et al., *Basic Income*.

12. G. Crocker, *The Economic Necessity of Basic Income*. Mimeo 2015, https://mpra.ub.uni-muenchen.de/62941/1/MPRA_paper_62941.pdf.

13. G. Dench, K. Gavron and M. Young, *The New East End: Kinship, Race and Conflict*, London: Profile Books 2006.

14. T. Cowen, "My second thoughts about universal basic income," *Bloomberg*, 27 October 2016.

15. A. Stern, *Raising the Floor: How a Universal Basic Income Can Renew Our Economy and Rebuild the American Dream*, New York: PublicAffairs 2016.

16. G. Standing, *A Precariat Charter: From Denizens to Citizens*, London: Bloomsbury 2014.

7장 감당가능성이라는 쟁점

1. T. Harford, "Could an income for all provide the ultimate safety net?" *Financial Times*, 29 April 2016.

2. J. Kay, "With a basic income, the numbers just do not add up," *Financial Times*, 31 May 2016.

3. M. Sandbu, "Free lunch: An affordable utopia," *Financial Times*, 7 June 2016.

4. "Daily chart: Universal basic income in the OECD," *The Economist*, 3 June 2016, http://www.economist.com/blogs/graphicdetail/2016/06/daily-chart-1.

5. K. Farnsworth, "The British corporate welfare state: Public provision for private businesses," SPERI Paper No. 24, Sheffield: University of Sheffield 2015.

6. T. DeHaven, "Corporate welfare in the federal budget," Policy Analysis No. 703, Washington, DC: Cato Institute 2012.

7. G. Standing, *The Corruption of Capitalism: Why Rentiers Thrive and Work Does Not*

Pay, London: Biteback 2016.

8. "The Guardian view on basic income: A worthwhile debate, not yet a policy," *Guardian*, 1 February 2017.

9. Sandbu, "Free lunch."

10. 면세한도 이하의 소득이 있는 비납세자는 '좌파' 정당들에 투표할 가능성이 상대적으로 크다. J. Gingrich, "Structuring the vote: Welfare institutions and value-based vote choices," S. Kumlin and I. Stadelmann-Steffen (eds.), *How Welfare States Shape the Democratic Public: Policy Feedback, Participation, Voting and Attitudes*, Cheltenham: Elgar 2014, 109면.

11. V. Houlder, "Cost of UK tax breaks rises to £117bn," *Financial Times*, 10 January 2016.

12. Congressional Budget Office, "The distribution of major tax expenditures in the individual income tax system," Congressional Budget Office, 29 May 2013; A. Holt, "Critics of universal basic income just don't understand how the policy would actually work," *Quartz*, 6 June 2016.

13. H. Parker, *Instead of the Dole: An Enquiry into Integration of the Tax and Benefit System*, London: Routledge 1989.

14. H. Reed and S. Lansley, *Universal Basic Income: An Idea Whose Time Has Come?* London: Compass 2016.

15. Sandbu, "Free lunch."

16. M. Torry, "Two Feasible Ways to Implement a Revenue Neutral Citizen's Income scheme," ISER Working Paper EM6/15, Colchester: Institute for Social and Economic Research, University of Essex, April 2015, www.iser.essex.ac.uk/research/publications/working-papers/euromod/em6-15; M. Torry, "An Evaluation of a Strictly Revenue Neutral Citizen's Income Scheme," ISER Working Paper EM5/16, Colchester: Institute for Social and Economic Research, University of Essex, June 2016, https://www.iser.essex.ac.uk/research/publications/working-papers/euromod/em5-16.

17. A. Painter and C. Thoung, *Creative Citizen, Creative State: The Principled and Pragmatic Case for a Universal Basic Income*, London: Royal Society of Arts 2015.

18. A. Painter, "In support of a universal basic income: Introducing the RSA basic income model," Royal Society of Arts blog, 16 December 2015.

19. Reed and Lansley, *Universal Basic Income*.

20. J. Birch, "The problem of rent: Why Beveridge failed to tackle the cost of housing," *Guardian*, 22 November 2012.

21. G. Morgan and S. Guthrie, *The Big Kahuna: Turning Tax and Welfare in New Zealand on Its Head*, Auckland, New Zealand: Public Interest Publishing 2011.

22. A. Stern, *Raising the Floor: How a Universal Basic Income Can Renew Our Economy and Rebuild the American Dream*, New York: PublicAffairs 2016.

23. C. Holtz, "The Panama Papers prove it: America can afford a universal basic income," *Guardian*, 8 April 2016, http://www.theguardian.com/commentisfree/2016/apr/07/panama-papers-taxes-universal-basicincome-public-services.

24. J. S. Henry, *The Price of Offshore Revisited*, Chesham, UK: Tax Justice Network 2012.

25. G. Mankiw, "A quick note on a universal basic income," Greg Mankiw's Blog, 12 July 2016, http://gregmankiw.blogspot.ch/2016/07/a-quicknote-on-universal-basic-income.html.

26. A. Manning, "Top rate of income tax," Centre for Economic Performance Paper EA029. London: London School of Economics 2015, http://cep.lse.ac.uk/pubs/download/EA029.pdf.

27. 예를 들어 다음을 보라. J. Burke Murphy, "Basic income, sustainable consumption and the 'degrowth' movement," *Basic Income News*, 13 August 2016.

28. K. Ummel, "Impact of CCL's proposed carbon fee and dividend policy: A high-resolution analysis of the financial effect on U.S. households," Working Paper v1. 4. Coronado, CA: Citizens' Climate Lobby, April 2016, https://citizensclimatelobby.org/wp-content/uploads/2016/05/Ummel-Impact-of-CCL-CFD-Policy-v1_4.pdf.

29. "Sighing for paradise to come," *The Economist*, 4 June 2016, 24면.

30. C. Rhodes, "Funding basic income through data mining," *Basic Income News*, 29 January 2017.

31. SamfundsTanken, "UBInow: Unconditional basic income implementation in Denmark," SamfundsTanken.dk, 2016, http://samfundstanken.dk/ubinow.pdf.

32. J. E. Meade, *Agathotopia: The Economics of Partnership*, Aberdeen: Aberdeen University Press 1989.

33. K. Widerquist and M. Howard (ed.), *Alaska's Permanent Fund Dividend: Examining Its Suitability as a Model*, New York and London: Palgrave Macmillan 2012; K. Widerquist and M. Howard (ed.), *Exporting the Alaska Model: Adopting the Permanent Fund Dividend for Reform around the World*, New York and London: Palgrave Macmillan 2012.

34. P. Barnes, *Liberty and Dividends for All: How to Save Our Middle Class When Jobs Don't Pay Enough*, Oakland, CA: Berrett-Koehler 2014.

35. S. Lansley, "Tackling the power of capital: The role of social wealth funds," Compass Thinkpiece No. 81, London: Compass 2015.

36. S. Lansley, *A Sharing Economy. How Social Wealth Funds Can Tackle Inequality and Balance the Books*, Bristol: Policy Press 2016, Chapter 2.

37. Standing, *The Corruption of Capitalism*.

38. UK Treasury, *Shale Wealth Fund: Consultation*, London: HM Treasury 2016.

39. Standing, *The Corruption of Capitalism*.

8장 일과 노동에 대한 함의

1. M. Tanner, *The Pros and Cons of a Guaranteed National Income*, Washington, DC: Cato Institute 2015, 19면.

2. Office for National Statistics, "Changes in the value and division of unpaid care work in the UK: 2000 to 2015," ONS, 10 November 2016.

3. S. Green Carmichael, "The research is clear: Long hours backfire for people and for companies," *Harvard Business Review*, 19 August 2015.

4. G. Burtless, "The work response to a guaranteed income: A survey of experimental evidence," A. H. Munnell (ed.), *Lessons from the Income Maintenance Experiments*, Conference Series 30, Boston, MA: Federal Reserve Bank of Boston and Brookings Institution 1986, 22~59면.

5. K. Widerquist, "What (if anything) can we learn from the Negative Income Tax experiments?" *Journal of Socio-Economics*, 34(1), 2005, 49~81면.

6. 다음의 예를 보라. Tanner, *Pros and Cons*.

7. S. Kennedy, "Are basic income proposals crazy?" Institute for Policy Studies, 8 September 2016, http://inequality.org/basic-income-proposals-crazy.

8. E. A. Hanushek, "Non-labor-supply responses to the income maintenance

experiments," Munnell (ed.), *Lessons from the Income Maintenance Experiments*, 1987, 106~30면.

9. N. Hines, "Robots could make universal basic income a necessity," *Inverse*, 11 August 2016.

10. M. Naim, "As robots take our jobs, guaranteed income might ease the pain," *HuffPost*, 18 July 2016.

11. P.-E. Gobry, "'Progressives' hot new poverty-fighting idea has just one basic problem: Science," *The Week*, 21 July 2014.

12. B. R. Bergmann, "A Swedish-style welfare state or basic income: Which should have priority?," E. O. Wright (ed.), *Redesigning Distribution: Basic Income and Stakeholder Grants as Cornerstones for an Egalitarian Capitalism*, London and New York: Verso 2006, 130~42면.

13. R. Paulsen, "Economically forced to work: A critical reconsideration of the lottery question," *Basic Income Studies*, 3(2), 2008, 1~20면.

14. FERinfos, "Revenu de base inconditionnel: Les Suisses continueraient de travailler," *FERinfos*, February 2016, 9면.

15. 무엇보다 다음을 보라. N. Frohlich and J. A. Oppenheimer, *Choosing Justice: An Experimental Approach to Ethical Theory*, Berkeley: University of California Press 1992.

16. C. Haarmann, et al., *Towards a Basic Income Grant for All: Basic Income Pilot Project Assessment Report*, Windhoek: Basic Income Grant Coalition and Namibia NGO Forum 2008.

17. S. Davala, R. Jhabvala, S. K. Mehta and G. Standing, *Basic Income: A Transformative Policy for India*, London and New Delhi: Bloomsbury 2015.

18. G. Standing, *The Corruption of Capitalism: Why Rentiers Thrive and Work Does Not Pay*, London: Biteback 2016.

19. V. Navarro, "Why the universal basic income is not the best public intervention to reduce poverty or income inequality," *Social Europe*, 24 May 2016; V. Navarro, "Is the nation-state and its welfare state dead? A critique of Varoufakis," *Social Europe*, 4 August 2016.

20. I. Robeyns, "Hush money or emancipation fee? A gender analysis of basic income," R.-J. van der Veen and L. Groot (eds.), *Basic Income on the Agenda: Policy*

Objectives and Political Chances, Amsterdam: Amsterdam University Press 2000, 121~36면; Bergmann, "A Swedish-style welfare state or basic income."

21. C. Pateman, "Democratizing citizenship: Some advantages of a basic income," Wright (ed.), *Redesigning Distribution*, 2006, 101~19면; A. McKay, "Why a citizen's basic income? A question of gender equality or gender bias," *Work, Employment and Society*, 21(2), 2001, 337~48면; A. Alstott, "Good for women," P. van Parijs, J. Cohen and J. Rogers (eds.), *What's Wrong with a Free Lunch?* Boston: Beacon Press 2001, 75~79면; K. Weeks, "A feminist case for basic income: An interview with Kathi Weeks," *Critical Legal Thinking*, 27 August 2016.

22. T. Yamamori, "What can we learn from a grassroots feminist UBI movement? Revisiting Keynes' prophecy," paper presented at the 16th BIEN Congress, Seoul, 7~9 July 2016.

23. 우선 다음을 보라. Pateman, "Democratising citizenship," R. Mulligan, "Universal basic income and recognition theory: A tangible step towards an ideal," *Basic Income Studies*, 8(2), 2013, 153~72면. T. Henderson, "Redistribution, recognition and emancipation: A feminist perspective on the case for basic income in Australia," paper presented at the 16th BIEN Congress, Seoul, 7~9 July 2016.

24. IDHC, *Charter of Emerging Human Rights*, Barcelona: Institut de Drets Humans de Catalunya 2004.

25. G. Standing, *Work after Globalization: Building Occupational Citizenship*, Cheltenham: Elgar 2009.

26. A. B. Atkinson, "The case for a participation income," *Political Quarterly*, 67(1), 1996, 67~70면; A. B. Atkinson, *Inequality: What Can Be Done?* Cambridge, MA, and London: Harvard University Press 2015.

27. A. Gorz, "On the difference between society and community and why basic income cannot by itself confer full membership," P. van Parijs (ed.), *Arguing for Basic Income*, London: Verso 1992.

28. A. Painter, "In support of a universal basic income: Introducing the RSA basic income model," Royal Society of Arts blog, 16 December 2015.

29. J. Dodge, "Universal basic income wouldn't make people lazy—it would change the nature of work," *Quartz*, 25 August 2016.

30. M. Whitlock, "How Britain's Olympic success makes the case for a basic

income," *Huffpost Sport UK*, 31 August 2016.

31. J. O'Farrell, "A no-strings basic income? If it works for the royal family, it can work for us all," *Guardian*, 7 January 2016.

32. E. Green, "What America lost as women entered the workforce," *Atlantic*, 19 September 2016.

33. K. W. Knight, E. A. Rosa and J. B. Schor, "Could working less reduce pressures on the environment? A cross-national panel analysis of OECD countries, 1970 – 2007," *Global Environmental Change*, 23(4), 2013, 691~700.

34. D. Graeber, "Why capitalism creates pointless jobs," *Evonomics*, 27 September 2016.

35. J. Burke Murphy, "Basic income, sustainable consumption and the 'DeGrowth' movement," *Basic Income News*, 13 August 2016.

36. G. Standing, *A Precariat Charter: From Denizens to Citizens*, London: Bloomsbury 2014, Article 19.

37. 같은 책, Article 1.

9장 대안들

1. G. Standing, *The Corruption of Capitalism: Why Rentiers Thrive and Work Does Not Pay*, London: Biteback 2016.

2. F. Lawrence, "Beyond parody: HMRC cleaners left worse off after introduction of the national living wage," *Guardian*, 28 July 2016.

3. L. M. Mead, *Beyond Entitlement: The Social Obligations of Citizenship*, New York: Free Press 1986.

4. M. Torry, *Citizen's Basic Income: A Christian Social Policy*, London: Darton, Longman & Todd 2016, 44면.

5. Department for Work and Pensions, "Income-related benefits: Estimates of take-up," DWP, 28 June 2016.

6. D. Matthews, "76 percent of people who qualify for housing aid don't get it," *Vox*, 31 May 2014, http://www.vox.com/2014/5/31/5764262/76-percent-ofpeople-who-qualify-for-housing-aid-dont-get-it.

7. Center on Budget and Policy Priorities, "Chart book: TANF at 20," cbbb.org, 5 August 2016.

8. G. Standing, *A Precariat Charter: From Denizens to Citizens*, London: Bloomsbury 2014.

9. M. Tanner and C. Hughes, "The work versus welfare trade-off: 2013," Cato Institute White Paper, cato.org, 19 August 2013, http://object.cato.org/sites/cato. org/files/pubs/pdf/the_work_versus_welfare_trade-off_2013_wp.pdf.

10. R. Berthoud, *Work-Rich and Work-Poor: Three Decades of Change*, York: Joseph Rowntree Foundation 2007.

11. J. Dreze and A. Sen, *An Uncertain Glory: India and Its Contradictions*, Princeton, NJ: Princeton University Press 2014. 이런 논변은 식량 완충 재고의 공급을 통해서 다룰 수 있다. 이는 일시적 부족에 따라 가격이 올랐을 때 방출되는 것이다. 이것이 지역 농업 생산의 의욕을 떨어뜨리는 역할을 한다는 위험이 있다.

12. D. K. Evans and A. Popova, *Cash Transfers and Temptation Goods: A Review of the Global Evidence*, World Bank Policy Research Working Paper WPS6886, Washington, DC: World Bank 2014.

13. S. Bailey and S. Pongracz, *Humanitarian Cash Transfers: Cost, Value for Money and Economic Impact*, London: Overseas Development Institute 2015.

14. S. S. Bhalla, "Dismantling the welfare state," *Livemint*, 11 June 2014.

15. M. Hidrobo et al., "Cash, food, or vouchers? Evidence from a randomized experiment in northern Ecuador," *Journal of Development Economics*, 107, March 2014, 144~56면.

16. Bailey and Pongracz, *Humanitarian Cash Transfers*.

17. Hidrobo et al., "Cash, food, or vouchers?"

18. S. Santens, "The progressive case for replacing the welfare state with basic income," *TechCrunch*, 9 September 2016.

19. S. Mathema, "Undue concentration of housing choice voucher holders: A literature review," Poverty and Race Research Action Council (PRRAC), 2013, http://www. prrac.org/pdf/Undue_Concentration_of_Vouchers_-_lit_review_6-13.pdf.

20. Bhalla, "Dismantling the welfare state."

21. Hidrobo et al., "Cash, food, or vouchers?"

22. P. Gregg and R. Layard, *A Job Guarantee*, London: Centre for Economic Performance Working Paper, London School of Economics 2009, http://cep.lse. ac.uk/textonly/_new/staff/layard/pdf/001JGProposal-16-03-09.pdf.

23. P. Harvey, "The right to work and basic income guarantees: Competing or complementary goals?" *Rutgers Journal of Law and Urban Policy*, 2(1), 2005, 8~59면; P. Harvey, "More for less: The job guarantee strategy," *Basic Income Studies*, 7(2), 2013, 3~18면; W. Quigley, *Ending Poverty as We Know It: Guaranteeing a Right to a Job at a Living Wage*, Philadelphia, PA: Temple University Press 2003; H. L. Minsky (1969), "The macroeconomics of a Negative Income Tax," H. L. Minsky, *Ending Poverty: Jobs, Not Welfare*, Annandale-on-Hudson, NY: Levy Economics Institute, Bard College 2013.

24. K. McFarland, "Basic income, job guarantees and the non-monetary value of jobs: Response to Davenport and Kirby," *Basic Income News*, 5 September 2016.

25. E. Mian, "Basic income is a terrible, inequitable solution to technological disruption," *TheLong+Short*, 21 July 2016.

26. A. Coote and J. Franklin (eds.), *Time on Our Side: Why We All Need a Shorter Working Week*, London: New Economics Foundation 2013.

27. G. Standing, "The road to workfare: Alternative to welfare or threat to occupation?" *International Labour Review*, 129(6), 1990, 677~91면. 더 자세한 내용은 다음을 보라. Standing, *A Precariat Charter*, Article 20.

28. "Welfare reform: A patchy record at 20," *The Economist*, 20 August 2016, 11~12면.

29. J. L. Collins, "The specter of slavery: Workfare and the economic citizenship of poor women," J. L. Collins, M. di Leonardo and B. Williams (eds.), *New Landscapes of Inequality: Neoliberalism and the Erosion of Democracy in America*, Santa Fe, NM: SAR Press 2008, 131~52면.

30. J. Ferguson, "Prepare for tax hikes," *MoneyWeek*, 11 March 2015.

31. A. Nichols and J. Rothstein, "The Earned Income Tax Credit (EITC)," R. A. Moffitt (ed.), *Economics of Means-Tested Income Transfers*, Cambridge, MA: National Bureau of Economic Research 2016, 137~218면; M. Brewer and J. Browne, *The Effect of the Working Families' Tax Credit on Labour Market Participation*, Briefing Note No. 69, London: Institute for Fiscal Studies 2006.

32. M. Tanner, *The Pros and Cons of a Guaranteed National Income*, Washington, DC: Cato Institute 2015, 17면.

33. K. Rawlinson, "Thousands chased by HMRC debt collectors due to overpaid tax credits," *Guardian*, 30 May 2014.

34. J. Rothstein, *Is the EITC Equivalent to an NIT? Conditional Transfers and Tax Incidence*, Washington, DC: National Bureau of Economic Research, Working Paper No. 14966, May 2009.

35. "Credit where taxes are due," *The Economist*, 4 July 2015.

36. 뛰어난 비판으로는 다음을 보라. J. Millar and F. Bennett, "Universal credit: Assumptions, contradictions and virtual reality," *Social Policy and Society*, online 10 May 2016, DOI: 10.1017/S1474746416000154.

37. 다음에서 인용함. A. Painter, "The age of insecurity is not coming. It's already here," Royal Society of Arts blog, 2 May 2016.

38. Department for Work and Pensions, *Universal Credit at Work*, London: Department for Work and Pensions 2015, https://www.gov.uk/government/uploads/system/uploads/attachment_data/file/483029/universal-credit-at-work-december-2015.pdf.

39. F. Field and A. Forsey, *Fixing Broken Britain? An Audit of Working-Age Welfare Reform Since 2010*, London: Civitas 2016, 73면.

40. P. Harrison-Evans, "A universal basic income: What would it mean for charities?" *New Philanthropy Capital*, 16 August 2016, http://www.thinknpc.org/blog/a-universal-basic-income-what-would-itmean-for-charities.

41. Tanner, *Pros and Cons*, 14면.

10장 기본소득과 개발

1. World Bank, *The State of Social Safety Nets 2015*, Washington, DC: World Bank 2015.

2. G. Standing, "How cash transfers promote the case for basic income," *Basic Income Studies*, 3(1), 2008, 1~30면.

3. R. Jhabvala and G. Standing, "Targeting to the 'poor': Clogged pipes and bureaucratic blinkers," *Economic and Political Weekly*, 45(26-7), 26 June 2010, 239~46면.

4. Australian Agency for International Development, *Targeting the Poorest: An Assessment of the Proxy Means Test Methodology*, Canberra: AusAID, Department of Foreign Affairs and Trade 2011.

5. P. Bardhan, "Universal basic income for India," *Livemint*, 12 October 2016.

6. P. Niehaus, A. Atanassova, M. Bertrand and S. Mullainathan, "Targeting with agents," *American Economic Journal: Economic Policy*, 5(1), 2013, 206~38면.

7. G. Standing, J. Unni, R. Jhabvala and U. Rani, *Social Income and Insecurity: A Study in Gujarat*, New Delhi: Routledge 2010.

8. N. Caldes, D. Coady and J. A. Maluccio, "The cost of poverty alleviation transfer programs: A comparative analysis of three programs in Latin America," FCND Discussion Paper No. 174, Washington, DC: Food Consumption and Nutrition Division, International Food Policy Research Institute 2004.

9. K. Lindert, E. Skoufias and J. Shapiro, "Redistributing income to the poor and the rich: Public transfers in Latin America and the Caribbean," Social Protection Discussion Paper No. 0605, Washington, DC: World Bank Institute 2006; F. V. Soares, R. P. Ribas and R. G. Osorio, "Evaluating the impact of Brazil's *Bolsa Familia*: Cash transfer programmes in comparative perspective," IPC Evaluation Note No. 1, Brasilia: International Poverty Centre, United Nations Development Programme 2007.

10. M. Ravallion, "How relevant is targeting to the success of an anti-poverty programme?" World Bank Policy Research Working Paper No. 4385, Washington, DC: World Bank 2007.

11. World Bank, *The State of Social Safety Nets 2015.*

12. J. Hagen-Zanker, F. Bastagli, L. Harman, V. Barca, G. Sturge and T. Schmidt, *Understanding the Impact of Cash Transfers: The Evidence*, ODI Briefing. London: Overseas Development Institute 2016.

13. N. Benhassine, F. Devoto, E. Duflo, P. Dupas and V. Pouliquen, "Turning a shove into a nudge? A 'labeled cash transfer' for education," *American Economic Journal: Economic Policy*, 7(3), 2015, 86~125면.

14. S. Baird, F. H. G. Ferreira, B. Ozler and M. Woolcock, "Conditional, unconditional and everything in between: A systematic review of the effects of cash transfer programmes on schooling outcomes," *Journal of Development Effectiveness*, 6(1), 2014, 1~43면.

15. S. Baird, C. McIntosh and B. Ozler, "Cash or condition? Evidence from a cash transfer experiment," *Quarterly Journal of Economics*, 126(4), 2011, 1709~53면.

16. F. Bastagli, J. Hagen-Zanker, L. Harman, G. Sturge, V. Barca, T. Schmidt and L. Pellerano, *Cash Transfers: What Does the Evidence Say?* London: Overseas Development Institute 2016.

17. D. K. Evans and A. Popova, *Cash Transfers and Temptation Goods: A Review of the Global Evidence*, World Bank Policy Research Working Paper WPS6886, Washington, DC: World Bank 2014; J. Haushofer and J. Shapiro, *Household Response to Income Change: Evidence from an Unconditional Cash Transfer Program in Kenya*, Princeton, NJ: Department of Psychology and Public Affairs, Princeton University 2013; Kenya CT-OBC Evaluation Team, "The impact of the Kenya Cash Transfer Program for Orphans and Vulnerable Children on household spending," *Journal of Development Effectiveness*, 4(1), 2012, 9~37면; J. Hoddinott, S. Sandstrom and J. Upton, "The impact of cash and food transfers: Evidence from a randomized intervention in Niger," IFPRI Discussion Paper 01341, Washington, DC: International Food Policy Research Institute 2014.

18. C. Haarmann et al., *Towards a Basic Income Grant for All: Basic Income Grant Pilot Project Assessment Report*, Windhoek: Basic Income Grant Coalition and Namibia NGO forum 2008; L. Chioda, J. M. P. De Mello and R. R. Soares, "Spillovers from conditional cash transfer programs: *Bolsa Familia* and crime in urban Brazil," 2013, http://siteresources.worldbank.org/INTRES/Resources/469232-1380041323304/Chioda_deMello_Soares_BolsaFamilia_April242013.pdf; Hagen-Zanker et al., *Understanding the Impact of Cash Transfers*; H. Mehlum, K. Moene and R. Torvik, "Crime induced poverty traps," *Journal of Development Economics*, 77, 2005, 325~40면.

19. J. M. Cunha, G. De Giorgi and S. Jayachandran, "The price effects of cash versus in-kind transfers," NBER Working Paper No. 17456, Cambridge, MA: National Bureau of Economic Research 2011.

20. O. Attanasio, E. Battistin, E. Fitzsimons, A. Mesnard and M. Vera-Hernandez, "How effective are conditional cash transfers? Evidence from Colombia," IFS Briefing Note 54, London: Institute for Fiscal Studies 2005.

21. R. Himaz, "Welfare grants and their impact on child health: The case of Sri Lanka," *World Development*, 36(10), 2008, 1843~57면.

22. C. Miller, M. Tsoka, and K. Reichert, "The impact of the social cash transfer scheme on food security in Malawi," *Food Policy*, 36(2), 2006, 230~38면.

23. F. Bastagli, "From social safety net to social policy? The role of conditional cash transfers in welfare state development in Latin America," IPC-IG Working Paper No. 60, Brasilia: International Policy Centre for Inclusive Growth, United Nations Development Programme 2009.

24. S. S. Lim, L. Dandona, J. A. Hoisington, S. L. James, M. C. Hogan and E. Gakidou, "India's *Janani Suraksha Yojana*, a conditional cash transfer programme to increase births in health facilities: An impact evaluation," *Lancet*, 375(9730), 2010, 2009~23면.

25. 많은 나라들이 전액 혹은 부분적 비용 면제 부담금 면제 프로그램을 운영한다. 이에 대한 검토는 다음을 보라. R. Bitran and U. Giedion, "Waivers and exemptions for health services in developing countries," Social Protection Discussion Paper Series No. 308, Washington, DC: World Bank 2003.

26. J. M. Aguero, M. R. Carter and I. Woolard, *The Impact of Unconditional Cash Transfers on Nutrition: The South African Child Support Grant*, Brasilia: International Poverty Centre 2007.

27. M. Adato and L. Bassett, "Social protection to support vulnerable children and families: The potential of cash transfers to protect education, health and nutrition," *AIDS Care: Psychological and Socio-Medical Aspects of HIV-AIDS*, 21(1), 2009, Supplement 1, 60~75면.

28. A. Fiszbein and N. Schady, *Conditional Cash Transfers: Reducing Present and Future Poverty*, Washington, DC: World Bank 2009; R. Slavin, "Can financial incentives enhance educational outcomes? Evidence from international experiments," *Educational Research Review*, 5(1), 2010, 68~80면.

29. Baird, McIntosh and Ozler, "Cash or condition?"

30. A. Case, V. Hosegood and F. Lund, "The reach of the South African child support grant: Evidence from Kwazulu-Natal," Centre for Social and Development Studies Working Paper 38, Durban: University of Natal 2003; M. Samson, U. Lee, A. Ndlebe, K. MacQuene, I. van Niekerk, V. Gandhi, T. Harigaya and C. Abrahams, "The social and economic impact of South Africa's social security system: Final report," EPRI Research Paper 37, Cape Town: Economic Policy Research Institute 2004.

31. S. R. Khandker, M. Pitt and N. Fuwa, "Subsidy to promote girls' secondary education: The female stipend program in Bangladesh," MPRA Paper No. 23688, Munich: Munich Personal RePEc Archive 2003, http://mpra.ub.unimuenchen. de/23688; D. Filmer and N. Schady, "Getting girls into school: Evidence from a scholarship program in Cambodia," World Bank Policy Research Paper No. 3910, Washington, DC: World Bank 2006.

32. S. Baird, C. McIntosh and B. Ozler, "Designing cost-effective cash transfer programs to boost schooling among young women in Sub-Saharan Africa," World Bank Policy Research Working Paper No. 5090, Washington, DC: World Bank 2009, 22면.

33. Hagen-Zanker et al., *Understanding the Impact of Cash Transfers*, 2016; Baird et al., "Conditional, unconditional and everything in between."

34. Hagen-Zanker et al., *Understanding the Impact of Cash Transfers*.

35. 예를 들어 다음을 보라. Hagen-Zanker et al., *Understanding the Impact of Cash Transfers*; A. V. Banerjee, R. Hanna, G. Kreindler and B. A. Olken, "Debunking the stereotype of the lazy welfare recipient: Evidence from cash transfer programs worldwide," HKS Working Paper No. 076, Cambridge, MA: Harvard Kennedy School 2015.

36. A. de Janvry, E. Sadoulet and B. Davis, "Cash transfer programs with income multipliers: Procampa in Mexico," *World Development*, 29(6), 2011, 1043~56면.

37. P. J. Gertler, S. W. Martinez and M. Rubio-Codina, "Investing cash transfers to raise long-term living standards," *American Economic Journal: Applied Econometrics*, 4(1), 2012, 164~92면.

38. S. Handa, L. Natali, D. Seidenfeld, G. Tembo and B. Davis, "Can unconditional cash transfers lead to sustainable poverty reduction? Evidence from two government-led programmes in Zambia," Innocenti Working Papers No. IWP_2016_21, Florence, Italy: UNICEF Office of Research – Innocenti 2016.

39. M. Angelucci and G. De Giorgi, "Indirect effects of an aid program: How do cash transfers affect ineligibles' consumption?," *American Economic Review*, 99(1), 2009, 486~508면.

40. 필자는 첫번째 파일럿 조사를 설계하는 데 도움을 주었고, 첫번째 기술적 분석을 집필하는 데 도움을 주었다.

41. Haarmann et al., *Towards a Basic Income Grant for All*.

42. 필자는 기술적 분석을 포함해서 이 파일럿의 모든 단계에서 자영여성협회와 함께 일했다.

43. S. Davala, R. Jhabvala, S. K. Mehta and G. Standing, *Basic Income: A Transformative Policy for India*, London and New Delhi: Bloomsbury 2015.

44. G. Standing, "Why basic income's emancipatory value exceeds its monetary value," *Basic Income Studies*, 10(2), 2015, 193~223면.

45. IMF, *Energy Subsidy Reform: Lessons and Implications*, Washington, DC: International Monetary Fund 2013.

46. IMF, *The Unequal Benefits of Fuel Subsidies: A Review of Evidence for Developing Countries*, Washington, DC: International Monetary Fund 2010.

47. Bardhan, "Universal basic income for India."

48. F. Cheng, "China: Macao gives an annual state bonus to all citizens," *Basic Income News*, 31 August 2016.

49. F. Cheng, "Cooperative society and basic income: A case from China," *Basic Income News*, 10 November 2016.

50. H. Tabatabai, "The basic income road to reforming Iran's price subsidies," *Basic Income Studies*, 6(1), 2011, 1~23면; H. Tabatabai, "Iran: A bumpy road towards basic income," R. K. Caputo (ed.), *Basic Income Guarantee and Politics*, New York: Palgrave Macmillan 2012, 285~300면.

51. A. Demirguc-Kunt, L. Klapper, D. Singer and P. Van Oudheusden, "The global Findex database 2014: Measuring financial inclusion around the world," Policy Research Working Paper 7255, Washington, DC: World Bank 2015.

52. A. Enami, N. Lustig and A. Taqdiri, "The role of fiscal policy in fighting poverty and reducing inequality in Iran: An application of the Commitment to Equity (CEQ) Framework," ERF Working Paper No. 1020, Giza, Egypt: Economic Research Forum 2016.

53. G. Standing, "Tsunami recovery grants," *Economic and Political Weekly*, 40(6), 5 February 2005, 510~14면.

54. J. Hoddinott, D. Gilligan, M. Hidrobo, A. Margolies, S. Roy, S. Sandstrom, B. Schwab and J. Upton, *Enhancing WFP's Capacity and Experience to Design, Implement, Monitor, and Evaluate Vouchers and Cash Transfer Programmes: Study*

Summary, Washington, DC: International Food Policy Research Institute 2013.

55. C. Lehmann and D. T. R. Masterson, *Emergency Economies: The Impact of Cash Assistance in Lebanon*, Beirut: International Rescue Committee 2014.

56. UNHCR, "UNHCR to double funds for cash-based assistance to refugees by 2020," Press Release, 31 October 2016.

57. T. Cordella and H. Onder, *Sharing Oil Rents and Political Violence*, Policy Research Working Paper 7869, Washington, DC: World Bank 2016.

58. S. Devarajan and M. Giugale, *The Case for Direct Transfers of Resource Revenues in Africa*, Working Paper 333, Washington, DC: Center for Global Development 2013; T. Moss, C. Lambert and S. Majerowicz, *Oil-to-Cash: Fighting the Resource Curse through Cash Transfers*, Washington, DC: Center for Global Development 2015.

59. A. R. Mishra, "Jammu and Kashmir commits to idea of universal basic income," *Livemint*, 12 January 2017.

60. Ministry of Finance, *Economic Survey 2016–17*, New Delhi: Government of India, January 2017, Chapter 9.

11장 기본소득 이니셔티브와 파일럿

1. 2002년 제네바 대회에 제출된 글들은 다음을 보라. G. Standing (ed.), *Promoting Income Security as a Right: Europe and North America*, London: Anthem Press 2004. 다른 글들은 BIEN 홈페이지에서 볼 수 있다. http://basicincome.org/research.

2. J. Thornhill and R. Atkins, "Universal basic income: Money for nothing," *Financial Times*, 26 May 2016.

3. E. Forget, "The town with no poverty: The health effects of a Canadian guaranteed annual income field experiment," *Canadian Public Policy*, 37(3), 2011, 283~305면; D. Calnitsky, "'More normal than welfare': The Mincome experiment, stigma, and community experience," *Canadian Review of Sociology*, 53(1), 2016, 26~71면.

4. T. Skocpol, "Targeting within universalism: Politically viable policies to combat poverty in the United States," C. Jencks and P. E. Peterson (eds.), *The Urban Underclass*, Washington, DC: Brookings Institution 1991, 411~36면.

5. Forget, "The town with no poverty."

6. Calnitsky, " 'More normal than welfare'."

7. R. Akee, E. Simeonova, E. J. Costello and W. Copeland, "How does household income affect child personality traits and behaviors?" NBER Working Paper 21562, Cambridge, MA: National Bureau of Economic Research 2015, http://www.nber.org/papers/w21562.

8. L. Kalliomaa-Puha, A.-K. Tuovinen and O. Kangas, "The basic income experiment in Finland," *Journal of Social Security Law*, 23(2), 2016, 75~91면.

9. O. Kangas, *From Idea to Experiment: Report on Universal Basic Income Experiment in Finland*, KELA Working Paper 106, Helsinki: KELA 2016.

10. L. Groot and T. Verlaat, "The rationale behind the Utrecht and Wagenengen experiments," Utrecht: Utrecht University School of Economics, August 2016.

11. 다음에서 인용함. F. Barnhoorn, "Netherlands: Design of BI experiments proposed," *Basic Income News*, 26 October 2016.

12. H. D. Segal, *Finding a Better Way: A Basic Income Pilot Project for Ontario –A Discussion Paper*, 2016, https://www.ontario.ca/page/findingbetter-way-basic-income-pilot-project-ontario.

13. Government of Ontario, *Consultation Guide for the Basic Income Pilot Project*, 2016, https://www.ontario.ca/page/consultation-guide-basic-incomepilot-project.

14. 필자는 이 프로젝트의 국제자문위원회에 참여해왔다.

15. S. Altman, "Basic income," Y Combinator blog, 27 January 2016, https://blog.ycombinator.com/basic-income.

16. J. Haushofer and J. Shapiro, "The short-term impact of unconditional cash transfers to the poor: Experimental evidence from Kenya," *Quarterly Journal of Economics*, July 2016.

17. K. McFarland, "Brazil: Basic income startup gives "lifetime basic incomes" to villagers," *Basic Income News*, 23 December 2016.

18. "Free exchange: Hope springs a trap," *The Economist*, 12 May 2012.

19. S. De Mel, D. McKenzie and C. Woodruff, "One-time transfers of cash or capital have long-lasting effects on microenterprises in Sri Lanka," *Science*, 24 February 2012.

20. C. Blattman, N. Fiala and S. Martinez, "The economic and social returns to cash transfers: Evidence from a Ugandan aid program," CEGA Working Paper, Berkeley: Centre for Effective Global Action, University of California (Berkeley), April 2013, http://cega.berkeley.edu/assets/cega_events/53/WGAPE_Sp2013_Blattman.pdf.

12장 정치적 도전: 여기서 시작해서 어떻게 그곳으로 갈 것인가

1. *Hansard*, 14 September 2016.
2. J. De Wispelaere and J. A. Noguera, "On the political feasibility of universal basic income: An analytic framework," R. Caputo (ed.), *Basic Income Guarantee and Politics: International Experiences and Perspectives on the Viability of Income Guarantee*, New York and Basingstoke: Palgrave Macmillan 2012, 17~38면.
3. 참가하기를 원하는 사람은 다음으로 연락하면 된다. email: contact@nc4bi.org.
4. A. Stern, *Raising the Floor: How a Universal Basic Income Can Renew Our Economy and Rebuild the American Dream*, New York: PublicAffairs 2016.
5. N. DuPuis, B. Rainwater and E. Stahl, *The Future of Work in Cities*, Washington, DC: National League of Cities Center for City Solutions and Applied Research 2016.
6. M. Bittman, "Why not Utopia?" *New York Times, Sunday Review*, 20 March 2015.
7. H. Koch and J. Quoos, "Schwab: 'Gewinner mussen mit Verlierern solidarisch sein'," *Hamburger Abendblatt*, 9 January 2017.
8. S. Dadich, "Barack Obama, neural nets, self-driving cars and the future of the world," *Wired*, October 2016, https://www.wired.com/2016/10/president-obama-mit-joi-ito-interview.
9. 가장 훌륭하게 전반을 다룬 것은 다음을 보라. Caputo, *Basic Income Guarantee and Politics*.
10. V. Taylor et al., *Report of the Commission on the Comprehensive Reform of Social Security*, Cape Town: Department of Social Development, Government of South Africa 2002; M. Samson and G. Standing (eds.), *A Basic Income Grant for South Africa*, Cape Town: University of Cape Town Press 2003.
11. 영국의 페이비언 협회는 개인 면세한도를 점차 특정 조건을 만족하는 모두에게 지급되는 인적 공제로 대체하자는 제안을 했다. 이는 자산조사 유니버설 크레디트와 함께 운영될 것이다. 페이비언 협회는 보편적이고 무조건적인 기본

소득을 승인하지는 않았지만 이것이 기본소득의 도입으로 가는 가능한 길이라는 것은 인정했다. A. Harrop, *For Us All: Redesigning Social Security for the 2020s*, London: Fabian Society 2016.

12. Y. Varoufakis, "The universal right to capital income," *Project Syndicate*, 31 October 2016, https://www.project-syndicate.org/print/basic-income-funded-by-capital-income-by-yanis-varoufakis-2016-10.

부록: 기본소득 파일럿을 실시하는 방법

1. 앵거스 디턴은 무작위 통제 실험을 비판할 때 이 점을 강조했으며, 노벨상 수상자인 경제학자 짐 헤크먼도 비판했다. A. Deaton, "Instruments of development: Randomization in the tropics, and the search for the elusive keys to economic development," The Keynes Lecture, British Academy, 9 October 2008; J. J. Heckman and J. A. Smith, "Assessing the case for social experiment," *Journal of Economic Perspectives*, 9(2), 1995, 85~115면.

2. 기술적 생점의 논의에 대해서는 다음을 보라. D. Johnson, "Case study of the use of smartcards to deliver government benefits in Andra Pradesh, India," Sri City, Andhra Pradesh, India: Institute for Financial Management and Research, Centre for Micro Finance 2008.

3. K. Macours and R. Vakis, *Changing Households' Investments and Aspirations Through Social Interactions: Evidence from a Randomized Transfer Program*, Policy Research Working Paper, Washington, DC: World Bank 2009.

나에게 영향을 준 다른 분들에게 결례일 수 있으나 기본소득 여정을 함께한 많은 분들 가운데 일부를 알파벳〔성〕 순으로 언급하고 싶다.

다비드 카사사스(David Casassas), 샤라트 다발라(Sarath Davala), 안드레아 푸마갈리(Andrea Fumagalli), 루이즈 하그(Louise Haagh), 세안 힐리(Seán Healy), 마이클 하워드(Michael Howard), 레나나 자발라(Renana Jhabvala), 빌 조던(Bill Jordan), 애니 밀러(Annie Miller), 잉그리드 판 니에케르크(Ingrid van Niekerk), 클라우스 오페(Claus Offe), 필리프 판 파레이스(Philippe van Parijs), 브리짓 레이놀즈(Brigid Reynolds), 알렉산더 데 로(Alexander de Roo), 엔노 슈미트(Enno Schmidt, 스위스 국민투표에 그가 보여준 지칠 줄 모르는 노력에 대해), 에두아르두 수플리시(Eduardo Suplicy, 'Blowin' in the Wind'를 수없이 많이 부른 데 대해서만은 아니다), 맬컴 토리(Malcolm Torry), 발터 판 트리어(Walter van Trier), 야니크 반

더보르트(Yannick Vanderborght), 로버트 판 데르 펜(Robert van der Veen), 칼 와이더키스트(Karl Widerquist), 프랜시스 윌리엄스(Frances Williams), 유르겐 데 위스펠라레(Jurgen De Wispelaere), 야마모리 토오루(山森亮). 모두에게 정말 감사한다.

옮긴이의 말

말하기 좋아하는 사람들은 이렇게 말할지도 모르겠다. "기본소득이라는 유령이 떠돌고 있다." 모든 사람에게 아무런 조건 없이 개별적으로 지급한다는, 얼핏 보면 매우 간단한 기본소득이라는 아이디어를 아주 다양한 사람들이 지지하고 있고, 이 때문에 전세계의 여러 미디어가 잊을 만하면 다루고 있기 때문이다.

하지만 '유령'이라는 말에서 짐작하듯이, 알래스카의 영구기금 배당과 몇몇 파일럿을 제외하면 기본소득은 실현된 적이 없는, 말 그대로 아이디어일 뿐이며, 과거에 그러했듯 언제 연기처럼 사라질지 모르는 일이다. 그럼에도 이런 유령이 떠도는 이유가 있을 터인데, 그건 거의 모두가 인정하듯이 우리가 심대한 위기를 겪고 있기 때문이다. 심각한 사회 양극화와 빈곤, 저성장과 '노동 없는 미래'에 대한 전망, 기후변화와 생태적 위기, 사회의 해체와 민주주의의 위기 등 우리는 전면적이고 전방위적인 위기를 겪고 있다. 이런 위기를 넘어서기 위한 해법이 이렇게 저렇게 제시되고 있지만, 이 위기가 심대한 만큼 해법은 혁신적이어야 하며, 이런 맥락에서 기본소득이 유력한 대안으로 주목받고 있다.

그런데 유령이란 말은 실체가 제대로 잡히지 않는다는 뜻이기도 하다. 유행이다 보니 기본소득이 아닌 것에도 기본소득이라는 이름을 붙인다. 19대 대선 당시 몇몇 (예비)후보들이 그렇게 오해를 살 만한 일을 벌였다. 이것이 기본소득을 반대하는 사람들의 심기를 건드렸고, 기본소득을 주장하는 사람들은 목적을 달성하기 위해 물불을 가리지 않거나, 중요한 개념이나 범주도 구별하지 못하는 덜된 사람으로 비난받기까지 했다. 기본소득 반대진영에서 벌인 좀더 놀라운 일은 현재 진행되고 있는 핀란드 실험에 대해 '실패했다'는 식의 가짜 뉴스에 가까운 오보를 낸 것이다. 어떤 결과도 나오지 않았는데, 실패 운운하는 것은 혹시라도 기본소득이 구체화될지 모른다는 우려에서 나온 것이리라!

이런 상황에서 우리가 사태의 감시자이자 미래를 전망하는 사람이라면 이 유령의 실체를 제대로 파악하는 일이 필요하다. 기본소득 지구네트워크 명예의장으로서, 지난 30여년간 지속된 기본소득 운동의 산 증인이라 할 수 있는 가이 스탠딩의 이 책을 읽는 것은 이런 일을 하기에 매우 좋은 출발점이 될 수 있다.

기본소득 지지자들은 기본소득 아이디어가 매우 단순하지만 매우 강력하다고 말한다. 앞서도 언급했듯이 모두에게 아무런 조건 없이 개별적으로 지급되는 소득이라는 말은 누구라도 이해할 수 있는 간단한 언명이다. 여기에 현금으로, 정기적으로 지급되어야 한다는 말을 덧붙여도 마찬가지로 쉽게 이해할 수 있다. 하지만 빙산의 일각이라는 말처럼, 이 간단한 아이디어 밑에는 거대하고 간단치 않은 논의가 잠겨 있다. 차라리 언제 어떻게 분출할지 모르는 용암이 넓게 퍼져 있다고 말하는 게 나을지 모르겠다.

이때 가장 커다란 질문은 '왜 모두에게 아무런 조건 없이 소득을 보장하는가'다. 이는 흔히 기본소득의 정당성에 관한 물음이며, 이 책에서는 2장 '기본소득과 사회정의' 및 3장 '기본소득과 자유'에서 다루고 있다. 간단하게 말하면 모두의 것인 공유부의 배당, 비지배 자유의 조건인 물질적 생존의 보장, 실질적 자유의 보장 등을 위해 기본소득을 지급하는 게 정당하다는 주장이 있다.

다음으로 정당성이라는 문제와 중첩되지만 구별되는 것으로 '필요성'의 문제가 있다. 빈곤을 줄인다든가, 경제적 불안전을 완화한다든가, 소비를 진작하기 위해 보장된 적절한 소득이 필요하다든가 하는 이야기가 여기에 속할 것이다. 이와 관련해서는 4장 '빈곤, 불평등, 불안전의 감소', 5장 '경제적 논거', 10장 '기본소득과 개발'에서 다루고 있다. 여기서는 자율적으로 사용할 수 있는 현금을 주는 게 빈곤·불평등·불안전의 감소에 가장 효율적이라는 것, 저소득층에게 주어지는 돈은 경제 순환에 매우 긍정적인 작용을 한다는 것이 기본소득의 장점으로 제시되고 있다. 이 책에서는 길게 다루고 있지 않지만, 4차 산업혁명의 진행 속에서 전망되는 일자리 감소에 대한 우려도 기본소득의 필요성을 뒷받침한다. 일자리가 없어져도 사람들이 살아갈 수 있는 소득이 필요하고, 경제가 돌아가기 위해서는 소비가 있어야 하기 때문이다.

이는 노동에 대한 재인식으로 우리를 이끈다. 로크에서 시작하는 노동가치설이건 '일하지 않는 자, 먹지도 말라'는 식의 기독교 윤리건, 현대사회가 원리상 '노동윤리'에 근거해 있다는 점은 분명하다. 여기서 문제는 노동을 '임금을 받는 노동' 혹은 'GDP로 계산되는 노동'으로 한정한다는 것이다. 가사노동, 돌봄노동, 자발적인 자원 활동, 또 그저 자기가 좋아서 하는 일 등은 사회적·개인적으로 의미가 충분함에도 전혀 그 (화폐)가치를 인정받지 못하고 있는 게 현대사회다. 그런데 '노동 없는 미래'에 대한 전망 속에서 제기된 기본소득은 노동과 소득을 분리해 사고할 가능성을 열어주었다. 이 속에서 우리는 그동안 주로 페미니즘적 시각에서 제기되었던 '지불받지 못하는 노동'의 가치를 재인식할 뿐만 아니라, 인간의 삶이 고용노동으로 축소되지 않는다는 것을 다시 한번 확인할 수 있다. 8장 '일과 노동에 대한 함의'는 이와 관련한 우리의 사고를 넓힐 수 있는 계기를 제공한다.

정당성과 필요성이 충분하고 강력하다고 할지라도 현실적 가능성이 없다면 그 아이디어는 정말로 새벽녘의 유령처럼 사라질 것이다. 이런 점에서 흔히 재원 마련 방안이라고 하는 기본소득의 감당 가능성은 사활적인 문제라 할 수 있다. 이에 대해서는 7장에서 다루고 있는데, 최근 몇년 사이에 영국에서 나온 재원 마련 계획, 다른 나라의 재원 마련 방안 등을 소개하고 있다. 이와 관련해 한국에서는 기본소득 운동 초창기부터 조세 개혁을 통한 재원 마련, 국토보유세를 통한 토지 배당, 기타 공유자산 수익을 통한 재원 마련 등이 논의되어왔다는 점을 언급할 필요가 있다. 특히 한국처럼 국민부담률이 낮은 나라의 경우에는 적절한 수준으로 이를 높이는 것을 통해서도 '부분 기본소득'을 도입할 수 있다는 계산이 나온다.

이렇게 기본소득 자체를 매우 쉬운 방식으로 설명한 저자는 '표준적인 반대'(6장)와 '대안들'(9장)을 검토한 후 기본소득을 실시할지 말지는 결국 정치적인 문제라고 말한다. 기본소득이 제기된 배경과 논의 과정을 주의 깊게 살펴본 사람들은 대체로 이런 입장에 동의할 것이다.

많은 사람들이 기본소득을 받아들이고 지지하고, 이에 따라 정치가들 혹은 정책입안자들이 이를 실시하면 되는 일인가? 앞서 기본소득 아이디어가 매우 간단하지만 매우 강력하다고 말했는데, 여기서 강력하다는 것은 한편으로 호소력이 있다는 의미이지만 다른 한편으로는 기존의 패러다임을 뒤흔든다는 의미이기도 하다. 이미 기본소득의 정당성과 필요성, 그리고 일과 노동에 대한 함의 등에서 어느정도 드러났듯이, 공유부의 배당은 사적 소유의 논리와 일정하게 충돌하며, 실질적 자유의 보장과 공화주의적 자유의 증진은 소극적 자유와 일정하게 충돌하고, 고용노동과 무관한 소득의 무조건적 보장은 '노동윤리'와 대립한다. 그리고 물질적 생산과 소비의 증대가 아니라 돌봄노동의 증대, 비시장적이고 비물질적인 생산과 소비의 증대는 '경제성장'의 논리와 충돌할 것이다.

그렇다면 기본소득 실시 여부가 정치적인 문제라는 말은, 기본소득 도입이 우리의 윤리와 사회구성 원리를 근본적으로 바꾸는 일과 맞먹는 일이 될 것임을 함축하고 있다. 이런 점에서 기본소득 아이디어는 강력하며, 그만큼 힘든 과제이기도 하다. 이와 관련해 기본소득을 일종의 만병통치약처럼 보는 사람이 있는 반면, 다른 여러 진보적인 정책과 묶어서 봐야 하고 추구해야 한다는 사람이 있다는 점을 지적하는 게 필요한 일인 것으로 보인다. 저자와 마찬가지로 역자도 기본소득을 더 커다란 사회 변화의 일부로 본다. 간단하게 말해 기본소득을 지지하는 사람은 기본소득 자체의 실현이 아니라 더 나은 세상을 만들고 싶은 것이다.

이 책이 역자의 이름으로 세상에 나오지만 모든 일이 그렇듯이 혼자 이룬 일은 없는 법이며, 함께한 사람들에 대한 감사의 인사는 과거를 공유하는 것을 통해 미래를 엿보는 일이다. 먼저 이 책의 편집을 담당해준 창비의 김유경 님에게 감사드린다. 저자/역자와 편집자가, 더 나은 비유를 찾을 수 없기 때문에 어쩔 수 없이 드는 것이지만, 2인3각 경기를 한다는 것을 다시 한번 느낄 수 있었다. 이름을 다 밝힐 수는 없지만 초역을 가지고 함께 세미나를 한 동료들에게도 감사한다. 물론 가장 큰 고마움은 2009년에 만들어진 이후 기본소득과 더 나은 세상을 만들기 위해 함께 노력해온 기본소득한국네트워크의 모든 분에게 전해야겠다. 길이 없는 곳에서 길을 만들기 위해 내디딘 발걸음이 이어지기를 바란다. 끝으로 애정을 가지고 한국어판 서문을 써주었고, 한국을 방문할 때마다 열정으로 기본소득에 대해 논의한 이 책의 저자 가이 스탠딩에게 감사한다.

2018년 7월

안효상

기본소득
일과 삶의 새로운 패러다임

초판 1쇄 발행/2018년 7월 20일
초판 2쇄 발행/2018년 8월 13일

지은이/가이 스탠딩
옮긴이/안효상
펴낸이/강일우
책임편집/김유경
조판/신혜원
펴낸곳/(주)창비
등록/1986년 8월 5일 제85호
주소/10881 경기도 파주시 회동길 184
전화/031-955-3333
팩시밀리/영업 031-955-3399 편집 031-955-3400
홈페이지/www.changbi.com
전자우편/human@changbi.com

한국어판 ⓒ (주)창비 2018
ISBN 978-89-364-8628-0 03300